Insider und Outsider bei der Osterweiterung
der Europäischen Währungsunion

STUDIEN ZU
INTERNATIONALEN
WIRTSCHAFTSBEZIEHUNGEN

Herausgegeben von Prof. Dr. Michael Frenkel

Band 1

PETER LANG
Frankfurt am Main · Berlin · Bern · Bruxelles · New York · Oxford · Wien

Christiane Nickel

Insider und Outsider bei der Osterweiterung der Europäischen Währungsunion

PETER LANG
Europäischer Verlag der Wissenschaften

Die Deutsche Bibliothek - CIP-Einheitsaufnahme

Nickel, Christiane:

Insider und Outsider bei der Osterweiterung der Europäischen Währungsunion / Christiane Nickel. - Frankfurt am Main ; Berlin ; Bern ; Bruxelles ; New York ; Oxford ; Wien : Lang, 2002
(SIWB ; Bd. 1)
Zugl.: Vallendar, Wissenschaftliche Hochschule für Unternehmensführung Koblenz, Diss., 2000
ISBN 3-631-38128-X

Gedruckt auf alterungsbeständigem, säurefreiem Papier.

ISSN 1618-503X
ISBN 3-631-38128-X

Printed in Germany 1 2 3 4 5 7

www.peterlang.de

Meinen lieben Eltern und Frank

Vorwort

Die vorliegende Arbeit wurde im Herbstsemester 2000 an der Wissenschaftlichen Hochschule für Unternehmensführung in Vallendar als Dissertation angenommen.

An erster Stelle danke ich herzlich meinem Doktorvater, Prof. Dr. Michael Frenkel, dessen fachliche Unterstützung entscheidend zum Gelingen dieser Arbeit beigetragen hat. Die mir von ihm ermöglichten Studienaufenthalte an der Brandeis University in Boston sowie an der University of Michigan haben meinen Horizont weit über den wissenschaftlichen Rahmen hinaus erweitert. Zudem wird mir sein betont kooperativer Führungsstil als Grundlage der angenehmen und produktiven Atmosphäre am Lehrstuhl für Volkswirtschaftslehre gut in Erinnerung bleiben.

Herrn Prof. Dr. Klaus Rose sei für die Übernahme des Zweitgutachtens für diese Arbeit ebenso herzlich gedankt.

Den Kolleginnen und Kollegen des Lehrstuhls, die die erste Hälfte der Entstehung mitverfolgten – Frau Dr. Karin Radeck, Dr. Ralf Fendel, Dr. Frank Engels sowie Dr. Günter Schmidt – sowie den Kollegen, die mich durch die zweite und anstrengendere Hälfte begleiteten – Heimo Grieben und Georg Stadtmann – danke ich für die jederzeit partnerschaftliche Zusammenarbeit und das unbeschwerte Arbeitsklima. Ein besonderer Dank geht dabei an Herrn Dr. Günter Schmidt für seine unermüdliche Hilfsbereitschaft bei formalanalytischen Fragen. Frau Kerstin Frank danke ich herzlich für Ihre Unterstützung bei allen administrativen Dingen.

Ein Dankeschön für ihre Gastfreundschaft möchte ich zudem den Mitarbeitern des German-American Center for Visiting Scholars in Washington, USA übermitteln. Hier entstand der letzte Teil der vorliegenden Arbeit.

Meinen Eltern bin ich für Ihr fortwährendes Interesse an meinem Ausbildungs- und Lebensweg sehr verbunden und danke Ihnen für Ihre mannigfaltige Unterstützung, die mir eine wertvolle und liebevolle Hilfe in all' diesen Jahren war.

Zu guter letzt gilt meinem lieben Frank besonderer Dank sowohl für sein Verständnis als auch seine tatkräftige Unterstützung während meiner Promotion. Ohne ihn hätte ich es nicht geschafft.

Christiane Nickel　　　　Washington, im Juli 2001

Inhaltsverzeichnis

Abbildungsverzeichnis

Tabellenverzeichnis

Verzeichnis der häufig verwendeten Abkürzungen

AREAER	Annual Report of Exchange Rate Agreements and Restrictions.
BIP bzw. GDP	Bruttoinlandsprodukt
BNP	Bruttonationalprodukt (früher Bruttosozialprodukt)
CPI	Consumer price index (Konsumentenpreisindex)
ESZB	Europäischen System der Zentralbanken
EU	Europäische Union
EWS	Europäisches Währungssystem
EWU	Europäische Währungsunion
EZB	Europäische Zentralbank
FDI	Foreign Direct Investment
IFS	International Financial Statistics
IWF bzw. IMF	Internationaler Währungsfonds bzw. International Monetary Fund
VA	Vertrag von Amsterdam
WEO	World Economic Outlook
WKM II	Wechselkursmechanismus II

1 Einleitung

Nach der Schaffung der Währungsunion ist der nächste Schritt, den die Europäische Union erwägt, ihre Erweiterung. Die Entscheidung, ob ein Land Mitglied der EU werden darf oder nicht, hängt von der Erfüllung der im Jahr 1993 vom Europäischen Rat aufgestellten Kopenhagener Kriterien ab. Eines der drei Kriterien erfordert die Fähigkeit des Landes, sich die Ziele der politischen Union sowie der Wirtschafts- und Währungsunion zu eigen zu machen. Im Jahr 2000 gibt es 13 beitrittswillige Länder, die bereits einen Beitrittsantrag gestellt haben. Diese sind die Türkei, Zypern, Malta, Ungarn, Polen, Rumänien, Slowakei, Lettland, Estland, Litauen, Bulgarien, Tschechien und Slowenien, wobei die Verhandlungen mit der Türkei aus politischen Gründen nicht aufgenommen wurden.

Aus der Sicht der Mitgliedsländer der Europäischen Währungsunion (EWU) sind diese potentiellen Mitgliedsländer der EU alle Outsider, während die eigenen Mitglieder als Insider gelten. Eine Zwischenstufe zwischen Insider und Outsider bilden die Länder, die zwar Mitglied der EU aber nicht der EWU sind, und die häufig als „Pre-Ins“ bezeichnet werden. Da jedes neue EU-Mitglied also gleichzeitig ein potentielles neues Mitglied der Europäischen Währungsunion ist, stellt sich zum einen die Frage, wie der Übergang zum Euro am besten gestaltet werden kann, und zum anderen, wie gut die Kandidaten für den Beitritt in die EWU gerüstet sind.

Die erste Frage ist im Grunde die Frage nach der Rolle des Wechselkurssystems im Übergang zur EWU. Da die Einführung des Euro die unwiderrufliche Festlegung der Wechselkurse einschließt, haben die Wechselkurse in diesem Prozeß eine besondere Bedeutung. Während die EU die Wahl des Wechselkursregimes vor dem Eintritt in die Währungsunion mit der Mitgliedschaft im neuerrichteten Wechselkursmechanismus (WKM II) verbindlich vorschreibt, obliegt die Wahl des Wechselkursregimes vor dem Eintritt in die EU jedem einzelnen Mitgliedsland. Dies läßt eine Vielzahl von Wechselkursregimen im Vorfeld zum EU-Beitritt erwarten, und man kann fragen, warum das jeweilige System gewählt worden ist. Sieht man die Wahl des Wechselkursregimes als eine strategische Entscheidung jedes Landes auf der Basis der makroökonomischen Strukturen sowie auf Basis von politischen Zielen an, so kann man vermuten, daß das institutionell vorgegebene WKM II - als „one fits all“-Lösung - nicht für alle Länder die optimale Regelung darstellt. Damit stellt sich das Problem der Alternativen zum WKM II – auch wenn dieses Problem insofern ein theoretisches ist, als daß die EU die Mitgliedschaft im WKM II als Voraussetzung zum EWU-Beitritt vorschreibt.

Während die Rolle des Wechselkurssystems auf dem Weg zum Beitritt in die EWU sich auf die Frage nach einem möglichst spannungsfreien Übergang von dem einen in das andere System bezieht, ist die Optimalität des Beitritts damit noch nicht geklärt. Jedes potentielle Mitgliedsland muß Kosten und Nutzen eines Beitritts gegeneinander abwägen, so daß dadurch in einem optimalen Währungsraum die Vorteile einer Gemeinschaftswährung größer als ihre Nachteile sind.

Monetäre Integration impliziert darüber hinaus, daß Länder exogene Schocks ausgleichen müssen, ohne die Geldpolitik oder das Wechselkursinstrument zu verwenden. Durch den Stabilitäts- und Wachstumspakt sind auch dem Einsatz der Fiskalpolitik in der EWU enge Grenzen gesetzt. Wenn die Art der Schocks oder aber ihre Verarbeitung in den Mitgliedsländern unterschiedlich ist, so müssen die Länder innerhalb der Währungsunion alternative Instrumente zur Hand haben. Zu diesen Instrumenten gehört z.B. die Preis- und Lohnflexibilität, die Faktormobilität, eine stark diversifizierte Produktionsstruktur oder Transferzahlungen zwischen den Mitgliedsländern, die zur Stabilisierung von Schocks herangezogen werden können.

Vor dem Hintergrund dieser Überlegungen liegt die Motivation für die vorliegende Arbeit darin, daß bisher sowohl der Übergang zur als auch der Beitritt in die EWU mit Hinblick auf die anstehende Erweiterung der EU in der Literatur nur relativ wenig Beachtung findet. Folglich wird versucht, einen eigenständigen theoretischen und empirischen Beitrag in diesen beiden Bereichen – Übergang und Beitritt – zu liefern. Um diese Analyse sinnvoll einzugrenzen, werden in der Arbeit vorrangig die zehn mittel- und osteuropäischen Beitrittskandidaten behandelt, denn der Einfluß des Beitrittes der beiden Inseln Zypern und Malta auf die EWU ist zusammengenommen im Vergleich zu den Auswirkungen eines Beitritts der mittel- und osteuropäischen Länder gering.

Im einzelnen werden diese Aspekte wie folgt umgesetzt: Nach den einleitenden Ausführungen bietet Kapitel 2 einen kurzen Überblick über die Erweiterung der EWU. Zunächst wird erläutert, wie die derzeitigen institutionellen Rahmenbedingungen für einen Beitritt sind. Dann werden die möglichen Beitrittskandidaten vorgestellt sowie ihre Gründe für und gegen einen Beitritt zusammengetragen. Das Kapitel schließt mit einer Bestandsaufnahme der Verhandlungen und einer Evaluation der Chancen für einen Beitritt der einzelnen Beitrittskandidaten ab.

Während sich das zweite Kapitel mehr der Analyse des institutionellen und des politökonomischen Rahmens widmet, leitet das dritte Kapitel zur ökonomischen Analyse über. Wie bereits erläutert, ist für den Übergang in die Währungsunion das Wechselkurssystem von besonderer Bedeutung. Warum wählen Länder ein bestimmtes Regime und welche Konsequenzen ergeben sich daraus für Phase des Übergangs zum WKM II? Diese beiden Fragen versucht das dritte Kapitel zu klären. Dafür wird zunächst der WKM II sowie die Wechselkursregime in den mittel- und osteuropäischen Ländern analysiert (Abschnitt 3.2 und 3.3). Dann wird untersucht, ob die bisherigen Wechselkurssysteme als ein Reflex der vorherrschenden makroökonomischen Strukturen in den potentiellen Beitrittsländern gesehen werden können (Abschnitt 3.4). In Abgrenzung zu anderen Arbeiten werden nicht nur strukturelle Indikatoren sondern auch die Außenposition der Länder untersucht, denn relativ volatile Kapitalströme können z.B. ein Fixkurssystems auf Dauer destabilisieren. Neu ist auch, daß alle zehn mittel- und osteuropäischen Beitrittskandidaten berücksichtigt werden. Aufbauend auf den Erkenntnissen dieser Analyse werden in Abschnitt 3.5 konkrete wechselkurspolitische Empfehlungen für den Übergang in das WKM II gegeben.

Das vierte Kapitel formalisiert auf der Grundlage eines spieltheoretischen Modells, welche Alternativen es vor dem Hintergrund strategischer Überlegungen zum WKM II geben könnte. Aufgrund der Komplexität dieser Modellkategorie beschränkt sich die vorliegende Arbeit auf eine umfassende und eingängige Darstellung der Grundstruktur des Modellrahmens mit dem Ziel, einerseits die ökonomische Intuition dieser Modellklasse deutlicher als in der derzeit verfügbaren Literatur herauszustellen und andererseits die dem Modell zugrundeliegenden strategischen Überlegungen und Anreizmechanismen zur Ausgestaltung der Geldpolitik auf den konkreten Fall der Osterweiterung der EWU anzuwenden.

Nachdem die vorangegangenen Kapitel den Übergang von einem Wechselkurssystem in das andere erläutert haben, leitet Kapitel 5 zur Frage der Optimalität des Beitritts über. Der geeignete Analyserahmen für diese Fragestellung ist dabei die Theorie optimaler Währungsräume. In Kapitel 5.2 erfolgt deshalb zunächst ein Literaturüberblick über diese Theorie. In Kapitel 5.3 wird mit Hilfe eines güterwirtschaftlichen Gesamtmodells versucht, dem Vorwurf an die Theorie optimaler Währungsräume zu begegnen, daß diese zu wenig mikrofundiert arbeitet und keine genaue Quantifizierung und Zurechnung der Kosten und Nutzen auf die einzelnen Länder erlaubt.

Im sechsten Kapitel erfolgt der erste Teil der empirischen Umsetzung der Theorie optimaler Währungsräume angewendet auf die Beitrittskandidaten zur EWU. Dieses Kapitel baut auf der Überlegung auf, daß Länder, die häufiger von asymmetrischen Schocks getroffen werden, sich für die Stabilisierung ceteris paribus eher auf das Wechselkursinstrument und die Geldpolitik stützen müssen, als Länder, die untereinander nicht nur ähnliche Schocks erfahren sondern diese auch ähnlich verarbeiten. Schocks bilden folglich den Ausgangspunkt für alle Argumente der Kostenseite, und sie werden deshalb in der EU sowie in den mittel- und osteuropäischen Ländern untersucht. Hierfür wird auf das ökonometrische Verfahren der strukturellen Vektorautoregression zurückgegriffen, die mit Hilfe interdependenter Gleichungen in der Lage ist, Angebots- und Nachfrageschocks zu unterscheiden sowie ihre Verarbeitung in den Ländern zu untersuchen. Neu ist dabei, daß dieses zuerst von BAYOUMI/EICHENGREEN (1992) eingesetzte Verfahren auf die Länder Mittel- und Osteuropas angewendet wird.

Der zweite empirische Teil der Umsetzung der Theorie optimaler Währungsräume baut auf der zuvor erwähnten Überlegung auf, daß eine Währungsunion auch bei divergierenden Schocks vorteilhaft sein kann, wenn andere Ausgleichsinstrumente anstelle des Wechselkursinstrumentes oder der Geldpolitik für die Stabilisierung eingesetzt werden können. Deshalb wird in Kapitel 7 auf der Grundlage einer Regression ein Index gebildet, der neben divergierenden Schocks auch andere Instrumente integriert. Dafür wandelt die Arbeit einen ähnlichen Index von BAYOUMI/EICHENGREEN (1997) ab und wendet diesen auf die Frage der Erweiterung der EWU an. Der hier gebildete Index ist dann in der Lage, eine Aussage über die relative Vorteilhaftigkeit eines Beitritts in die EWU für alle Beitrittskandidaten zu treffen. Da jedoch für eine abschließende Beurteilung der Optimalität eines Beitritts in die EWU weniger die Beurteilung im Jahr 2000 als vielmehr im Jahr 2003, also dem Jahr, in dem vermutlich die ersten Länder der EU beitreten werden, eine Rolle spielt, wird mit Hilfe der Extrapolation der vorhandenen Daten versucht, auch einen Blick in die Zukunft zu werfen. Die vorliegende Arbeit schließt in Kapitel 8 mit einer Zusammenfassung der erzielten Ergebnisse.

2 *Die Erweiterung der Europäischen Währungsunion*

2.1 Insider und Outsider der Europäischen Währungsunion

Der Ausgangspunkt der Insider-/Outsider-Problematik liegt im Inhalt des Vertrages von Maastricht von 1992, der die Geburtsstunde der Europäischen Union markiert und den Fahrplan für die europäische Einigung nur bis in das Jahr 2000 aufgestellt hat. In diesem Vertrag legte der Europäische Rat fest, daß er anhand der Berichte der EU-KOMMISSION und des Europäischen Währungsinstituts beurteilen wird, ob die einzelnen Mitgliedsstaaten die notwendigen Voraussetzungen für die Einführung einer einheitlichen Währung erfüllen. Länder, die die notwendigen Voraussetzungen nicht erfüllen, sind danach „Mitgliedsstaaten, für die eine Ausnahmeregelung gilt". Wenn der Europäische Rat auf seiner Tagung in Maastricht 1991 beschlossen hätte, daß alle Länder der EU bedingungslos 1999 in eine Währungsunion übergehen, so gäbe es folglich innerhalb der EU keine Spaltung in zwei Ländergruppen, die sich durch das Kriterium der Mitgliedschaft bzw. Nichtmitgliedschaft in der Europäischen Währungsunion (EWU) unterscheiden. Mittlerweile ist der Vertrag von Maastricht im VERTRAG VON AMSTERDAM (VA) von 1997 aufgegangen, so daß sich die im folgenden zitierten Gesetzestexte immer auf diesen beziehen.[1]

Ziel der Arbeit ist es, die Auswirkungen der Mitgliedschaft in der EWU, die im folgenden mit der Einführung des Euros gleichgesetzt wird[2], auf ihre potentiellen Beitrittskandidaten zu untersuchen. Deshalb werden die verschiedenen Ländergruppen zunächst voneinander abgegrenzt (vgl. Abbildung 2.1). Wenn in dieser Arbeit von den Insidern oder Ins gesprochen wird, so sind hier die Mitgliedsländer der EWU gemeint. Die Outsider oder Outs sind folglich die Länder außerhalb der EWU. Zu dieser Gruppe gehören auch die Pre-Ins, nämlich die EU-Länder, die nicht Mitglied der EWU sind. Damit soll ausgedrückt werden, daß diese Länder möglichst bald in die Europäische Währungsunion eintreten sollen. Nach dieser

---

1 Der Vertrag von Amsterdam ändert und ergänzt im wesentlichen die beiden europäischen Hauptverträge, auf denen die Gemeinschaft ruht: den Vertrag über die Europäische Union von 1992 und den Vertrag zur Gründung der Europäischen Gemeinschaft, ebenfalls in der durch den Maastricht-Vertrag geprägten Form. Dementsprechend wird bei Verweisen bzw. Zitaten aus dem Vertrag von Amsterdam immer auf den EU-Vertrag bzw. den EG-Vertrag und den jeweiligen Titel oder Artikel hingewiesen.

2 Die EU-KOMMISSION weicht von dieser Abgrenzung ab, da sie den Eintritt in die EU mit dem Eintritt in die Währungsunion gleichsetzt und zwischen Ländern, die den Euro eingeführt haben und Länder, die ihn noch nicht eingeführt haben, unterscheidet: „Die WWU [Wirtschafts- und Währungsunion, Anm. des Verfassers] ist integrierender Bestandteil des gemeinschaftlichen Besitzstandes. Allerdings ist deutlich zwischen der Teilnahme an der WWU - die für alle Mitgliedstaaten verbindlich ist - und der Einführung des Euro als Einheitswährung zu unterscheiden. Von neuen Mitgliedstaaten wird nicht erwartet, daß sie die Einheitswährung unmittelbar mit dem Beitritt einführen, auch wenn sie an der WWU teilnehmen werden." (EU-KOMMISSION, 1999a, S. 28). Diese Definition widerspricht dem allgemeinen ökonomischen Verständnis (vgl. hierzu Kapitel 5.1, S. 111f.).

Definition besteht die EU im Jahr 2000 noch aus elf Insidern (Belgien, Deutschland, Finnland, Frankreich, Irland, Italien, Luxemburg, Niederlande, Österreich, Portugal und Spanien) und vier Pre-Ins (Dänemark, Griechenland, Großbritannien und Schweden). Ab dem Jahr 2001 wird Griechenland jedoch Teil der EWU und gehört somit dann auch zu den Insidern (EU-KOMMISSION, 2000b und c).

Abbildung 2.1: Schematik der in dieser Arbeit betrachteten Ländergruppen

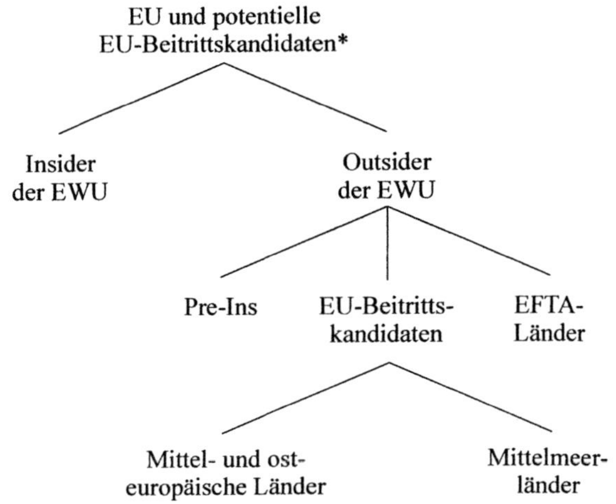

* Länder, die einen Beitrittsantrag gestellt haben einschließlich derjenigen, deren Antrag wieder ausgesetzt worden ist.

Quelle: Eigene Darstellung.

Mittlerweile hat die Insider-/Outsider-Problematik eine neue Dimension gewonnen, da nicht nur die Vertiefung der europäischen Union sondern auch ihre Erweiterung angestrebt wird. Die beitrittswilligen Länder werden aller Voraussicht nach Outsider der EWU sein. Zu den potentiellen Outsidern gehören auch die EFTA-Länder, da sie durch verschiedene Freihandelsabkommen an die EU gebunden sind und in der Vergangenheit auch Beitrittsanträge gestellt haben (Ausnahme: Island), die allerdings zwischenzeitlich ausgesetzt wurden. In der vorliegenden Arbeit werden diese nur am Rande betrachtet. Gemäß dieser Ausführungen wird in dieser Arbeit immer zwischen den Pre-Ins der EWU, den EU-Beitrittskandidaten und den EFTA-Ländern unterschieden. Die EU-Beitrittskandidaten teilen sich wiederum im Jahr 2000 in zehn mittel- und osteuropäischen Länder sowie drei Mittelmeerländer auf. In Kapitel 2.3 werden wir auf die Eigenschaften dieser Ländergruppen mit dem Schwerpunkt allerdings auf mittel- und osteuropäischen Länder näher eingehen.

2.2 Institutionelle Voraussetzungen zum Beitritt in die EWU

Um später das Fortschreiten der EWU-Erweiterung beurteilen zu können, benötigt man ein grundlegendes Verständnis der Beitrittsregeln. Diese schreiben eine bestimmte Reihenfolge von Maßnahmen vor, die ein beitrittswilliges Land zu erfüllen hat, bevor seine Aufnahme in die EWU seitens der Insider erwogen wird. Auf diese institutionellen Regelungen wird in diesem Abschnitt eingegangen.

Im ersten Schritt müssen die Länder, sofern sie noch kein EU-Mitglied sind, einen Beitrittsantrag in die EU stellen, wie es in Artikel 49 des Vertrages über die Europäische Union vorgesehen ist (EU-Vertrag, Titel VIII).[3] Der Rat beschließt danach einstimmig nach Anhörung der Kommission und nach Zustimmung des Europäischen Parlaments, daß Verhandlungen aufgenommen werden. Die Mitgliedschaft in der EU ist eine Voraussetzung für den Eintritt in die Europäische Währungsunion (EG-Vertrag, Titel VII).

Der zweite Schritt ist folglich der Beitritt in die EU, der dann möglich ist, wenn die Länder bestimmte Aufnahmebedingungen erfüllen. Der Europäische Rat traf auf seiner Tagung in Kopenhagen 1993 die grundsätzliche Entscheidung über die künftige Erweiterung der Union. Außerdem bestimmte dieser auch die Kriterien, die sogenannten „Kopenhagener Kriterien", die die beitrittswilligen Länder vor ihrem Beitritt erfüllen müssen. Dementsprechend muß der Beitrittskandidat als Voraussetzung für die Mitgliedschaft

- eine institutionelle Stabilität als Garantie für die demokratische und rechtsstaatliche Ordnung, für die Wahrung der Menschenrechte sowie die Achtung und den Schutz von Minderheiten verwirklicht haben (politisches Kriterium);
- sie erfordert ferner eine funktionsfähige Marktwirtschaft sowie die Fähigkeit, dem Wettbewerbsdruck und den Marktkräften innerhalb der Union standzuhalten (wirtschaftliches Kriterium);
- die Mitgliedschaft setzt voraus, daß die einzelnen Beitrittskandidaten die aus einer Mitgliedschaft erwachsenden Verpflichtungen übernehmen und sich auch die Ziele der Politischen Union sowie der Wirtschafts- und Währungsunion zu eigen machen können (Kriterium der Übernahme des Besitzstandes, des sog. *„acquis communautaire"*, der Gemeinschaft).

Später wies der Europäische Rat in Madrid 1996 darauf hin, daß die beitrittswilligen Länder ihre Verwaltungsstrukturen anpassen müßten, damit sich die Integration schrittweise und harmonisch vollziehen könne. Die Europäische Union behält sich allerdings weiterhin vor, über den Zeitpunkt zu entscheiden, zu dem sie bereit ist, neue Mitglieder aufzunehmen. Mit Bezug auf den ersten Schritt, nämlich der Antragstellung und der Aufnahme der Verhandlungen, wies der Europäische Rat

---

[3] Zur Unterscheidung EU-Vertrag bzw. EG-Vertrag vgl. Fußnote 1, S. 5.

in Helsinki 1999 darauf hin, daß die Erfüllung des in Kopenhagen festgelegten politischen Kriteriums eine Voraussetzung für die Aufnahme von Beitrittsverhandlungen ist. Wichtig ist auch, daß jedes potentielle Beitrittsland für sich alleine und nicht in einer Gruppe verhandelt (EU-KOMMISSION, 2000a, S. 2-3).

Der *acquis communautaire* besteht insgesamt aus 31 Kapiteln, wobei die Zahl der Kapitel über die mit dem Bewerberland verhandelt wird, ein Indiz dafür ist, wie man dessen bisherigen Fortschritt einschätzt. Daß für jedes beitrittswilliges Land einzeln entschieden wird, wieviele Kapitel eröffnet werden, nennt die EU-Kommissionssprache den „Grundsatz der Differenzierung". Für die mittel- und osteuropäischen Länder stellt die Übernahme und Durchführung des gesamten Gemeinschaftsrechts eine große Herausforderung dar. Sie müssen ihre Verwaltungen und ihre Justiz stärken und generell ihre Infrastrukturen umgestalten, damit sie die Gemeinschaftsnormen, vor allem im Umweltbereich, erfüllen und funktionsfähige Verkehrs-, Energie- und Telekommunikationsnetze aufbauen können. Zu diesem Zweck können von der Europäischen Union auch Heranführungshilfen gewährt werden.

Der *acquis communautaire* enthält einige Regelungen, die unmittelbar die Geld- und Währungspolitik der Länder beeinflussen. Diese umfassen die komplette Liberalisierung der Kapitalströme sowohl vis-à-vis der EU als auch gegenüber Drittländern. Ferner wird die Errichtung einer unabhängigen Zentralbank, die als vorrangiges Ziel die Preisstabilität hat und die nicht die Staatsausgaben finanzieren darf, verlangt. Außerdem müssen die Kandidaten beim EU-Eintritt in der Lage sein, am europäischen System der Zentralbanken (ESZB) teilzunehmen, und sie müssen die Rahmenbedingungen für stabile Bankensysteme und Finanzmärkte schaffen. Weder die EZB noch die ESZB sind offiziell an den Beitrittsverhandlungen beteiligt, jedoch nehmen sie schon jetzt eine beratende Funktion ein (EZB, 2000, S. 53).

Den beitrittswilligen Ländern können für bestimmte Bereiche des *acquis communautaire* Übergangsfristen eingeräumt werden, wenn sie zum Zeitpunkt ihres Beitritts noch nicht in der Lage sind, das Gemeinschaftsrecht voll anzuwenden. Dabei schlägt die Kommission vor, daß es in Bereichen, die mit dem Binnenmarkt in Zusammenhang stehen, nur wenige und kurze Übergangsfristen geben soll. „In Bereichen, in denen erhebliche Anpassungen und substantielle Anstrengungen mit erheblichem finanziellem Aufwand erforderlich sind (z.B. Umwelt, Energie, Infrastruktur) könnten über einen bestimmten Zeitraum sich erstreckende Übergangsregelungen vereinbart werden." (EU-KOMMISSION, 1999b, S. 3).

Nach dem Eintritt in die EU sind die Länder hinsichtlich der Europäischen Währungsunion „Mitgliedsstaaten, für die eine Ausnahmeregelung gilt" (EG-Vertrag, Art. 122 Abs. 1). Sogenannte „Opt-Out-Klauseln", in denen das EU-Mitglied von einem Eintritt in die Wirtschafts- und Währungsunion freigestellt wird, sind für die neuen Beitrittsländern nicht vorgesehen. Die EU-Neumitglieder verpflichten sich folglich mit ihrem Eintritt in die EU zur Einführung des Euros zu einem späteren Zeitpunkt (EZB, 2000, S. 49). Die Pre-Ins werden nach Art. 122 Abs. 2

EG-Vertrag mindestens alle zwei Jahre bzw. auf Antrag von der Europäischen Zentralbank und der EU-KOMMISSION geprüft, ob sie die Aufnahmebedingungen für die Europäische Währungsunion erfüllen, d.h. erst dann wird das Eurosystem, also EZB und ESZB, offiziell zu den Verhandlungen zugelassen. Dabei wird geprüft, ob die Pre-Ins im Vergleich zu den Ins einen hohen Grad an *dauerhafter* Konvergenz erreicht haben (Art. 121 EG-Vertrag). Maßstab hierfür sind die folgenden sogenannten „Konvergenzkriterien“[4], die allerdings keine Voraussetzung für den Beitritt in die EU sind. Die folgende Liste stellt die Konvergenzkriterien in der Fassung des VERTRAGES VON AMSTERDAM dar. Durch die Einführung des Euro haben sich jedoch Änderungen in der Auslegung ergeben, auf die im Anschluß an die vier Punkte eingegangen wird:

1. *Hoher Grad an Preisstabilität:* Die Inflationsrate soll um nicht mehr als 1,5 Prozentpunkte über der Inflationsrate der drei preisstabilsten Länder unter den Mitgliedsstaaten liegen.

2. *Auf die Dauer tragbare Finanzlage der öffentlichen Hand:* Dies wird gemessen am öffentlichen Defizit und am öffentlichen Schuldenstand, die nicht höher als 3 % bzw. 60 % des Bruttoinlandsprodukts liegen sollen. Nach Art. 104 Abs. 2 EG-Vertrag wird aber die Haushaltsdisziplin nicht allein an der absoluten Nähe der beiden Kriterien beurteilt. Beim Defizitkriterium ist vielmehr die Haushaltsdisziplin trotz absoluter Zielüberschreitung nicht verletzt, wenn entweder das Verhältnis erheblich und laufend zurückgegangen ist und einen Wert in der Nähe des Referenzwertes erreicht hat oder der Referenzwert nur ausnahmsweise und vorübergehend überschritten wird, und das Verhältnis in der Nähe des Referenzwertes bleibt. Beim Schuldenstandskriterium ist die Haushaltsdisziplin trotz Überschreitung des Referenzwertes dann nicht verletzt, wenn „das Verhältnis hinreichend rückläufig ist und sich rasch genug dem Referenzwert nähert.“

3. *Einhaltung der normalen Bandbreiten des Wechselkursmechanismus des Europäischen Währungssystems* seit mindestens zwei Jahren ohne starke Spannungen und insbesondere ohne Abwertung gegenüber der Währung eines anderen Mitgliedstaates.

4. *Annäherung der langfristigen Zinssätze:* Der Abstand zu den langfristigen Zinsen der (höchstens drei) stabilsten Länder soll nicht mehr als 2 Prozentpunkte betragen. Da langfristige Zinssätze in einer Währung in hohem Maße die Inflations- und Wechselkurserwartungen für die jeweilige Währung widerspiegeln, kommt diesem Kriterium eine besondere Bedeutung zu.

Die Konvergenzkriterien stellen die Zugangskriterien zur EWU dar. Bei der Beurteilung mancher Konvergenzkriterien muß die EU-KOMMISSION, wie erwähnt, mittlerweile der Einführung des Euro Rechnung tragen. Dies gilt insbe-

---

4 VERTRAG VON AMSTERDAM, Protokoll Nr. 12 über die Konvergenzkriterien nach Artikel 121 des Vertrags zur Gründung der Europäischen Gemeinschaft.

sondere für das Wechselkurskriterium, bei dem sich mit der Einführung des Euro anstelle der ECU und der Ersetzung des ursprünglichen Wechselkursmechanismus durch den neuen WKM II Anfang 1999 der Bezugsrahmen geändert hat. Desgleichen könnte das Bestehen einer einheitlichen Geldpolitik in der EWU Folgen für die Beurteilung der Inflationsentwicklung haben. Die EU-KOMMISSION geht auf diese Punkte in den Anhängen B bis C des Konvergenzberichts 2000 ein (EU-KOMMISSION, 2000b, S. 54-74). Über diese Anpassungen der EU-KOMMISSION im Konvergenzbericht 2000 hinaus geht der Vorschlag, daß das Inflations- und das Zinskriterium für EWU-Beitrittsländer so abgeändert werden sollte, daß nicht mehr die stabilsten drei Länder als Referenz dienen, sondern das langfristige Zinsniveau bzw. die Inflationsrate des gesamten Euroraumes (EUROPÄISCHES PARLAMENT, 1999). Dies erscheint allein schon deshalb sinnvoll, weil sich im Extremfall eine Situation einstellen könnte, in der sich ein EWU-Beitrittsland an die Inflationsrate von drei Insider anpassen müßte, die aufgrund einer Rezession besonders niedrige Inflationsraten aufweisen.

Mit ihrem Beitritt in die EU werden die Zentralbanken der neuen Mitgliedsstaaten Teil des ESZB, und ihre Präsidenten werden in den erweiterten Rat der EZB aufgenommen. Außerdem müssen sie ab diesem Zeitpunkt ihre Wirtschafts- und Wechselkurspolitik als eine Angelegenheit von gemeinsamen Interesse betrachten (EG-Vertrag, Art. 99 Abs. 1 und Art. 124 Abs. 1). Vor Eintritt in die EWU ist außerdem die Mitgliedschaft im neuerrichteten Wechselkursmechanismus (WKM II) verbindlich, denn ansonsten ist das Konvergenzkriterium „Einhaltung der normalen Bandbreiten im EWS“ nicht erfüllt.[5] Es bildet sich jedoch die Meinung heraus, daß bezüglich dieses Kriteriums keine einheitliche Vorgehensweise vorgeschrieben werden sollte (EZB, 2000, S. 51). Mit anderen Worten sollten stabile Wechselkurse zum Euro auch ohne Mitgliedschaft im WKM II nachgewiesen werden können. In diesem Sinne könnte sich auch hinsichtlich des Übergangs von Ländern mit Currency Board Systemen in die Währungsunion eine flexiblere Auslegung des Wechselkurskriteriums ergeben. Setzt sich hier die Vorstellung durch, daß ein Currency Board gleichsam ein WKM II mit Bandbreiten von null ist (PADOA-SCHIOPPA, 1999), ist es wahrscheinlich, daß Länder mit einem Currency Board und dem Euro als Ankerwährung ohne den Zwischenschritt des WKM II direkt in die EWU eintreten können. Auf die Regelungen des WKM II und andere Fragen der Währungspolitik wird in Kapitel 3 noch eingegangen.

Anhand der Berichte der EU-KOMMISSION und der EZB beurteilt der Rat im Turnus von mindestens zwei Jahren, ob die Konvergenzkriterien „dauerhaft“ erfüllt sind. Dies kann so ausgelegt werden, daß diese Gremien nicht nur die Einhaltung der mit den Maastricht-Kriterien verbundenen nominalen Konvergenz berücksichtigen, sondern auch Wert auf die reale Konvergenz der Pre-Ins im Vergleich zu den Ins legen werden. Reale Konvergenz bedeutet, daß die Länder sich auch hinsichtlich ihrer Wirtschaftsstrukturen den Standards in der Eurozone an-

---

[5] Der WKM II wird in Abschnitt 3.2 ausführlich erläutert.

gleichen müssen. Sind diese Voraussetzungen erfüllt, so steht der Mitgliedschaft in der EWU nichts mehr im Wege. Die Abbildung 2.2 faßt diese Reihenfolge der Schritte noch einmal zusammen.

Abbildung 2.2: Die Schrittfolge für den Beitritt in die Europäische Währungsunion im Zeitablauf

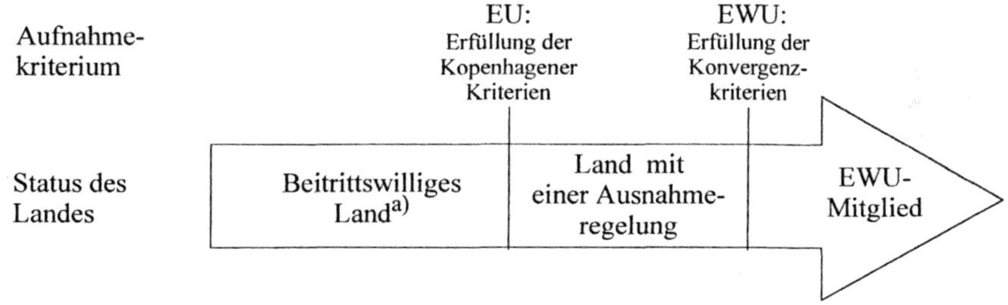

a) Setzt den Antrag auf Mitgliedschaft in der EU voraus.

Quelle: Eigene Darstellung.

2.3 Die möglichen Beitrittskandidaten zur Europäischen Währungsunion

Die EWU-Beitrittskandidaten teilen sich zur Zeit in zwei Gruppen von Ländern ein. Die erste Gruppe besteht aus den Pre-Ins, Dänemark, Griechenland, Großbritannien und Schweden, die bereits Mitglied der EU sind (vgl. Abschnitt 2.1). Die zweite Gruppe sind die 13 beitrittswilligen Länder, die bereits einen Beitrittsantrag gestellt haben. Diese sind die Türkei, Zypern, Malta, Ungarn, Polen, Rumänien, Slowakei, Lettland, Estland, Litauen, Bulgarien, Tschechien und Slowenien. Wie schon angedeutet, haben auch die EFTA-Länder, Schweiz, Liechtenstein und Norwegen, d.h. alle EFTA-Länder außer Island in der Vergangenheit Mitgliedsanträge gestellt, die jedoch nach ablehnenden Volksabstimmungen in den jeweiligen Ländern ausgesetzt worden sind. Aus diesem Grund werden die EFTA-Länder in dieser Arbeit nur am Rande berücksichtigt.[6] Auch die mediterranen Beitrittskandidaten nehmen in dieser Arbeit eine untergeordnete Rolle ein, denn mit der Türkei sind aus politischen Gründen noch keine Beitrittsverhandlungen aufgenommen worden, und Zypern und Malta können sich schon länger als die mittel- und osteuropäischen Länder an die EU-Standards annähern. Außerdem bestehen bei Zypern politische Probleme durch die Teilung des Landes, die den Beitrittsprozeß entscheidend verlangsamen können. Ferner ist der Einfluß der beiden Inseln auf die EWU zusammengenommen im Vergleich zu den Auswirkungen eines Beitritts der mittel- und osteuropäischen Länder gering. Im weiteren

---

6 Vgl. für eine Analyse der EWU aus der Perspektive der Schweiz BALTENSPERGER (1996), für die EFTA-Länder vgl. GUDMUNDSSON (1998).

liegt folglich der Fokus auf den mittel- und osteuropäischen EU-Beitrittskandidaten.

Die Pre-Ins teilen sich in zwei Arten von Ländern ein. Dies sind zum einen die Länder mit einer Opt-Out-Klausel, Großbritannien und Dänemark, zum anderen zwei Länder mit einer Ausnahmeregelung, Griechenland und Schweden.

Von den Pre-Ins hat Griechenland im März 2000 den Antrag auf Mitgliedschaft in der EWU gestellt. Die EU-Staats- und Regierungschefs haben nach der Prüfung der Konvergenzkriterien durch die Kommission, der EZB und der EU-Finanzminister diesem Antrag im Mai 2000 stattgegeben (EU-KOMMISSION, 2000a und b). Danach tritt Griechenland im Januar 2001 der EWU bei, womit das Land dann wie die anderen EWU-Mitgliedsländer auch an der Ausgabe des Euro-Bargeldes im Januar 2002 beteiligt ist.

Schweden hat zwar keine offizielle Opt-Out-Klausel, jedoch hat sich das schwedische Parlament im Dezember 1997, noch bevor der offizielle Beschluß über die Teilnehmerländer der EWU im Mai 1998 gefallen war, gegen die Mitgliedschaft in der Währungsunion entschieden. Damit ist das Land freiwillig der offiziellen Beurteilung der Konvergenzkriterien ausgewichen, und ein Beitritt in die EWU ist ohne diese Beurteilung nicht möglich. Schweden nimmt auch nicht am WKM II teil und erfüllt damit nicht das Konvergenzkriterium „Einhaltung der normalen Bandbreiten im EWS".

Auch Dänemark kann der EWU nur beitreten, wenn die dänische Regierung durch eine Volksabstimmung dazu ermächtigt wird. Im Gegensatz zu Schweden ist Dänemark Mitglied im WKM II und hat eine enge Schwankungsbandbreite von ± 2,25 % statt der vorgeschriebenen ± 15 % Schwankungsbandbreite um den Leitkurs gewählt.

Großbritannien hat eine offizielle Opt-Out-Klausel ausgehandelt; damit müssen die Regierung und das Parlament dem Beitritt in die Währungsunion erst zustimmen. Großbritannien nimmt auch nicht am WKM II teil. Die Tabelle 2.1 faßt die Kategorisierung in freiwillige und unfreiwillige Outsider zusammen.

Tabelle 2.1: Freiwillige und unfreiwillige Outsider der Währungsunion im Juli 2000

	Freiwilliger Outsider	**Unfreiwilliger Outsider**
WKM II-Teilnahme	Dänemark	Griechenland
Keine WKM II-Teilnahme	Großbritannien, Schweden	-

Wie bereits erwähnt, setzen sich die beitrittswilligen Länder aus zehn mittel- und osteuropäischen sowie drei Mittelmeerländer (Türkei, Zypern und Malta) zusammen. Einen Sonderstatus nimmt die Türkei ein, mit der im Gegensatz zu den andern zwölf Ländern noch keine Beitrittsverhandlungen aufgenommen worden sind. Zwar hat die Türkei schon 1987 einen Antrag auf Mitgliedschaft gestellt und ist auch als Bewerberland von seiten der EU anerkannt worden, doch werden die Verhandlungen erst aufgenommen, wenn die politischen Kriterien von Kopenhagen erfüllt sind. Seit dem Europäischen Rat in Helsinki im Dezember 1999 entfällt *formal* die Einteilung der Länder in „Länder der ersten Welle" (Zypern, Estland, Polen, Tschechien, Slowenien und Ungarn) und in „Länder der zweiten Welle" (Malta, Bulgarien, Lettland, Litauen, Rumänien, Slowakei). Die Aufhebung der Einteilung in „schnelle" und „langsame" Beitrittsländer hat *de facto* allerdings nur die Konsequenz, daß die neu einbezogenen Beitrittsländer die Möglichkeit haben, die alten Kandidaten einzuholen, sofern sie entsprechende Fortschritte bei der Umsetzung des *acquis communautaire* nachweisen können. Dies kann für die Länder der ursprünglich ersten Welle ein Anreiz sein, noch intensiver an Umsetzung des *acquis communautaire* zu arbeiten, um nicht von den scheinbar „rückständigeren" Ländern der ehemals zweiten Welle überholt zu werden. Aus ökonomischer Sicht ist dies insofern von Relevanz, als daß alle Beitrittskandidaten im Wettbewerb um ausländisches Kapital zur Finanzierung des Transformationsprozesses (FDI, Portfolioinvestitionen) stehen. Aus diesem Grund werden die EU-Beitrittskandidaten im folgenden in diejenigen Länder, mit denen seit 1998 verhandelt wird, sowie diejenigen Länder, mit denen seit 2000 verhandelt wird, gegeneinander abgegrenzt.

Die Tabelle 2.2 bietet eine Übersicht über den Stand der EU-Beitrittsverhandlungen im Juni 2000. Dabei faßt die Tabelle zusammen, wann die Länder, mit denen derzeit verhandelt wird, ihren Beitritt offiziell beantragt haben und erläutert, wie die EU-KOMMISSION die Fortschritte bei der Erfüllung der Kopenhagener Kriterien beurteilt; Hinsichtlich eines möglichen Beitrittszeitpunktes legt sich die Kommission allerdings nicht fest, sie hält es jedoch für möglich, die Verhandlungen mit den am weitesten vorangeschrittenen Bewerberländern im Jahre 2002 abzuschließen.

Tabelle 2.2: Übersicht über die Lage der EU-Beitrittsverhandlungen (Stand Juli 2000)

	Datum des Antrags auf EU-Mitgliedschaft	Beurteilung der EU-Kommission							Sicht des Landes	Bemerkungen
		Kopenhagener Kriterien								
		Politisches Kriterium	Wirtschaftliche Kriterien		Übernahme des acquis communautaire					
			Funktionsfähige Marktwirtschaft	Fähigkeit, dem Wettbewerbsdruck und den Marktkräften standzuhalten	Status/ Fortschritt im letzten Jahr[a)]	Anzahl der abgeschlossenen Kapitel	Anzahl der geöffneten Kapitel[b)]	Zeitpunkt des Beitritts	Zeitpunkt des Beitritts	
Länder, mit denen seit 1998 verhandelt wird										
Estland	24.11.1995	erfüllt	erfüllt	mittelfristig	++/+	8	*	mittelfristig	2003	sehr offen hinsichtlich Handel und FDI; 2004-2005
Polen	05.04.1994	erfüllt	erfüllt	mittelfristig	+/-	9	*	mittelfristig	2002	großer Agrarsektor; 2003-2005
Slowenien	10. 06.1996	erfüllt	erfüllt	mittelfristig	++/+	9	*	mittelfristig	2003	Verlangsamung der Reformen; 2004-2007
Tschechien	17.01.1996	erfüllt	erfüllt	mittelfristig, bedarf aber noch ernsthafter Fortschritte	+/--	10	*	mittelfristig	2003-2005	Verlangsamung der Reformen; 2004-2006
Ungarn	31.03.1994	erfüllt	erfüllt	mittelfristig	+++/++	9	*	mittelfristig	2002	starker Wille zu Reformen; 2003-2004
Zypern	03.07.1990	erfüllt	erfüllt	erfüllt	+/-	11	*	mittelfristig	2003	politisches Problem: Teilung des Landes; 2004-2010

a) +++: sehr gut, ++ gut, + befriedigend, - schwach, --unzureichend, --- mangelhaft
b) * Der portugiesische Ratsvorsitz hat die Verhandlungen über alle verbleibenden Kapitel (mit Ausnahme der Kapitel "Institutionen" und "Sonstiges") eröffnet, d.h. über Landwirtschaft, Justiz und Inneres, Regionalpolitik, Freizügigkeit, Finanzkontrolle und Haushalt.

Fortsetzung auf nächster Seite

Tabelle 2.2: Übersicht über die Lage der EU-Beitrittsverhandlungen (Stand Juli 2000) (Fortsetzung)

	Datum des Antrags auf EU-Mitgliedschaft	Beurteilung der EU-Kommission							Sicht des Landes	Bemerkungen
		Kopenhagener Kriterien								
		Politisches Kriterium	Wirtschaftliche Kriterien		Übernahme des acquis communautaire					
			Funktionsfähige Marktwirtschaft	Fähigkeit, dem Wettbewerbsdruck und den Marktkräften standzuhalten	Status/ Fortschritt im letzten Jahr[a)]	Anzahl der abgeschlossenen Kapitel	Anzahl der geöffneten Kapitel[b)]	Zeitpunkt des Beitritts	Zeitpunkt des Beitritts	
Länder, mit denen seit 2000 verhandelt wird										
Bulgarien	14.12.1995	erfüllt	mittelfristig; erhebliche Fortschritte	langfristig, aber sehr reformfreudig	--/++	0	6	langfristig	Kein offizielles Ziel	sehr schlechte Ausgangsposition, aber großer Wille zur Reform; Ende 2010
Lettland	13.10.1995	erfüllt	erfüllt	mittelfristig	+/++	0	8	mittelfristig	2005	2005-2006
Litauen	08.12.1995	erfüllt	kurzfristig; fast erreicht	mittelfristig	+/-	0	8	mittelfristig	2005	durch Rußlandkrise Verlangsamung in den Reformen; 2005-2008
Malta	16.07.1990	erfüllt	erfüllt	erfüllt	+/-	0	8	mittelfristig	2003	2004-2006
Rumänien	22.06.1995	erfüllt	negative Entwicklung	langfristig	---/-	0	5	langfristig	Kein offizielles Ziel	seit 1996 in Rezession; einige Jahre nach 2010
Slowakei	27.06.1995	erfüllt	kurzfristig; fast erreicht	mittelfristig	-/++	0	8	mittelfristig	2005	2005-2008

a) +++: sehr gut, ++ gut, + befriedigend, - schwach, --unzureichend, --- mangelhaft
b) * Der portugiesische Ratsvorsitz hat die Verhandlungen über alle verbleibenden Kapitel (mit Ausnahme der Kapitel "Institutionen" und "Sonstiges") eröffnet, d.h. über Landwirtschaft, Justiz und Inneres, Regionalpolitik, Freizügigkeit, Finanzkontrolle und Haushalt.

Quelle: erstellt nach EU-KOMMISSION (1999a); ECONOMIST (1999), SMITH (2000), VAN EDEN U.A. (1999)

Bezogen auf die im *acquis communautaire* enthaltenen Regelungen, die die Geld- und Währungspolitik betreffen, sehen praktisch alle Beitrittskandidaten Preisstabilität als vorrangiges Ziel der Zentralbank an. Hinsichtlich der Unabhängigkeit der Zentralbank stellen TEMPRANO-ARROYO/FELDMAN (1999, S. 758-759) fest, daß alle mittel- und osteuropäischen Beitrittskandidaten von der Gesetzgebung her einen hohen Grad an Zentralbankunabhängigkeit garantieren, die Mittelmeerländer an dieser Stelle aber noch substanzielle Änderungen in ihren Gesetzen vornehmen müssen. Die Autoren bemerken aber auch, daß die *de facto* Unabhängigkeit der Zentralbank insbesondere in Ungarn und Polen hinter den Gesetzen zurückbleibt. In Bezug auf das Verbot der Kreditfinanzierung der Staatsausgaben durch die Zentralbank ergibt sich ein gemischtes Bild. Nur Bulgarien, Estland und Polen erfüllen hier das *acquis communautaire* vollständig. Die ungarische Zentralbank darf bis zu 15-Tages-Kredite an die Regierung geben und erfüllt damit das Verbot fast. Die anderen mittel- und osteuropäischen Länder haben noch stärkere Anpassungen ihrer Gesetzgebung vor sich. In Zypern und Malta ist die Finanzierung von Regierungsausgaben über Kredite der Zentralbank dagegen leicht möglich, und die Anpassungserfordernisse sind daher am größten. Bei der Frage der Liberalisierung des Kapitalverkehrs kann es sein, daß die EU den beitrittswilligen Ländern Übergangsfristen insbesondere für kurzfristige Kapitalströme wie seinerzeit im Fall von Griechenland, Irland und Portugal gewährt. Die baltischen Staaten haben schon jetzt ihre Kapitalströme liberalisiert und Tschechien, Ungarn und Polen erfüllen dieses Ziel fast. Die anderen beitrittswilligen Länder haben hier noch größere Anpassungen zu bewerkstelligen. Rumänien, Zypern und die Slowakei hinken am meisten zurück.

Abschließend ist kritisch anzumerken, daß es eine Sache ist, auf formaler Ebene den *acquis communautaire* auszuhandeln, daß aber eine andere ist, diesen in den Ländern auch tatsächlich umzusetzen und einer Bewährungsprobe zu unterziehen. Der für die Verhandlungen gewählte Zeitraum läßt für eine Prüfung der neu übernommenen Gesetze und Regelungen in der Praxis kaum Spielraum. Bedenkt man, daß die Verhandlungen mit Spanien und Portugal zehn Jahre dauerten und daß seitdem der *acquis communautaire* nicht zuletzt durch die Etablierung des Binnenmarktes und der Wirtschafts- und Währungsunion noch angewachsen ist, so verringert dies die Wahrscheinlichkeit, daß die ersten Länder 2003-2005 beitreten. Dem entgegen steht nur der erklärte politische Wille der EU-KOMMISSION, aus Gründen der Sicherheit in Europa die Osterweiterung zügig voranzutreiben: „Es ist eine der wichtigsten Lehren, die aus der Kosovo-Krise gezogen werden können, daß Frieden und Sicherheit, Demokratie und Rechtsstaatlichkeit, Wachstum und Wohlstandschancen für ganz Europa erreicht werden müssen. Die Erweiterung der EU ist dafür das am besten geeignete Instrument." (EU-KOMMISSION, 1999a, S. 4). Sind die Länder der EU beigetreten, ist der nächste Schritt der Beitritt in die EWU. Ginge es nach dem Willen der ersten Gruppe von EU-Beitrittsländern, so würden diese die Übernahme des Euro als gemeinsamer Währung gleichzeitig mit dem EU-Eintritt verbinden (ECONOMIST, 1999). Allerdings bremst die EU-KOMMISSION diese Erwartungen: „Versuche, den Euro allzu rasch zu übernehmen ... könnten für die Bewerberländer höchst schädlich sein, so daß ihnen davon abgeraten werden sollte." (EU-KOMMISSION, 1999a, S. 29). Warum wollen die EU-Beitrittsländer trotz dieser Warnung zügig den Euro übernehmen? Und welche Motivation hat die EU-KOMMISSION die EU-Beitrittsländer vor einem verfrühten Eintritt in die Währungsunion zu warnen? Der folgende Abschnitt stellt die wichtigsten Argumente für und gegen einen schnelle EWU-Mitgliedschaft dar.

2.4 Gründe für und gegen einen Beitritt der mittel- und osteuropäischen Länder in die Europäische Währungsunion

Die hier zusammengestellten Argumente stellen eine Übersicht über die speziell von den EU-Beitrittskandidaten geäußerten Erwartungen und die vorwiegend von Wissenschaftlern erhobenen Bedenken dar. Dabei wird auf ein einheitliches Theoriegebäude verzichtet, weil dies den Rahmen dieses Überblicks sprengen würde.

Von Seiten der Beitrittsländer erhofft man sich durch die zügige Übernahme des Euros vor allem drei Vorteile. Erstens senkt sie binnen kurzem die Zinsen in den beitrittswilligen Ländern, denn die Risikoprämie auf die Einzelwährungen entfällt und das derzeit noch höhere Zinsniveau gleicht sich demjenigen in der Eurozone an. Zweitens wird die Wechselkursstabilität und die Preisstabilität der Eurozone importiert. Dies bedeutet, daß die Inflationsrate sinkt.[7] Ferner wird die Gefahr spekulativer Attacken reduziert, der sich die Länder insbesondere durch die vollständige Liberalisierung des Kapitalverkehrs, die eine Vorbedingung für den Eintritt in die EU darstellt, gegenüber sehen.[8] Drittens importieren die Länder die Glaubwürdigkeit der EZB; auch dies senkt die Inflationserwartungen und somit die langfristigen Zinsen.

Zu den Nachteilen eines Eintritts in die Währungsunion gehört die Aufgabe einer eigenständigen Geld- und Währungspolitik, da die EZB dann diese Funktionen der nationalen Zentralbank übernimmt. Dieser Grund ist für die freiwilligen Pre-Ins das herausragende Argument gegen den Euro. Hier spielen durchaus auch nationale Ressentiments eine Rolle, da die eigene Währung immer noch als ein Symbol politischer Unabhängigkeit und Freiheit gesehen wird (BEATTIE, 2000). Aus der Sicht der EU-Beitrittskandidaten hat diese Kehrseite des Beitritts in die EWU eine untergeordnete Bedeutung – zumal die eigenen Währungen in der Vergangenheit

---

7 Wenn die Reduktion der Inflationsrate größer ist als die Reduktion der nominalen Zinsen durch den Wegfall der Risikoprämie, führt dies zu steigenden realen Zinsen. Dies ist ein möglicher Nachteil, da ein Anstieg der Realzinsen die Investitionsnachfrage dämpft. Auf diesen negativen Effekt soll hier jedoch nicht näher eingegangen werden, weil man annehmen kann, daß der Wegfall der Risikoprämie größer als die Reduktion der Inflationsrate ist.

8 Auf die Verwundbarkeit der mittel- und osteuropäischen Länder durch spekulative Attacken gehen wir in Abschnitt 3.4.2 noch ein.

starken inflationären Tendenzen ausgesetzt waren und eine weniger hohe Glaubwürdigkeit besaßen, was sich auch an den im Vergleich zur Währungsunion höheren Zinsen widerspiegelte (z.B. COTTARELLI/DOYLE, 1999).

Speziell aus der Aufgabe der eigenständigen Geld- und Währungspolitik erwachsen für die mittel- und osteuropäischen Länder weitere Gründe, die gegen eine schnelle Einführung des Euros sprechen. Die im folgenden besprochenen drei Argumente - das *Nachfrageargument*, das *Qualitätsargument* und das *Balassa-Samuelson-Argument* - führen alle drei zu einer höheren Inflationsrate und somit bei fixen Wechselkursen zu einer realen Aufwertung. Dies ist nicht nur im Rahmen der Erfüllung der Konvergenzkriterien vor Eintritt in die EWU sondern auch danach problematisch. Alle drei Argumente sind miteinander verwandt und werden im folgenden der Reihe nach besprochen.

Das *Nachfrageargument* hat den im Vergleich zu entwickelten Marktwirtschaften starken Strukturwandel in Transformationsländern zum Ausgangspunkt, der eine Abnahme des industriellen und agrarischen Sektors zugunsten des Dienstleistungssektor bewirkt. Geht man vereinfachend davon aus, daß in letzterem vornehmlich nicht-handelbare Güter hergestellt werden, so bewirkt die *verstärkte Nachfrage* nach Dienstleistungsprodukten einen Anstieg der Preise der nicht-handelbaren Güter. Warum steigen diese Preise stärker an als die Preise im handelbaren Sektor? Der Preisanstieg bei den handelbaren Gütern p^h hat durch das Gesetz der Unterschiedslosigkeit der Preise eine Obergrenze, so daß sich deren Preisanstieg mit Annäherung an diese Grenze verlangsamt bzw. an der Obergrenze p^h stagniert. Die Zunahme des Lebensstandards in den Transformationsländern, der auch durch die verbesserten Exportmöglichkeiten gespeist wird, bewirkt, daß Dienstleistungen stärker gefragt werden. Dienstleistungen stellen somit superiore Güter in der Nachfragefunktion der Konsumenten dar.[9] Wenn aus diesem Grund die Preise der nicht-handelbaren Güter (p^n) - unter der Annahme des dauerhaften Anstiegs der Preise der handelbaren Güter (p^h) - steigen, so bewirkt dies eine permanente Aufwertung des realen Wechselkurses (e^r):

$$e^r \downarrow = \frac{\overline{p}^h}{p^n \uparrow} \tag{2.1}$$

Diese reale Aufwertung betrifft aber auch den Exportsektor, der an internationaler Wettbewerbsfähigkeit verliert (WELFENS, 1998, S. 21).

Der realen Aufwertung und dem mit ihr verbundenen Verlust an Wettbewerbsfähigkeit kann begegnet werden, indem das Land entweder nominal abwertet, um ad hoc die Wettbewerbsfähigkeit wiederherzustellen[10], oder eine restriktive Geldpolitik und/oder Fiskalpolitik betreibt. Das Wechselkursinstrument entfällt bei

---

[9] Vgl. BERGSTRAND, 1991, S. 325-334.

[10] Ungarn z.B. begegnet dem permanenten Druck zur realen Aufwertung damit, daß es eine Wechselkursanbindung mit gleitender Abwertung hat. Wie die Abbildung 3.3 zeigt, führt dies dazu, daß der ungarische reale effektive Wechselkurs über die Zeit relativ stabil ist.

einem Eintritt in die Währungsunion, da die Wechselkurse innerhalb der Union fixiert sind. Außerdem kann das Instrument der Geldpolitik nicht autonom eingesetzt werden, weil die EZB eine gemeinsame Geldpolitik für alle Mitgliedsländer praktiziert. Weiterhin sind der Fiskalpolitik durch den Stabilitäts- und Wachstumspakt Grenzen gesetzt. Zusammengefaßt bedeutet dies, daß es für mittel- und osteuropäischen Transformationsländer notwendiger als für weiter entwickelte Industrieländer ist, eine eigenständige Geld- und Währungspolitik verfolgen, da die letztere Ländergruppe einem relativ geringerem Strukturwandel unterliegen.

In die gleiche Richtung geht das zweite Argument gegen eine zu frühe Bindung an den Euro: In den mittel- und osteuropäischen Ländern steigt aufgrund des Technologietransfers (z.B. durch Direktinvestitionen) ständig die *Qualität* der inländischen Produkte. Dies bedeutet, daß das Preisniveau ebenfalls steigt, weil steigende Qualität den realen Wert der Güter und Dienstleistungen anhebt, so daß die Zahlungsbereitschaft der Konsumenten erhöht wird und somit die Preise sich verteuern (BEGG/HALPERN/WYPLOSZ, 1999, S. 37). Da die öffentlichen Preisstatistiken häufig diese Qualitätssteigerungen nur unvollständig messen, kann es ein, daß die diagnostizierte Inflation in Wirklichkeit ein Resultat vom Qualitätssteigerungen ist. Aus diesem Grund nahm z.B. die geldpolitische Konzeption der Deutschen Bundesbank seit 1984 eine Preisnorm von 2 % an, um der „gewissen Überzeichnung des Preisanstiegs durch die Preisstatistik“ zu begegnen und eine Grenze für eine maximal zu tolerierende Inflationsrate festzulegen (DEUTSCHE BUNDESBANK, 1995, S. 83).[11] Man kann davon ausgehen, daß in den Transformationsländern das Potential für diese Art von Preisanstieg wesentlich höher ist, so daß man deshalb auch eine dementsprechend höhere tolerierbare Inflationsrate annehmen sollte. Im Grunde müßte deshalb die Geldpolitik für ein Transformationsland bei einem Anstieg des Konsumentenpreisindexes bei gleicher Inflationsrate eine andere sein, als die Geldpolitik einer entwickelten Marktwirtschaft. Diese Differenzierung ist jedoch bei einer gemeinsamen Geldpolitik in der Währungsunion nicht mehr möglich.[12] Ferner ist schon vor dem Eintritt in die Währungsunion zu befürchten, daß die mittel- und osteuropäischen Länder eine an ihrer zu tolerienden Inflationsrate zu restriktive Geldpolitik betreiben, nur um die Konvergenzkriterien einzuhalten.

Neben dem Nachfrage- und dem Qualitätsargument kann der Anstieg des Preisniveaus durch unterschiedliche Wachstumsraten der Produktivität bedingt sein.

---

[11] Die Diskussion, auf welche Inflationsrate eine Zentralbank ihre geldpolitischen Entscheidungen basieren soll, bildete in den siebziger Jahren den Ausgangspunkt für das Konzept der „core“ oder auch „underlying inflation“. WYNNE (1999, S. 3) erläutert dieses Konzept so: „The common point of departure for almost all analyses of core inflation is the idea that there is a well-defined concept of monetary inflation that ought to be of concern to monetary policy makers and that this type of inflation, being conceptually different to the cost of living, is not adequately captured by the standard price statistics.“

[12] Die mit der höheren Inflationsrate verbundene Aufwertung stellt für die Wettbewerbsfähigkeit keine Gefahr da, da ihr Qualitätssteigerungen in den Produkten gegenüberstehen.

Ausgangspunkt dieser Argumentation ist, daß der Transformations- und Privatisierungsprozeß eine Erhöhung der Faktorproduktivität auslöst. Da im allgemeinen das Potential für *Produktivitätssteigerungen* bei den handelbaren Gütern größer als bei den nicht-handelbaren ist[13], führt dies dazu, daß das Produktivitätswachstum im handelbaren Sektor größer als im nicht-handelbaren ist. Diese unterschiedlichen Wachstumsraten der Produktivität bei handelbaren bzw. nicht-handelbaren Gütern sind der Ausgangspunkt des *Balassa-Samuelson-Theorems*.[14] Danach bewirkt der Produktivitätsschub bei handelbaren Gütern steigende Löhne, da deren Preise auf dem Weltmarkt determiniert werden.[15] In dem Maße, wie diese Lohnsteigerung eine Steigerung des Lohnniveaus in allen Sektoren bewirkt, kommt es wie beim Nachfrageargument zu einem Anstieg der Preise im nicht-handelbaren Sektor.[16] Als Folge ergibt sich bei einem fixen Wechselkurs eine reale Aufwertung, wenn man den realen Wechselkurs mit Hilfe eines Konsumentenpreisindexes mißt. Würde man den realen Wechselkurs dagegen auf der Basis von „unit labor costs" im handelbaren Sektor, also auf Basis der Produktivität, bestimmen, ergäbe sich dagegen keine reale Aufwertung, denn die die erhöhte Produktivität im handelbaren Sektor würde dafür sorgen, daß es trotz gestiegenem Preisniveau zu keinem Verlust an Wettbewerbsfähigkeit kommt. Die teurer gewordenen Produkte des nicht-handelbaren Sektors sind nicht in diesem Indikator enthalten, denn sie konkurrieren nicht mit ausländischen, billigeren Produkten und stellen deshalb keinen Verlust an internationaler Wettbewerbsfähigkeit dar.[17]

Das Balassa-Samuelson-Argument stellt folglich unter der Annahme, daß es bei fixen Wechselkursen ceteris paribus zu keinem Verlust an Wettbewerbsfähigkeit kommt, im Grunde das gleiche Problem für die Geldpolitik wie das Qualitätsargument dar, weil es zu einer höheren Inflationsrate führt, die die Erfüllung der Konvergenzkriterien erschwert. Im Vorfeld zum EWU-Beitritt mögen die Zentral-

---

13 KRUGMAN/OBSTFELD (1997, S. 419) schreiben plakativ: „Whether a country is rich or poor, a barber can give only so many haircuts in a week, but there may be significant scope for productivity differences across countries in the manufacture of traded goods like personal computers."

14 Vgl. BALASSA, 1964 und SAMUELSON, 1964.

15 Dieser Argumentation liegt die Vorstellung zu Grunde, daß der Lohn dem Wertgrenzprodukt der Arbeit entspricht. Wenn die Produktivität bei konstantem Preis steigt, so muß dies demnach zu steigenden Löhnen führen.

16 Es sei hier angemerkt, daß der Balassa-Samuelson-Effekt von der Nachfrageseite völlig abstrahiert (OBSTFELD/ROGOFF, 1996, S. 212). Ausgehend von den Lohnsteigerungen ist jedoch ein Anstieg der Realeinkommen möglich, der wiederum die Nachfrage positiv beeinflußt. Sind nicht-handelbare Güter superiore Güter in der Nachfragefunktion, so bewirkt dieser angebotsseitig induzierte Einkommensanstieg einen überproportionalen Anstieg in der Nachfrage nach nicht-handelbaren Gütern, so daß deren Preise stärker als die Preise im handelbaren Sektor steigen (CAVES/FRANKEL/JONES, 1993, S. 396-7).

17 Eine Ausnahme könnten hier nur Serviceleistungen im Bereich des Tourismus darstellen, die zwar ein höher Inputkosten durch höhere Löhne verzeichnen, aber keine höhere Produktivität aufweisen.

banken der mittel- und osteuropäischen Länder deshalb versucht sein, eine restriktive Geldpolitik zu betreiben, um das Inflationskriterium zu erfüllen, obwohl es dafür nach dem Konzept der „underlying inflation“ (vgl. Fußnote 11) keinen Anlaß gibt. Nach dem Beitritt in die EU betreibt die EZB eine Geldpolitik für alle Mitgliedsländer und richtet diese u.a. an dem EWU-weiten Anstieg des harmonisierten Verbraucherpreisindex aus. Für die „alten“ Mitgliedsländer kann dies bedeuten, daß die EZB eine für sie zu restriktive Geldpolitik betreibt, da das EWU-Preisniveau aufgrund des Nachfrage-, Qualitäts- und den Balassa-Samuelson-Argumentes in den mittel- und osteuropäischen Ländern nach oben verzerrt ist.

Neben diesen geld- und währungspolitischen Erklärungen werden aber auch Bedenken hinsichtlich der Fiskalpolitik geäußert. So befürchtet z.B. insbesondere die EU-KOMMISSION, daß die mittel- und osteuropäischen Ländern in ihrem Bestreben, möglichst schnell die Konvergenzkriterien zu erfüllen, Investitionen in ihre Wirtschaftsstruktur unterlassen, nur um insbesondere dem Defizit- und dem Schuldenstandskriterium gerecht zu werden (EU-KOMMISSION, 1999a, S. 28). Deshalb betont sie, daß die beitrittswilligen Länder zuerst die Kopenhagener Kriterien vollständig erfüllen und ihre Volkswirtschaften *langfristig* stabilisiert sind: „Ob eine nachhaltige nominale Konvergenz erreicht worden ist, kann wohl kaum beurteilt werden, bevor die Wirtschaften der Beitrittsländer ihre Fähigkeit unter Beweis gestellt haben, auf dem Binnenmarkt und bei freiem Kapitalverkehr erfolgreich zu operieren, wie dies auch bei den derzeitigen Mitgliedsstaaten der Fall war.“ Damit wird auch deutlich, daß die Beitrittskandidaten für dem Eintritt in die EU noch Übergangsfristen bis zur vollen Erfüllung des *acquis communautaire* beanspruchen können, daß aber vor der Übernahme des Euros nach Ansicht der Kommission alle Kopenhagener Kriterien erfüllt sein müssen. In ähnlicher Weise äußert sich auch die EZB (EZB, 2000, S. 46). Sollten die für den EWU-Eintritt zuständigen Institutionen bei dieser Ansicht bleiben, so rückt insbesondere für die langsameren Beitrittskandidaten eine Übernahme des Euro in weite Ferne, denn die gesamte Übernahme des *acquis communautaire* ist langwierig und insbesondere bei Maßnahmen im Umwelt-, Energie- und Infrastrukturbereich auch teuer.[18]

Im Gegensatz zur EU-KOMMISSION teilt die EZB aber die Bedenken nicht, daß die Erfüllung der Maastricht-Kriterien im Widerspruch zu den Investitionen in den Strukturwandel stehen könnten: „Fortschritte bei der Erfüllung der Maastricht-Kriterien als Bedingung für die Einführung des Euro sind vollständig mit Strukturreformen vereinbar“ (EZB, 2000, S. 51). Ob dies allerdings für die Transformationsländer gilt, kann angezweifelt werden. So ist z.B. eine höhere Defizitquote dann gerechtfertigt, wenn die zu erwartenden Nettoerträge der Investition die für den Schuldendienst notwendigen Ausgaben deckt, oder wenn eine gerechtere

[18] Die OECD schätzt, daß *allein* die Ausgaben für Umweltschutzmaßnahmen (einschließlich nuklearer Sicherheit) in Ungarn 0,6 % des BIP, in Litauen 0,6 % des BIP und in Polen 1,1% des BIP im Jahr 1996 betragen haben (OECD, 1999). Selbst wenn diese Ausgaben von Programmen wie PHARE co-finanziert werden, bleibt dies eine erhebliche Belastung.

intertemporale Lastenverteilung erreicht wird. In den nächsten beiden Abschnitten werden wir auf diesen Punkt zurückkommen.

2.5 Bestandsaufnahme der ökonomischen Kriterien für einen Beitritt in die EWU

Der folgende Abschnitt untersucht, inwieweit die Pre-Ins und die EU-Beitrittskandidaten die Konvergenzkriterien erfüllen. Die Tabelle 2.3 gibt hierzu eine Übersicht. Dabei ist anzumerken, daß unterschiedliche Quellen unterschiedliche Daten insbesondere zu den mittel- und osteuropäischen Ländern liefern. Bei den beiden Verschuldungskriterien werden beispielsweise die Privatisierungserlöse von Transformationsländern teilweise miteinbezogen, während manche Quellen diese ausschließen. Ferner wird für Osteuropa kein harmonisierter Verbraucherpreisindex, der als Maßstab für die Messung der Inflationsrate in der EU gilt, erhoben, so daß unterschiedliche Quellen sich auf verschiedene Preisindizes stützen können. Außerdem gibt es in vielen mittel- und osteuropäischen Ländern keine langfristigen Staatsanleihen (oder vergleichbare Papiere) mit einer Laufzeit von zehn Jahren, mit denen man das Zinskriterium gemäß der Definition von Maastricht überprüfen könnte (Ausnahme: Bulgarien, Ungarn, Polen). Man behilft sich hier in der Regel mit Kreditzinsen der Banken. Vor dem Hintergrund dieser Unsicherheiten werden in der vorliegenden Arbeit die Daten des IWFs zu den Konvergenzkriterien verwendet, wie sie in TEMPRANO-ARROYO/FELDMAN (1999, S. 787) zitiert werden. Dieses Vorgehen stellt sicher, daß den hier zitierten Daten eine einheitliche Datenbasis zugrundeliegt.

Der empirische Befund zu den Konvergenzkriterien für die EU-Beitrittskandidaten zeigt, daß das *Defizitkriterium* in 1998 von Estland, Slowenien, Tschechien, Bulgarien, Lettland und Litauen erfüllt wurde. [19] Das *Schuldenstandskriterium* wird von fast allen Ländern mit der Ausnahme von Zypern und Bulgarien eingehalten. Ungarn hält bei den hier gewählten Daten dieses Kriterium mit 0,1 Prozentpunkten unter dem Limit von 60 % gerade noch ein. Daß das Schuldenstandskriterium mit wenigen Ausnahmen von den mittel- und osteuropäischen Ländern erfüllt wird, verwundert nicht, da diese Länder in der Vergangenheit nur begrenzten Zugang zu den internationalen Kapitalmärkten hatten. Schreitet die Eingliederung der Transformationsländer in die internationalen Finanzmärkte voran und kommt es zu einem weiteren Vertiefung des heimischen Finanzsystem, kann man annehmen, daß die Schuldenstands- und die Defizitquote bei gegebenen Steuereinnahmen – aber tendenziell steigenden Ausgaben z.B. für Maßnahmen zur Erfüllung des *acquis communautaire* – steigen wird.

[19] Vgl. zur empirischen Auswertung der Konvergenzkriterien in den mittel- und osteuropäischen Ländern auch BACKÉ (1997); WELFENS (1998); BOONE/MAUREL (1998, 1999).

Tabelle 2.3: Die Konvergenzkriterien von Maastricht für die EU-Beitrittskandidaten und Pre-Ins in den Jahren 1997 und 1998

	Budgetsaldo[a)]		**Schuldenstand**[b)]		**Inflation**[c)]		**langfristige Zinsen**[d)]	
	1997	**1998**	**1997**	**1998**	**1997**	**1998**	**1997**	**1998**
EU-Beitrittskandidaten, mit denen seit 1998 verhandelt wird								
Estland	*+2,0*	*-0,3*	*6,0*	*5,2*	11,2	8,2	10,9	14,7
Polen	-3,1	-3,3	*43,8*	*39,3*	15,1	12,0	20,1	18,0
Slowenien	*-1,7*	*-1,4*	*23,5*	*24,0*	8,4	8,0	21,6	15,4
Tschechien	*-1,9*	*-2,3*	*13,0*	*13,7*	8,4	10,7	13,5	11,5
Ungarn	-5,4	-5,3	62,9	*59,9*	18,3	14,2	20,1	16,4
Zypern	-5,3	-6,4	*56,1*	60,9	3,6	*2,2*	*6,4*	7,3
EU-Beitrittskandidaten, mit denen seit 2000 verhandelt wird								
Bulgarien	*-2,1*	*+0,9*	104,4	84,3	1082,2	22,3	209,9	14,2
Lettland	*+0,1*	*-0,8*	*12,7*	*11,1*	8,4	4,7	13,4	15,0
Litauen	*-1,8*	-5,8	*21,2*	*22,5*	8,8	5,1	12,2	16,7
Malta	-9,7	-10,5	*51,6*	*56,3*	3,1	2,4	7,3	6,0
Rumänien	-4,6	-5,7	*28,2*	*32,2*	154,8	59,1	138,8	105,0
Slowakei	-5,2	-6,0	*27,1*	*30,6*	6,1	6,7	21,6	18,9
Pre-Ins[e)]								
Dänemark	*+0,1*	*+1,2*	61,3	*55,6*	*1,9*	*1,4*	*6,3*	*4,9*
Griechenland	-3,9	*-2,5*	108,7	105,4	5,4	4,8	9,9	8,5
Großbritannien	*-2,0*	*+0,3*	*50,8*	*48,4*	*1,8*	*1,6*	7,1	*5,6*
Schweden	*-2,0*	*+1,9*	75,0	72,4	*1,9*	*1,0*	*6,6*	*5,0*
EU-11[f)]								
	-2,6	*-2,0*	74,0	73,4	*1,6*	*1,1*	*6,0*	*4,7*
Referenzwert laut Maastricht-Vertrag								
	-3,0	-3,0	60,0	60,0	2,6	2,2	8,0	6,6

xx = Erfüllung des Referenzwertes des Maastricht-Vertrages.

a) „+" Überschuß, „-" Defizit. Die Definition hier entspricht nicht unbedingt der genauen Eurostat-Definition. Privatisierungseinnahmen sind herausgerechnet worden. Für Bulgarien und Zypern nur das Defizit der Regierung und nicht der Gebietskörperschaften.

b) Entspricht nicht unbedingt der Defintion des Amsterdamer Vertrages. Für Tschechien nur die Schulden der Regierung und nicht der Gebietskörperschaften.

c) Durchschnittliche Inflationsraten, entsprechen nicht unbedingt dem harmonisierten Verbraucherpreisindex von Eurostat.

d) Maastricht-Kriterium mißt die langfristigen Zinsen anhand zehnjähriger Staatsschuldverschreibungen. Diese sind für osteuropäische Länder nicht erhältlich, so daß zum größten Teil auf die Kreditzinsen der Banken zurückgegriffen wird.

e) Die Daten entsprechen hier den neuesten Eurostat-Definitionen hinsichtlich Verschuldung und Defizit (ESA95). Es kann deshalb zu Abweichungen zu früheren Datenreihen kommen.

f) Die Daten entsprechen hier den neuesten Eurostat-Definitionen hinsichtlich Verschuldung und Defizit (ESA95). Es kann deshalb zu Abweichungen zu früheren Datenreihen kommen.

Quelle: Für mittel- und osteuropäischen Länder: TEMPRANO-ARROYO/FELDMAN, 1999, S. 787; für die EU: EUROSTAT.

Weiterhin wird deutlich, daß die größten Probleme in den Transformationsländern das *Inflationskriterium* und das *Zinskriterium* bereiten. Ein wichtiger Grund für die hohe Inflationsrate in den Transformationsländern ist die Freigabe der Preise für die meisten Güter und Dienstleistungen, die auch im Jahr 1998 (und in den folgenden Jahren) noch eine wichtige, wenn auch abnehmende Rolle bei der Erklärung der Inflation spielt.[20] Allerdings haben alle Transformationsländer erfolgreich erhebliche Fortschritte bei der Disinflation erzielt. Die im Verlaufe der Transformation sinkende Inflationsrate impliziert, daß die Länder, mit denen seit 1998 verhandelt wird, bei diesem Kriterium auf dem besten Wege sind, es im Laufe der nächsten fünf Jahre zu erfüllen (vgl. Abbildung 2.3).

Die Ursachen für die Erfolge bei der Disinflation liegen insbesondere in einer restriktiven Geldpolitik, die häufig von einer restriktiven Fiskalpolitik sowie Maßnahmen in der Einkommenspolitik begleitet wurde.[21] Man kann allerdings auch vermuten, daß die momentane Konvergenz der Inflationsraten durch die Rußlandkrise im August 1998 beeinflußt sein könnte, die in vielen mittel- und osteuropäischen Ländern eine Rezession mit der Folge niedriger Inflationsraten auslöste.

---

20 In einigen Transformationsländern gibt es auch im Jahr 1999 einen relativ hohen Anteil von administrierten Preisen im Warenkorb. Zu den administrierten Preisen gehört in den Transformationsländern im allgemeinen der Energie-, Transport-, Wohnungs- und Versorgungsbereich (Abwasser, Müllabfuhr etc.). Insbesondere in Slowenien (28 %), Tschechien (15-20 %), Slowakei (15-20 %), Litauen (17 %), Estland (22 %) und Lettland (20 %) erscheint dieser Anteil von administrierten Preisen im Warenkorb noch vergleichsweise hoch zu sein (Prozentzahlen jeweils in Klammern). COTTARELLI/DOYLE halten die Freigabe von administrierten Preisen auch zukünftig für einen wichtigen inflationären Impuls (COTTARELLI/DOYLE, 1999, S. 12-13).

21 Langfristig hat lediglich das Wachstum der Geldmenge und somit die Geldpolitik einen Einfluß auf die Inflationsrate. Kurzfristig wird Inflation aber auch von anderen Faktoren wie Änderungen in der Fiskalpolitik oder Angebotsschocks beeinflußt (DORNBUSCH/FISCHER/STARTZ, 1998, S. 442-472). Für die Transformationsländer haben verschiedene Autoren gezeigt, daß der direkte quantitative Einfluß einer restriktiven Fiskalpolitik auf die Reduktion der Inflationsrate statistisch signifikant, aber relativ gering ist (z.B. FISCHER/SAHAY/VÉGH, 1996; LOUGHANI/SHEETS, 1997). So bewirkt beispielsweise eine Verminderung der Defizitquote von einem Prozentpunkt bei einer Inflationsrate von 100 Prozent eine Reduktion der Inflationsrate von nur etwa 5-8 Prozentpunkten (COTTARELLI/GRIFFITHS/MOGHADAM, 1998). Die zuletzt genannten Autoren sehen dieses Ergebnis als ein Zeichen, daß der Einfluß der Fiskalpolitik auf die Inflation nicht isoliert betrachtet werden darf. Restriktive Fiskalpolitik spielt als eine Komponente eines insgesamt glaubwürdigen Disinflationsprogrammes ein gewichtige Rolle. COTTARELLI/GRIFFITHS/MOGHADAM (1998) weisen darauf hin, daß der Zusammenhang zwischen Inflation und Fiskaldefiziten stärker in Ländern ohne einen funktionierenden Kapitalmarkt ist, da hier die Zentralbank direkt das Defizit des Staates finanzieren muß.

Abbildung 2.3: Disinflationsprozesse in den mittel- und osteuropäischen Beitrittsländern gemessen an der jährlichen Änderungsrate des durchschnittlichen Konsumentenpreisindexes[a)]

EU-Beitrittsländer, mit denen seit 1998 verhandelt wird, sowie EU-11

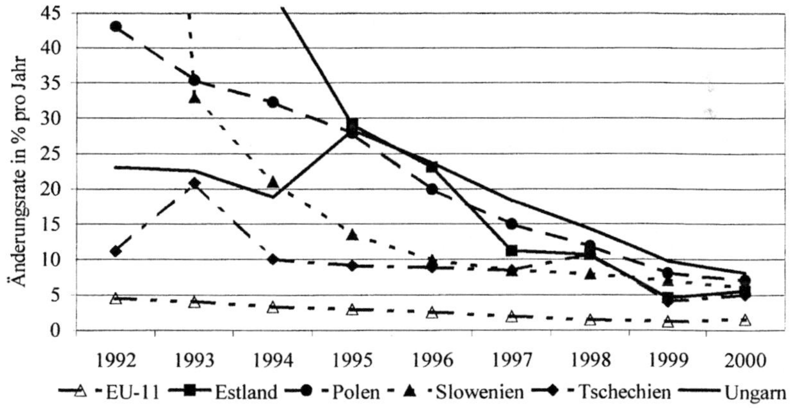

EU-Beitrittsländer, mit denen seit 2000 verhandelt wird, sowie EU-11

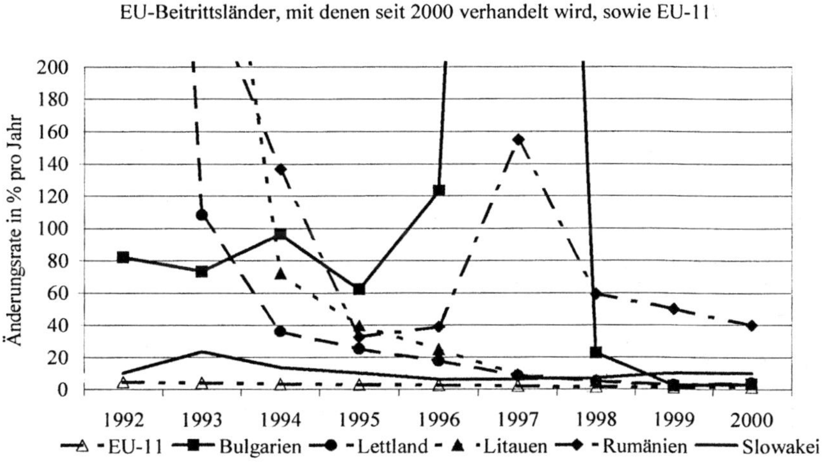

a) Im Fall von Bulgarien in der unteren Abbildung betrug die durchschnittliche Inflationsrate 1.082 Prozent im Jahr 1997, so daß die bulgarische Linie im Jahr 1997 unterbrochen ist.

Quelle: IWF: World Economic Outlook, div. Jahrgänge; EUROSTAT.

Der Referenzwert für die *langfristigen Zinsen* wird in allen mittel- und osteuropäischen Ländern übersprungen. Der Grund hierfür sind immer noch hohe Inflationserwartungen gepaart mit hohen Realzinsen und noch relativ schwach entwickelten Kapitalmärkten. Bei dieser Schlußfolgerung muß man beachten, daß die Zinsdaten für die mittel- und osteuropäischen Länder den Anforderungen der Maastricht-Kriterien nicht genügen und kurzfristiger Natur sind. Mit anderen Worten kann es sein, daß die Inflationserwartungen sinken, aber dies nicht an den hier gezeigten im Vergleich zu den EU-11-Daten kurzfristigeren Zinssätzen ablesbar ist.

Nimmt man an, daß die Vorgaben des Maastricht-Vertrages strikt eingehalten werden und die ersten Beitrittskandidaten etwa in 2004 Mitglied der EU werden, so ist der EWU-Beitritt – nach Erfüllung des Wechselkurskriteriums – in 2006 möglich.[22] Bis dahin dürfte nach der Überprüfung des aktuellen Standes der Konvergenzkriterien ihre Einhaltung für die „schnellen" Länder möglich sein. Doch kann man aus dieser positiven Bewertung der Daten schließen, daß die mittel- und osteuropäischen Länder bereit für die EWU sind? Mit anderen Worten stellt sich die Frage nach der Nachhaltigkeit bei der Erfüllung der Kriterien bzw. die Frage nach der realen Konvergenz. Hinter diesen Fragen steckt die Erkenntnis, daß die im Maastrichter-Vertrag festgelegten nominalen Kriterien zum Teil nur locker mit tieferliegenden, im güterwirtschaftlichen Bereich angesiedelten Faktoren, Strukturen und Prozessen zusammenhängen. So durchlaufen die mittel- und osteuropäischen Länder immer noch einen umfassenden Transformationsprozeß und liegen z.B. gemessen an absoluten oder relativen Daten für das Bruttoinlandsprodukt noch deutlich hinter dem durchschnittlichen EU-Entwicklungsniveau. Zwar sind die Wachstumsraten des Bruttoinlands- als auch des Bruttonationalproduktes (BNP) in den Transformationsländern seit 1993/94 positiv, und die mittel- und osteuropäischen Länder wachsen schneller als die EU-Länder, doch FISCHER/SAHAY/VÉGH (1998) belegen, daß es selbst unter der Voraussetzung von höheren Wachstumsraten als in der EU noch mindestens 20 Jahre dauert, bis sie das durchschnittliche OECD-Pro-Kopf-Bruttonationalprodukt [23] erreichen.

---

22 Sollten die Institutionen, die über den Beitritt der mittel- und osteuropäischen Länder in die EWU zu urteilen, sich zukünftig für eine flexiblere Auslegung insbesondere des Wechselkurskriteriums entscheiden, so könnte die Zeitspanne zwischen Beitritt in die EU und Beitritt in die EWU bei gleichzeitiger Erfüllung aller anderen Konvergenzkriterien weniger als zwei Jahre betragen (vgl. S. 10).

23 Der Wert für das OECD-Bruttonationalprodukt des Jahres 1994, der der Untersuchung von FISCHER/SAHAY/VÉGH (1998) zugrunde lag, beträgt gemessen in internationalen Dollars 18.602. Für die EU betrug es im gleichen Jahr 16.965 internationale Dollars. Da es keine vergleichbare Untersuchung für die EU als Bezugspunkt gibt, wird angenommen, daß sich die von FISCHER/SAHAY/VÉGH berechnete Dauer von 20 Jahren mit der OECD als Bezugspunkt nicht wesentlich einer von einer (hypothetischen) Untersuchung mit der EU als Bezugspunkt unterscheiden würde. Ferner sei darauf hingewiesen, daß das Papier von FISCHER/SAHAY/VÉGH (1998) auf Einkommen und nicht auf die Wertschöpfung abstellt und deshalb das BNP verwendet wird. Die Differenz zwischen BIP und BNP bildet der Saldo der Erwerbs- und Vermögenseinkommen zwischen Inländern und der übrigen Welt.

Abbildung 2.4: Bruttonationalprodukt pro Kopf (oben) und absolut (unten) in US-Dollar im Jahr 1998

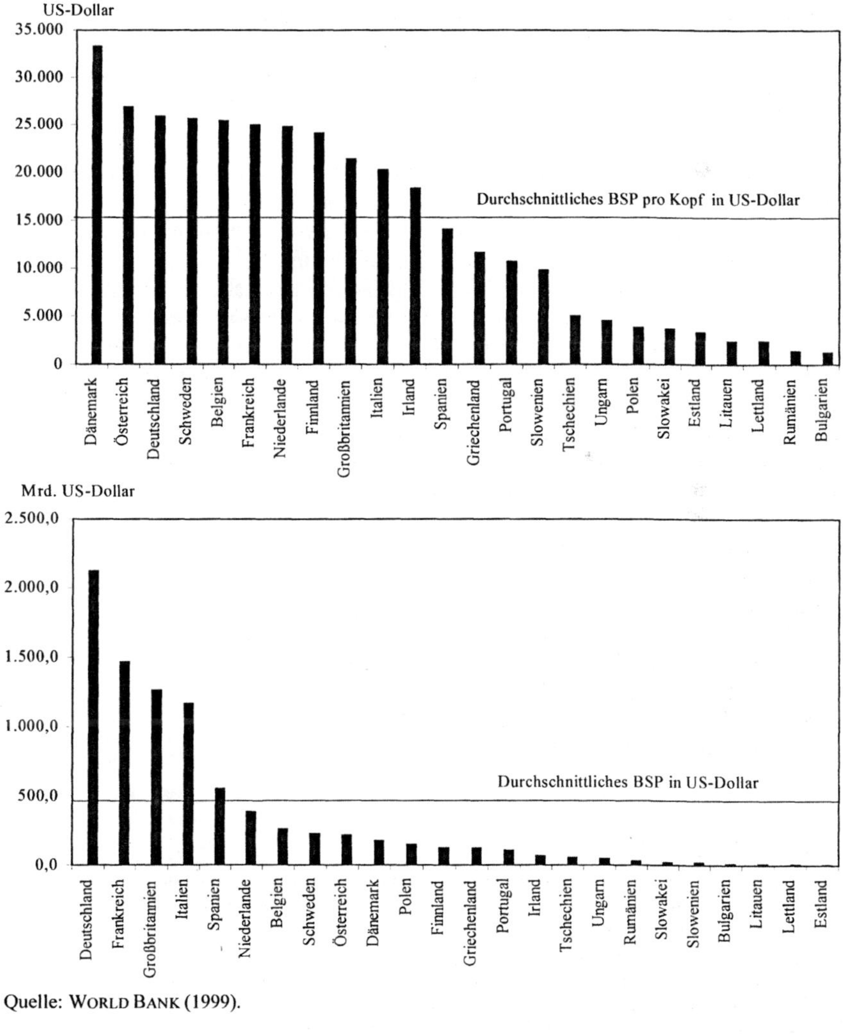

Quelle: WORLD BANK (1999).

Die obere Grafik der Abbildung 2.4 zeigt, wie bedeutend die Unterschiede zwischen den EU-Ländern und den mittel- und osteuropäischen Ländern hinsichtlich des Lebensstandards noch sind, wenn man die Pro-Kopf-Bruttonationalproduktsdaten[24] miteinander vergleicht. Daß es sich bei den mittel- und osteuropäischen Ländern um kleine Länder im Vergleich zu der EU handelt, belegt die untere Grafik von Abbildung 2.4, denn diese Länder weisen alle gemessen am jeweiligen Durchschnittswert der gesamten Stichprobe unterdurchschnittliche Werte auf. Daran kann man erkennen, daß Bestrebungen, die beitrittswilligen Länder auf das Pro-Kopf-BIP der EU zu heben mit erheblichen finanziellen Aufwand verbunden sein dürfte. Dies ist jedoch eher ein Problem der EU-Osterweiterung und nicht so sehr ein Problem der EWU-Osterweiterung ist.

Kritisch gilt es hier anzumerken, daß es nicht verwundern sollte, daß die Transformationsländer im Jahr 1998 hinsichtlich ihres Pro-Kopf-Einkommens hinter den Standards in der EU liegen. Zu diesem Zeitpunkt begannen gerade erst die Beitrittsverhandlungen mit der ersten Gruppe von Ländern, und der Transformationsprozeß dauerte acht Jahre. Überzeugender erscheint deshalb ein Vergleich des Status Quo hinsichtlich des Entwicklungsstandes von EU-Ländern zu Beginn ihres Eintrittes in die EU mit demjenigen der mittel- und osteuropäischen Länder heute. Abbildung 2.5 zeigt das BIP pro Kopf in Prozent des EU-Pro-Kopf-BIP für Spanien und Portugal vor ihrem EU-Beitritt sowie für die mittel- und osteuropäischen Beitrittskandidaten. Bis auf Slowenien liegen alle mittel- und osteuropäischen Länder noch unter dem Entwicklungsstand von Portugal zum Zeitpunkt seines Beitritts in die EU. Bedenkt man, wie hoch die Beihilfen sind, die Portugal seit der Aufnahme in die EU erhalten hat, so ahnt man, welche finanziellen Belastungen auf die EU zukommen können, wenn alle zehn mittel- und osteuropäischen Länder Mitglied der EU sein sollten. Doch auch dies ist zunächst ein Problem der EU und nicht der Währungsunion.

Was hat aber die „Aufholjagd“ (das sog. *catching up*) hinsichtlich des Einkommensniveaus pro Kopf mit der Einhaltung von nominalen Konvergenzkriterien und somit mit der Fähigkeit zum Eintritt in die EWU zu tun? Erstens impliziert der Transformationsprozeß, daß die Preise in einigen Bereichen immer noch nicht ihr Gleichgewicht gefunden haben. Zum Beispiel sind Heiz- und Mietkosten häufig weiterhin staatlich subventioniert und werden steigen, so wie sie freigegeben werden. Das bedeutet, daß die strukturelle Inflation in den Transformationsökonomien höher als in der Eurozone ist, selbst wenn sich die Volkswirtschaft in der gleichen Konjunkturphase befindet. Damit wird die Einhaltung des *Inflationskriteriums* für die mittel- und osteuropäischen Länder erschwert. Um diese inflationären Tendenzen zu reduzieren, sind höhere Zinsen nötig, die höhere Kapitalzuflüsse aus dem Ausland[25] sowie eine Verlangsamung des Wachstums bewirken können, da die

---

24 Die Verwendung des BNP ist bei einem Vergleich, der auf das Einkommen abzielt, sinnvoll (vgl. Fußnote 23). Deshalb berechnet die Weltbank auch nur das BNP in internationalen Dollars.

25 Hohe Kapitalzuflüsse, wenn sie überwiegend kurzfristiger Natur sind, bergen die Gefahr einer abrupten Umkehr, die die Anfälligkeit für eine spekulative Attacke erhöht. Auf diesen Zusammenhang wird in Kapitel 3.4.2 eingegangen.

Investitionsnachfrage reduziert wird.[26] Will man diese Zinserhöhung jedoch vermeiden, um das *Zinskriterium* einzuhalten, besteht die Gefahr, daß die Inflationsrate um so höher ist.

Abbildung 2.5: Ein Vergleich der Entwicklungsstufe von Spanien und Portugal zu Beginn ihres Beitritts in die EU (1986) mit dem Entwicklungsniveau in den mittel- und osteuropäischen Ländern heute (1998)

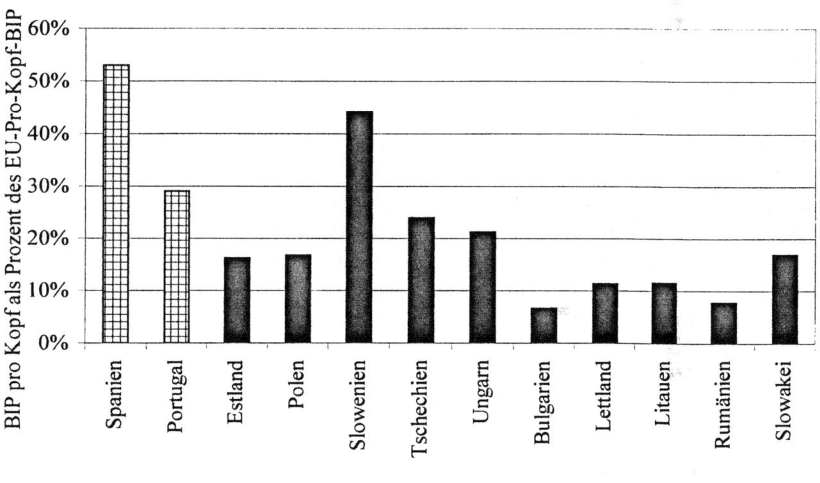

Quelle: EUROSTAT.

Zweitens geht mit dem *catching up* die Gefahr einer realen Aufwertung bei fixen Wechselkursen einher. Während des *catching up*, steigen die Preise der nicht-handelbaren Güter tendenziell stärker, a) weil ein Anstieg der Löhne insbesondere in einer kleinen offenen Volkswirtschaft einen überproportionalen Anstieg der Preise bei nicht-handelbaren Gütern bewirkt (Nachfrageargument), b) weil die Qualität der Dienstleistungen verbessert wird (Qualitätsargument) und c) weil die Wachstumsraten der Produktivität im handelbaren bzw. im nicht-handelbaren Sektor unterschiedlich sind (Balassa-Samuelson-Argument). [27] Im Vorfeld zum Beitritt in die EWU kann es sein, daß ein Land der realen Aufwertung und dem

---

[26] Dahinter steht die Annahme, daß inländische Investoren ihre Investitionen in der Regel über heimische Kredite finanzieren. Steigen durch die höheren Zinsen die Kreditkosten, wird folglich weniger investiert.

[27] Vgl. zum Nachfrage-, Qualitäts- und Balassa-Samuelson-Argument die Überlegungen im Kapitel 2.4 auf S. 18-20).

damit eventuell verbundenen Verlust an Wettbewerbsfähigkeit[28] mit einer nominalen Abwertung begegnet und somit damit das *Wechselkurskriterium* nicht einhält.

Ad hoc könnte man annehmen, daß die Inflationsneigung in den mittel- und osteuropäischen Ländern abnehmen würde, wenn sie erst einmal in der Eurozone sind. Dies ist jedoch nicht nicht der Fall. In einer empirischen Untersuchung für die Eurozone hat die EZB festgestellt, daß der Balassa-Samuelson-Effekt auch dann noch anhält, wenn die Länder in einer Währungsunion zusammengeschlossen sind. Nach EZB-Berechnungen gehen 70 % der beobachteten Inflationsdifferenzen zwischen den Teilnehmern der EWU auf den Balassa-Samuelson-Effekt zurück (EZB, 1999, S. 42). Im Hinblick auf die Osterweiterung der EWU kann dies so interpretiert werden, daß ein schneller EWU-Beitritt keine Lösung für die höhere Inflationsneigung in den mittel- und osteuropäischen Ländern ist, sondern vielmehr die Inflationsdifferenzen innerhalb der EWU verstärkt werden. Dies würde eine große Erschwernis für die Geldpolitik der EZB darstellen.

Der Zusammenhang zwischen den *fiskalischen Konvergenzkriterien* und dem *catching up* ist auch unmittelbar einsichtig, vergegenwärtigt man sich noch einmal die Befürchtung der EU-KOMMISSION aus Abschnitt 2.4, daß die mittel- und osteuropäischen Länder versucht sein könnten, notwendige Investitionen in die Wirtschaftsstrukturen zu unterlassen, nur um die fiskalischen Konvergenzkriterien zu erfüllen. Die zukünftigen Ausgaben in die Wirtschaftsstruktur und in die Sozialversicherungssysteme[29] sowie eine in vielen mittel- und osteuropäischen Länder noch nicht abgeschlossene Steuerreform schwächt die Aussichten auf die Erfüllung des Schuldenstands- und des Defizitkriteriums in der Zukunft.[30] Bezieht man dann noch mit ein, daß die momentane Datenlage tendenziell die fiskalischen Kriterien in den mittel- und osteuropäischen Ländern unterzeichnet[31], so deutet

---

28 Auf die Tatsache, daß die reale Aufwertung, wenn sie durch Qualitäts- oder Produktivitätssteigerungen sozusagen abgefangen wird, wurde ebenfalls in Kapitel eingegangen (vgl. S. 20). Dort wurde ebenfalls schon erwähnt, daß der Balassa-Samuelson-Effekt zwar zu einem Anstieg der Konsumentenpreisinflationsrate, aber nicht der Inflationsrate gemessen in „unit labor costs" führen würde.

29 In vielen mittel- und osteuropäischen Ländern steht eine Reform des Rentensystems unmittelbar bevor. Die Ausgaben hierfür sind noch nicht zu überschauen (OECD, 2000a, b und c).

30 Diverse Policy Briefs der OECD zu Polen, Tschechien und den baltischen Staaten im Jahr 2000 (OECD, 2000a, b und c).

31 Auf dieses statistische Problem wurde schon zu Beginn dieses Abschnitts (S. 22f.) hingewiesen. Es ergibt sich z.B. daraus, daß teilweise die Verschuldungsdaten nur das Defizit bzw. den Schuldenstand der Zentralregierung ohne Gebietskörperschaften berechnen. Ferner ist nicht eindeutig geklärt, wie z.B. Schulden aus noch nicht privatisierten Staatsbetrieben, insbesondere im Energiebereich, behandelt werden. Die Annahme, daß die Defizitquote bzw. die Schuldenstandsquote in den mittel- und osteuropäischen Ländern vermutlich höher wäre, wenn sie nach EUROSTAT-Kriterien bemessen würde, ist deshalb eine naheliegende Vermutung.

dies daraufhin, daß ein EWU-Beitritt im Jahr 2006 nur für die schnellsten Reformländer möglich und ratsam ist.

2.6 Schlußfolgerungen

Die Analyse hat gezeigt, daß die Unterschiede in der wirtschaftlichen Entwicklung zwischen den EU-Ländern und den mittel- und osteuropäischen Ländern erheblich sind. Für die EU-Osterweiterung hat dies zur Folge, daß sich die Verhandlungen sich noch über Jahre hinziehen könnten, wenn es nicht der erklärte politische Wille der EU-KOMMISSION wäre, die Erweiterung voranzutreiben. Hinsichtlich der schnellen Übernahme des Euros durch die mittel- und osteuropäischen Länder äußert sich die Kommission jedoch wesentlich zurückhaltender, während die beitrittswilligen Länder so früh wie möglich den Euro übernehmen wollen. Wir haben gesehen, daß es wichtige Gründe gegen einen schnellen Eintritt in die Währungsunion gibt, die im Transformationsprozeß und dem andauernden Strukturwandel liegen. Argumente wie der Balassa-Samuelson-Effekt, die Unterlassung von Investitionen zur Einhaltung der Konvergenzkriterien, die inflationstreibende Wirkung von Qualitätsverbesserungen usw. gehen jedoch unter, wenn man einzig auf die nominalen Konvergenzkriterien achtet. Die EU-KOMMISSION ist sich diesem Problem bewußt und nimmt eine abwartende Haltung ein. Bleibt sie bei dieser skeptischen Position hinsichtlich der Übernahme des Euros, so wäre sie gut beraten, genauer zu formulieren, was sie unter einer „nachhaltigen" Erfüllung der Konvergenzkriterien versteht. Bedenkt man, daß Ökonomen seit der Entstehung der Maastricht-Kriterien bemängeln, daß sie rein nominalen Charakter haben, es jedoch bei einer Währungsunion auf die reale Konvergenz ankäme, so bietet sich jetzt die Chance, den Amsterdamer Vertrag hinsichtlich des Beitritts in die EWU zu präzisieren.

An dieser Stelle soll auch darauf hingewiesen werden, daß die Aussage der EZB, wonach die Einhaltung der Konvergenzkriterien dem Strukturwandel nicht entgegenwirkt, insbesondere für die kurze Frist angezweifelt werden kann. Am deutlichsten wird dies bei den fiskalischen Konvergenzkriterien. So ist die Kombination aus 60 %-Schuldenstandskriterium und 3 %-Defizitkriterium aus der Überlegung entstanden, eine Obergrenze für die Entwicklung der Staatsverschuldung unter der Voraussetzung zu formulieren, daß die langfristige Zinsbelastung aus der Staatsverschuldung nicht stärker als die gesamte Volkswirtschaft wachsen soll.[32] Dabei nahm man 1991 an, daß das durchschnittliche nominale Anstieg des BIPs bei 5 % liegt. Folglich darf der Zuwachs des Schuldenstandes auch nicht über 5 % liegen. Diese Bedingung ist erfüllt, wenn der Schuldenstand 60 % und das laufende Defizit 3 % des BIPs beträgt, denn 3 % ist 5 % von 60 %. Es wäre bei einem BIP-Anstieg von 5 % auch möglich gewesen, einen Schuldenstandsquote von

[32] Kritisch meint WYPLOSZ (1997, S. 13): „The 60 percent-GDP rule was chosen because it was the average of EU countries when the Maastricht Treaty was being negotiated, with or with not even the pretense of any deeper economic justification."

70 % und eine Defizitquote 3,5 % festzulegen. Aber das hätte bereits relativ hoch verschuldeten Ländern wie Frankreich oder Deutschland zusätzliche Verschuldungsmöglichkeiten belassen. Wenn jedoch der BIP-Anstieg höher ist, kann somit auch das Defizit höher als 3 % sein, ohne daß die Zinsbelastung stärker wächst als die Volkswirtschaft. Bei einem realen Anstieg des BIPs in den mittel- und osteuropäischen Ländern von durchschnittlich 3,9 % (laut EBRD 1999) und einer - von Seiten der EZB – langfristig tolerierbaren Inflationsrate von 2 % kann die Defizitquote auch 3,5 % betragen, ohne daß die Tragfähigkeit der Zinsbelastung angezweifelt werden kann. Weiterhin besteht unter Finanzwissenschaftlern auch Einigkeit darüber, daß die Finanzierung von Staatsausgaben mit Hilfe der Schuldenaufnahme dann zulässig ist, wenn mit ihr Maßnahmen finanziert werden, von denen auch nachfolgende Generationen profitieren. Dazu gehören typischerweise Investitionen in die Infrastruktur (Straßen, Leitungsnetze, Telekommunikation etc.), den Bildungssektor oder das Gesundheitswesen. Nachfolgende Generationen werden über die Zins- und Tilgungszahlungen an der Finanzierung beteiligt („Pay as you go"). Bedenkt man, daß in den mittel- und osteuropäischen Ländern gerade langfristige Investitionen notwendig sind, ist gegen eine *zeitlich befristete* höhere Schuldenaufnahme wenig einzuwenden. Die Maastricht-Kriterien sind für Länder gemacht worden, die sich an die Finanzierung ihres Haushaltes über die Schuldenaufnahme teilweise schon gewöhnt hatten. Davon kann bei den mittel- und osteuropäischen Länder (noch) keine Rede sein.

Für die hier gezeigte Analyse wäre es interessant, auch einmal zu vergleichen, wo die EU-Länder vor vier oder fünf Jahren in Relation zu den Beitrittskandidaten hinsichtlich ihres Konvergenzprozesses standen. Doch dieser Vergleich ist aus mehreren Gründen zur Zeit nicht möglich. Erst der Beitritt in die EU stellt ein Land unter den Druck, die Maastricht-Kriterien zu erfüllen. Dabei beeinflußt die Mitgliedschaft in der EU den Konvergenzprozeß positiv, weil das Land vollwertiger Teil des Binnenmarktes und ist. Die mittel- und osteuropäischen Länder sind aber noch nicht Teil der EU und profitieren deshalb noch nicht in gleicher Weise von ihr wie die EU-Länder vor vier oder fünf Jahren. Man würde also unterschiedliche Ausgangsbedingungen miteinander vergleichen. Wir wissen, daß Länder wie Spanien, Portugal und Griechenland unter dem Druck der Währungsunion erhebliche Anstrengungen unternommen haben, die Kriterien einzuhalten. Es ist verfrüht anzunehmen, die mittel- und osteuropäischen Länder sähen sich jetzt schon dem gleichen Druck gegenüber. Im folgenden Kapitel wird u.a. untersucht, ob die derzeitigen Wechselkursarrangements in den mittel- und osteuropäischen Ländern aus ihren jeweiligen wirtschaftlichen Gegebenheiten erklärt werden können und welche Schlußfolgerungen daraus für die EWU-Osterweiterung gezogen werden können. Dort werden wir dann ausführlicher auf Strukturunterschiede zwischen der EU und den Beitrittskandidaten eingehen.

3 *Das Wechselkurssystem in der EU und in den mittel- und osteuropäischen Beitrittsländern*

3.1 Überblick

Das vorangegangene Kapitel hat sich mit den institutionellen Voraussetzungen für eine Osterweiterung der EWU beschäftigt. Dabei wurde auf die Frage der Wechselkurspolitik nur am Rande eingegangen. Die Wahl des Wechselkurssystems spielt jedoch bei der Frage der Osterweiterung der EWU eine besondere Rolle, denn eine Mitgliedschaft in einer Währungsunion bedeutet die unwiderrufliche Festlegung der Wechselkurse gegenüber den anderen Mitgliedsstaaten. Aus volkswirtschaftlicher Sicht ist eine unwiderrufliche Zementierung des Wechselkurses unproblematisch, wenn schon vor dem Eintritt der Wechselkurs des neuen Mitglieds gegenüber der Gemeinschaftswährung wenig geschwankt hat. Um dies sicherzustellen, erstreckt sich das erwähnte Konvergenzkriterium „Einhaltung der normalen Bandbreiten im EWS" über die Dauer von mindestens zwei Jahren. Aus institutioneller Sicht ist die Frage des Wechselkursregimes *vor dem Eintritt in die Währungsunion* eindeutig gelöst: Mitgliedschaft im Wechselkursmechanismus II (WKM II) ist eine Voraussetzung für die spätere Teilnahme an der EWU. Aus diesem Grund werden die wesentlichen Merkmale des WKM II in Abschnitt 3.2 erläutert.

Nicht gelöst ist im Gegensatz zum WKM II die Frage, welches Wechselkursregime *vor dem Eintritt in die Europäische Union* gewählt werden sollte. Hier hat die EZB eine klare Position: „Für die Ausrichtung der Wechselkurspolitik vor dem (EU-)Beitritt ... sollte den Beitrittsländern keine einheitliche Vorgehensweise vorgeschrieben werden." Deshalb wird in Abschnitt 3.3 zunächst die aktuellen Wechselkursarrangements in den mittel- und osteuropäischen Ländern dargestellt. Es wird gezeigt, daß es zur Zeit eine Vielzahl unterschiedlicher Systeme in den Ländern gibt. Doch warum ist das so? Abschnitt 3.4 versucht vor diesem Hintergrund die Frage zu klären, inwieweit die Wirtschaftsstruktur und die Außenposition die Wahl des Wechselkursregimes beeinflußt haben. In Abschnitt 3.5 werden dann die Schlußfolgerungen aus diesem Kapitel kurz dargestellt.

3.2 Der Wechselkursmechanismus II

Der WKM II trat am 1. Jan. 1999 gemeinsam mit dem Beginn der dritten Stufe der EWU in Kraft. Bereits seit Mai 1998 steht fest, welche Länder zu den Ins der EWU gehören und aus welchen Ländern die Pre-Ins (Griechenland, Dänemark, Vereinigtes Königreich und Schweden) bestehen. Dem WKM II liegen zwei Vertragstexte zu Grunde. Der eine ist die „Entschließung des Europäischen Rates über die Einführung eines Wechselkursmechanismus in der dritten Stufe der WWU" vom 16. Juni 1997 in Amsterdam (im folgenden verkürzt „Entschließung". EUROPÄISCHER RAT, 1997). Der andere ist das endgültige Abkommen, das am 1.

Sept. 1998 zwischen den Zentralbanken ratifiziert wurde (im folgenden verkürzt „Abkommen". EZB, 1998). Beide Texte bilden die Grundlage für die hier gewählte Darstellung.

Das vorrangige **Ziel** des WKM II ist es, die Währungen der Pre-Ins durch ein System fester Wechselkurse mit begrenzter Flexibilität an den Euro zu binden. In der Regel wird ein solches System mit den Erwartungen vergleichsweise stabiler Wechselkurse und daraus folgenden positiven Beiträgen auf den Außenhandel und die Direktinvestitionen begründet.

Bei der Entwicklung des WKM II bestand darüber hinaus weitgehende Einigkeit darüber, im Nachfolgesystem des EWS bestimmte Schwächen des alten Systems auszuschalten. Zu diesen Schwächen gehörte z.B. die mangelnde Flexibilität bei Leitkursanpassungen, die dazu führte, daß Länder über längere Zeit unter Druck gerieten und Leitkursänderungen schließlich abrupt erfolgen mußten, weil sonst erhebliche Probleme bei der Finanzierung der Interventionen aufgetreten wären. Gleichzeitig sollte das WKM II wirkungsvoll die Preisstabilität in der Europäischen Währungsunion stützen. Des weiteren ist ein neuer Wechselkursmechanismus nach der Einführung des Euro schon aus formalen Gründen notwendig, um den Pre-Ins die Einhaltung der Konvergenzkriterien des Art. 121 (EG-Vertrag: Teilnahme am Wechselkursmechanismus des Europäischen Währungssystems) zu ermöglichen, so daß ihr späterer Zutritt zur EWU erfolgen kann.

Der WKM II sollte auch der unterschiedlichen Bedeutung des Außenhandels zwischen den Ins und den Pre-Ins Rechnung tragen. Hierbei ist zu berücksichtigen, daß die Teilnehmer der Währungsunion mikroökonomische Effizienzgewinne durch die gemeinsame Währung haben, von denen die Pre-Ins ausgeschlossen sind. Dadurch entsteht für deren Exportwirtschaft eine relative Schwächung ihrer Position, woraus ein latenter Abwertungsdruck entstehen kann. Hinsichtlich der Außenhandelsbeziehungen der Pre-Ins mit den Ins gilt, daß die Ins den größten Teil ihres Außenhandels untereinander abwickeln und der Handel mit den Pre-Ins nur einen relativ kleinen Teil ausmacht, während der Außenhandel mit den EWU-Ländern einen Großteil des Pre-Ins-Handelsvolumen darstellt. Deshalb sind die Pre-Ins voraussichtlich viel stärker als die Ins von Wechselkursbewegungen ihrer Währungen gegenüber dem Euro betroffen. Der WKM II ist folglich für die Pre-Ins und ihre Exportwirtschaft von größerer Bedeutung als für die Exportwirtschaft der Ins, damit der Handel nicht durch zu starke Schwankungen der nominalen Wechselkurse zwischen dem Euro und den Währungen der Pre-Ins gestört wird.[33]

---

[33] Dieser Aussage liegt die Vorstellung eines idealen, also spannungsfreien, Wechselkursmechanismus zugrunde. „Much of the enthusiasm for monetary unification within the European Union (EU) stems from the belief that locked exchange rates maximize the gains from a unified market and that exchange-rate-induced shifts in competitiveness within the EU can undermine the political consensus for free intra-EU trade." (OBSTFELD/ROGOFF, 1995, S. 76). Daß der WKM II eventuell selbst zu einer Quelle der Instabilität werden kann, wenn Leitkurse unangemessen gesetzt oder zu spät angepaßt werden, hat man während der EWS-Krisen der Jahre 1992/93 gesehen.

Der Art. 124 EG-Vertrag legt außerdem fest, daß die Wechselkurspolitik der EU-Länder eine Angelegenheit von gemeinsamen Interesse ist (DEUTSCHE BUNDESBANK, 1998, S. 20).

Ein weiteres Ziel ist die Förderung der Konvergenz von beitrittswilligen Ländern. Sind die Wechselkurse glaubwürdig fixiert und soll dies auch so bleiben, so müssen diese Länder eine stabilitätsorientierte Finanz-, Geld- und Wirtschaftspolitik betreiben. Spekulative Attacken entstehen erst dann, wenn für die Marktteilnehmer der Eindruck entsteht, daß die Fundamentaldaten dieser Länder eine Abwertung rechtfertigen bzw. wenn sie erwarten, daß die Zentralbank den Wechselkurs nicht (mehr) dauerhaft stützen kann oder will. Realistische Wechselkurse verhindern folglich das Entstehen von Währungskrisen. Je mehr die Marktteilnehmer an den Devisenmärkten dem Konvergenzstreben der Pre-Ins vertrauen, um so mehr werden auch kursstabilisierende Erwartungen gebildet. Die Entschließung (des Europäischen Rates) stellt in Abs. 1.2 den Zusammenhang zwischen Wechselkursen und Makropolitiken wie folgt heraus: „Die Überwachung der makroökonomischen Politik der Mitgliedsstaaten im Rat nach Artikel 103 des (Maastricht-)Vertrags verfolgt unter anderem den Zweck, solche Verzerrungen oder Schwankungen zu vermeiden." Schwanken Wechselkurse wenig, so werden sie zur Stabilisierung exogener Schocks nicht gebraucht, folglich sind die makroökonomischen Kosten, die durch die Aufgabe des Wechselkursinstrument als Stabilisierungsinstrument entstehen, gering. Dieser Punkt wird in Kapitel 5.2 bei der Theorie optimaler Währungsräume noch einmal aufgegriffen.

Hinsichtlich der Ausgestaltung steht die Teilnahme am neuen europäischen Wechselkursmechanismus allen EU-Mitgliedsländern offen, die nicht Mitglied der EWU sind, ist aber grundsätzlich freiwillig. Dies stellt eine Fortsetzung der Bestimmungen im alten EWS dar. Von der Option der Nichtteilnahme am WKM II machten im Juni 2000 England und Schweden Gebrauch. Diese Option ist aber für potentielle Neumitglieder der EU von größerem Nutzen, weil gerade die mittel- und osteuropäischen Länder ihre nominalen Wechselkurse wegen des noch zu vollziehenden Strukturwandels bzw. teilweise noch zu großer Inflationsunterschiede zur Eurozone kontinuierlich anpassen müssen, um ihren realen Wechselkurs konstant zu halten.

Für die Währungen von Ländern, die am WKM II teilnehmen, wird ein bilateraler Leitkurs zum Euro mit einer Schwankungsbandbreite von ±15 % festgelegt. Diese Bandbreite ist ebenfalls eine Gemeinsamkeit mit dem früheren EWS. Neu hingegen ist, daß die Parität nur noch in bezug auf den Euro und nicht mehr in bezug auf die anderen teilnehmenden Währungen bestimmt wird, d.h. es gibt keinen Leitkurs für die griechische Drachme gegenüber der dänischen Krone.[34] Insofern gibt es keine Paritätengitter mehr, wie dies im EWS der Fall war. Dies bedeutet jedoch, daß die Wechselkurse zwischen den Pre-Ins um rund 32 % nach oben und

[34] Da seit Januar 2001 Griechenland Mitglied der EWU ist, ist dieses Beispiel obsolet. An der grundsätzlichen Aussage, daß es kein Paritätengitter gibt, ändert dieses Detail jedoch nichts.

unten schwanken können.[35] Auf Wunsch des Pre-Ins kann die Bandbreite enger sein, diesem Wunsch müssen allerdings die Institutionen der Währungsunion zustimmen. Dänemark ist mit einer Bandbreite von ±2,25 % ein Beispiel für eine solche Ausnahme. Die Änderung von Leitkursen und der Standardbandbreite bzw. die Festsetzung des Eintrittskurses erfolgt im Rahmen eines gemeinsamen Verfahrens unter Beteiligung der EU-KOMMISSION und nach Anhörung des Wirtschafts- und Finanzausschusses im gegenseitigen Einvernehmen zwischen den Ministern der Ins, der EZB und den Ministern und Zentralbankpräsidenten der Pre-Ins, die sich an dem WKM II beteiligen. Ohne Stimmrecht bleiben die Pre-Ins außerhalb des WKM II. Alle am Verfahren beteiligten Institutionen haben das Recht, vertraulich ein Verfahren zur Überprüfung der Leitkurse einzuleiten. Im Gegensatz zum früheren EWS hat also auch die EZB ein Vorschlagsrecht zur Beratung über die Wechselkurse.

Bei den Interventionen kann man zwei Formen unterscheiden: Interventionen an den Bandenden und intramarginale Interventionen. Im ersten Fall greifen die beteiligten Zentralbanken in das Marktgeschehen ein, wenn der Wechselkurs aus den erlaubten Bandbreiten auszutreten droht. Nach dem Abkommen greifen bei Interventionen am Bandende beide Zentralbanken (EZB und Pre-In-Zentralbank) automatisch und in unbegrenzter Höhe ein; auch dies korrespondiert zur Regelung im früheren EWS. Neu ist allerdings, daß nur interveniert wird, solange die Preisstabilität nicht gefährdet ist. De facto ergibt sich damit eine asymmetrische Interventionsverpflichung: wenn die Stabilität des Ankerlandes, also der Europäischen Währungsunion, gefährdet ist, wird die EZB nicht weiter intervenieren, so daß die Pre-In-Zentralbank alleine handeln muß bzw. es ihr alleine obliegt, durch andere flankierende Maßnahmen (z.B. Erhöhung der Zinsen) die Nachfrage nach der eigenen Währung zu erhöhen. Zinsänderungen zur mittelbaren Beeinflussung der Devisennachfrage bzw. des Devisenangebots dürfen nur von Seiten einer Pre-In-Zentralbank erfolgen, wenn auch der EZB Zinsmaßnahmen zur Stützung der Pre-Ins-Währungen nicht ausdrücklich verboten sind. Bei Interventionen am Bandende steht ähnlich wie beim alten EWS die sehr kurzfristige Finanzierungsfazilität zur Verfügung, allerdings darf diese erst von den Pre-Ins bzw. der EZB in Anspruch genommen werden, wenn sie ihre eigenen Devisenreserven „in angemessenem Umfang“ eingesetzt hat. In Anlehnung an frühere Regelungen beträgt die Laufzeit eines solchen Kredites drei Monate; sie kann jedoch zweimal um je drei Monate verlängert werden, woraus sich eine maximale Laufzeit von neun Monaten ergibt.

Die *intramarginalen Interventionen* sind Interventionen innerhalb der vereinbarten Bandbreiten. Diese können entweder einseitig oder aber koordiniert zwischen EZB und der beteiligten Pre-In-Zentralbank erfolgen. Sobald bestimmte Höchstgrenzen

---

35 Diese Zahl ergibt sich, wenn man die Änderungsrate der sogenannten „cross rate“ berechnet. Schwanken beide Währungen A und B gegenüber dem Euro um ±15 %, kann der Wechselkurs der Währung A gegenüber der Währung B, die „cross rate“, um über das Doppelte, nämlich um ±32 % ($1{,}15 \cdot 1{,}15 = 1{,}3225$), schwanken.

bei der Intervention überschritten werden, müssen sich die beteiligten Zentralbanken untereinander koordinieren, d.h. die Zentralbank, welche die freiwillige Intervention tätigt, muß die Emissionsnotenbank der verwendeten Partnerwährung um Erlaubnis fragen. Lediglich den Zentralbanken der Pre-Ins steht hierfür die sogenannte sehr kurzfristige Finanzierungsfazilität zur Verfügung, auf welche die EZB jedoch bei intramarginalen Interventionen keinen Zugriff hat. Damit entsteht auch hier eine Asymmetrie, insofern als daß die EZB zwar intervenieren aber nicht finanzieren darf. Tabelle 3.1 faßt die Interventionsverpflichtungen und die Finanzierungsmöglichkeiten des WKM II zusammen.

Tabelle 3.1: Zusammenfassung der Interventionen am Bandende und der intramarginalen Interventionen

	Interventionen am Bandende	**Intramarginale Interventionen**
Europäische Zentralbank	• Automatische, unbegrenzte Intervention; • Rückgriff auf die sehr kurzfristige Finanzierungsfazilität möglich, wenn die kreditnehmende Zentralbank die eigenen Devisenreserven vorher eingesetzt hat.	• Intervention möglich; • Rückgriff auf die sehr kurzfristige Finanzierungsfazilität nicht vorgesehen.
Pre-Ins-Zentralbanken	• Automatische, unbegrenzte Intervention; • Rückgriff auf die sehr kurzfristige Finanzierungsfazilität möglich, wenn die kreditnehmende Zentralbank die eigenen Devisenreserven vorher eingesetzt hat.	• Intervention möglich; • Zugang zur sehr kurzfristigen Finanzierungsfazilität bis zu einer Höchstgrenze.

Quelle: Eigene Darstellung.

3.3 Bestandsaufnahme der Wechselkursregime

Eine der grundlegenden Erkenntnisse der Makroökonomik offener Volkswirtschaften ist, daß Länder nicht gleichzeitig die drei Ziele freier Kapitalverkehr, stabile Wechselkurse oder geldpolitische Autonomie erreichen können. Diese „impossible trinity", manchmal auch als „open-economy dilemma" oder auch als „eternal triangle" bezeichnet, soll hier nur kurz dargestellt werden. [36] Die „impossible trinity" bildet jedoch einen geeigneten Analyserahmen zur Qualifizierung von Währungssystemen. Wählt ein Land die Kombination aus freiem Kapitalver-

---

[36] Für eine genauere Analyse vgl. FRENKEL/MENKHOFF, 2000 und RODRIK, 2000 sowie die dort angegebenen Literaturverweise. KRUGMAN (1998) erwähnt in seiner „Note on global architecture", daß das „eternal triangle" auf die „Bellagio Group", deren offizieller Name „Joint Conference of Officials and Academics on International Monetary Reform" lautet, in den sechziger Jahren zurückgeht.

kehr und stabilen Wechselkursen, so opfert das Land seine geldpolitische Autonomie, denn die Geldpolitik hat einzig die Funktion, den Wechselkurs zu stützen. Eine autonome Konjunkturpolitik kann mit diesem Instrument nicht mehr betrieben werden. Freier Kapitalverkehr bei gleichzeitiger geldpolitischer Autonomie ist aber andererseits nur zu erreichen, wenn das Ziel der stabilen Wechselkurse aufgegeben wird. Der Wechselkurs wird dann durch Angebot und Nachfrage auf dem Devisenmarkt bestimmt, ohne daß die Zentralbank interveniert, denn die Geldpolitik wird zur Konjunkturpolitik eingesetzt. Die dritte Variante, geldpolitische Autonomie bei gleichzeitig stabilen Wechselkursen, funktioniert dagegen nur, wenn der Kapitalverkehr reguliert wird.

Da das *acquis communautaire* der EU die Liberalisierung des Kapitalverkehrs vorschreibt, bleiben für die mittel- und osteuropäischen Länder vor dem Eintritt in die EU im Grunde nur zwei Varianten der „impossible trinity" übrig: Entweder freier Kapitalverkehr bei stabilen Wechselkursen oder freier Kapitalverkehr bei geldpolitischer Autonomie. Diese Möglichkeiten implizieren entweder ein flexibles oder ein fixiertes Wechselkurssystem und weniger eine Mischform, was sich auch in der derzeitigen Vorbereitungsphase der Länder auf die EU-Mitgliedschaft zeigen müßte. Die Tabelle 3.2 bestätigt diese Vermutung in der Tendenz.

Bevor jedoch hierauf näher eingegangen wird, sei die Einteilung der Wechselkursregime in Tabelle 3.2 kurz erläutert, da sie eine Abwandlung der vom IWF im „Annual Report on Exchange Rate Agreements and Restrictions" (AREAER) publizierten Klassifizierung darstellt. Diese Abwandlung wurde gewählt, um die Flexibilität eines Regimes im Vergleich zu anderen stärker herauszustellen, denn die AREAER-Qualifizierung zeigt die Flexibilität des Regimes nur für die Extremfälle vollständig flexibler oder fester Wechselkurse. Bei Mischsystemen fehlt diese Eindeutigkeit. Ein Managed Float kann jedoch von stärkeren Interventionen als ein Fixkurssystem geprägt sein. Deshalb sind von der AREAR-Charakterisierung lediglich die Definitionen der sehr flexiblen und der einfachen fixen Systeme sowie des Currency Boards übernommen worden. Eine einfache Fixierung liegt nach dem AREAER vor, wenn eine Schwankungsbreite gegenüber der Leitwährung oder dem Währungskorb um weniger als ± 1 % erlaubt ist. Bei einem Currency Board ist dagegen keine Schwankungsbreite erlaubt, wobei der entscheidende Unterschied zu einer einfachen Fixierung darin liegt, daß die inländische Geldmenge zu mindestens 100 % von der Ankerwährung gedeckt werden muß. Eine zulässige Schwankung des Wechselkurses gegenüber der Leitwährung oder dem Währungskorb um weniger als ± 2,25 % wird hier als Mischsystem bezeichnet, wobei die Bandbreite veröffentlicht (also explizit) oder unveröffentlicht (implizit) sein kann. Ein hohes Maß an Flexibilität wird dagegen bei breiten Bändern erlaubt: Tschechien wies beispielsweise im Jahr 1996 mit einer Schwankungsbreite des Wechselkurses gegenüber einem Währungskorb von ± 7,5 % eine solche breite Bandbreite auf. Polen hat zur Zeit eine Schwankungsbandbreite von ± 15 %, die ebenfalls an dieser Stelle eingeordnet wird. Implizit und explizit bezieht sich auch bei dieser Kategorie auf die Veröffentlichung der Bandbreite. Als ein sehr flexibles System gilt ein Regime, das de facto zur Zeit ohne Interventionen auskommt.

Die Tabelle 3.2 zeigt, daß sich die Wechselkursregime der mittel- und osteuropäischen Länder in flexible oder fixe Wechselkurssysteme spalten, wie man es nach der „impossible trinity" erwarten würde. Einzig Slowenien und Ungarn sind gegenwärtig den Mischsystemen zuzuordnen. Interessant ist auch, daß die Länder mit einem fixierten Wechselkurs in der Regel die rigideste Ausprägung, nämlich das Currency Board, gewählt haben. Dies gilt für Estland, Bulgarien und Litauen.[37] Lettland stellt mit einer einfachen Fixierung eine Ausnahme da. Polen, Tschechien, Rumänien und die Slowakei haben ein flexibles Wechselkurssystem. Zusammenfassend ist es erstaunlich, daß sich bei zehn Ländern, die sich alle dem Ziel der Preisstabilität verschrieben haben (vgl. Abschnitt 2.3, S. 16), sechs verschiedene Wechselkurssysteme ausgebildet haben. Daraus kann man schließen, daß es keinen Königsweg hinsichtlich des Wechselkursarrangements gibt, um das Ziel der makroökonomischen Stabilisierung zu erreichen, sondern daß es vielmehr auf eine in sich konsistente Wirtschaftspolitik ankommt.

Auffallend ist auch, daß nur zwei Länder bei ihrem ursprünglich gewählten System geblieben sind: Estland und Slowenien. Alle anderen haben in den neunziger Jahren einen Regimewechsel vollzogen. Diesen Prozeß muß man vor dem Hintergrund des durch den Transformationsprozeß hohen Inflationsdruck – hauptsächlich wegen der Preisliberalisierung – sowie einer gestiegenen Kapitalmobilität sehen. In den Jahren 1994 und 1995 war Ungarn von einer ansteigenden Inflation (vgl. Abbildung 2.3, S. 25) und dauernden Realignments der eigenen Währung betroffen, die dazu führten, daß das Land von einer einfachen Fixierung zu einem mehr flexiblen System überging. In Tschechien und Polen fand der Regimewechsel in den Jahren 1995 bzw. 1996/97 unter dem Eindruck der Umkehr der kurzfristigen Kapitalströme statt. Tschechien mußte zu einem relativ flexiblen Wechselkurssystem übergehen, nachdem anfänglich Kapital über mehrere Jahre hinweg zuströmte und es schließlich unter dem Eindruck der Asienkrise zu einer abrupten Umkehr der kurzfristigen Kapitalströme in 1997 kam. In Polen gab es zwar keine Währungskrise, aber hohe Kapitalabflüssen führten im Jahr 1994 zu dem Beschluß, ab 1995 die Bandbreite schrittweise zu erhöhen.[38]

---

[37] Zur Diskussion der Rolle von Currency Boards auf dem Weg zum Beitritt in die EU vgl. auch GULDE/KÄHKÖNEN/KELLER, 2000.

[38] Vgl. zu den Kapitalflüssen auch die Abbildung 3.6 auf S. 63f. Vgl. u.a. MORALES (2000) für eine Untersuchumg der Wechselkursvolatitiltät der tschechischen Krone und des polnischen Zlotys.

Tabelle 3.2: Die Entwicklung der Wechselkurssystem bei den mittel- und osteuropäischen Beitrittskandidaten (Stand: Juli 2000)[39]

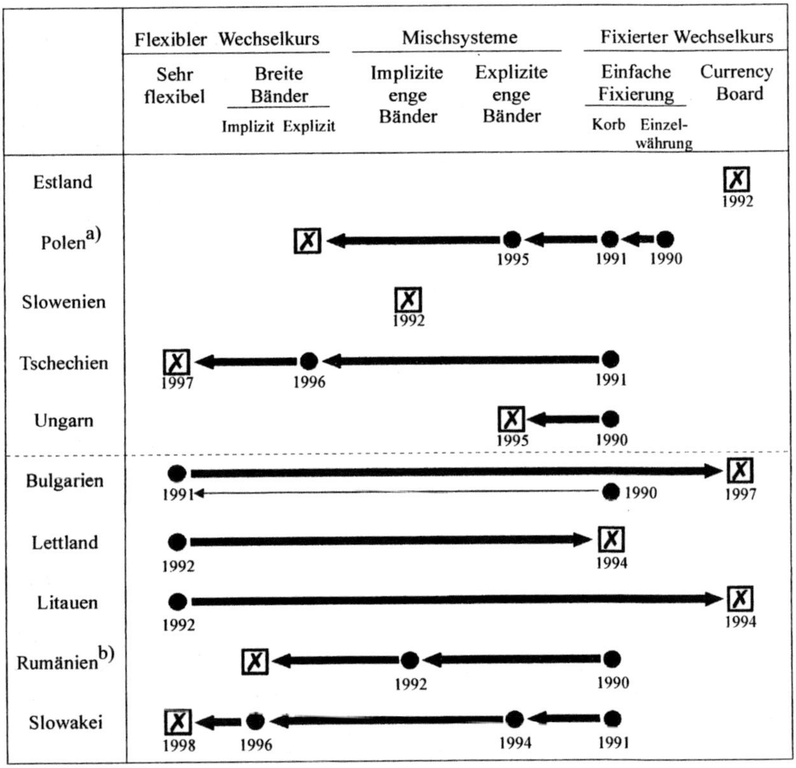

Erläuterungen:

[X] Derzeitiges System; ➡ Entwicklung; ● Ausgangsposition oder Regimewechsel.

Die jeweils angegebenen Jahresdaten markieren den Beginn eines bestimmten Wechselkursregimes bzw. den Regimewechsel.

a) In Polen wird seit 1995 die Schwankungsbandbreite schrittweise erhöht, so daß der Übergang zu einem expliziten breiten Band ein gradueller war. Aus diesem Grund fehlt bei dem derzeitigen System eine Jahreszahl.

b) Rumänien hat derzeit immer noch ein System des Managed Float. Allerdings wurden die Bandbreiten implizit erweitert, ohne daß es zu einer expliziten Strategieänderung kam. Aus diesem Grund fehlt bei dem derzeitigen System eine Jahreszahl.

Quelle: eigene Darstellung basierend auf IMF: Annual Report of Exchange Arrangements and Exchange Restrictions, div. Jahrgänge sowie EZB, 2000. Vergleiche die Anmerkungen im Text zu den Definitionen.

---

39 Analog zu den vorangegangenen Tabellen sind die ersten fünf Länder vor der Querlinie diejenigen, mit denen seit 1998 verhandelt wird, danach folgen die Länder, mit denen seit 2000 verhandelt wird.

Bei den beitrittswilligen Ländern, mit denen die EU seit 2000 verhandelt, hat Bulgarien die extremsten Regimewechsel seit 1990 unternommen. Ein Fixkursregime wurde bereits 1991 von einem flexiblen Wechselkurs abgelöst. Angesichts einer galoppierenden Inflation, die zwischen 1995 und 1997 von 100 % auf ca. 2000 % p.a. anstieg, sowie in Folge einer Bankenkrise in 1996 führte das Land im Juni ein Currency Board ein, das markante Stabilisierungserfolge bei der Inflationsbekämpfung ermöglichte (vgl. auch Abbildung 2.3 sowie GULDE, 1999). Lettland implementierte aufgrund starker inflationärer Tendenzen bedingt durch die Preisfreigabe in 1994 ein konventionelles Fixkurssystem. Allerdings deckt die lettische Zentralbank 100 % ihrer inländischen Geldmenge mit Währungsreserven, so daß das lettische System de facto ein Currency Board ist. Ähnlich wie in Lettland verlief die Entwicklung in Litauen, wo ein „echtes" Currency Board Regime eingeführt wurde. Die litauische Anbindung an den Dollar wird in jüngster Zeit kritisiert, da durch die permanente Abwertung des Euros Litauen im Vergleich zu seinen Konkurrenten komparative Wettbewerbsnachteile auf den europäischen Absatzmärkten erfährt. Eine Abwertung sowie eine Anbindung an den Euro ist jedoch vor Mitte 2001 nicht geplant. Auch Rumänien hat unter dem Eindruck von inflationären Tendenzen seine Bandbreite stetig erweitert. Ähnlich wie Tschechien mußte die Slowakei nach vorangehenden spekulativen Attacken die Bindung der slowakischen Krone aufgeben und führte ein System des freien Floatens in 1998 ein.

Letztlich zeigt Tabelle 3.2 nur die Entwicklung der Wechselkursregime in den Ländern hinsichtlich der Flexibilität des jeweils gewählten Systems. Eine detailliertere Darstellung der Ausgestaltung der einzelnen Währungssysteme ist für den weiteren Fortgang der Arbeit nicht notwendig. Deshalb soll hier lediglich insoweit ein kurzer Überblick gegeben werden, indem Tabelle 3.3 die wesentlichen Merkmale der aktuellen Wechselkursarrangements zeigt. Es bestätigt sich der Eindruck aus der bisherigen Analyse, daß es trotz gleicher Zielsetzung, der Preisstabilität, in den zehn Ländern eine Vielzahl unterschiedlicher Ausgestaltungen gibt. Bezüglich des EU-Beitritts kann festgehalten werden, daß viele mittel- und osteuropäische Länder seit 1999 eine stärkere Bindung an den Euro beschlossen und teilweise auch ausgeführt haben, ohne daß dies vor dem Eintritt in die EU explizit gefordert ist. So hat Ungarn im Januar 2000 seinen Währungskorb, der aus 70 % Euro und 30 % US-Dollar bestand, durch eine reine Bindung an den Euro ersetzt. Polen hat seinen ursprünglich aus fünf Währungen bestehenden Korb (D-Mark, US-Dollar, CHF, GBP, FRF) so modifiziert, daß nur noch US-Dollar und Euro enthalten sind.

Mit Ausnahme derjenigen Länder, die ein Currency Board besitzen, bereiten sich fast alle Länder auf den Eintritt in den WKM II vor, indem sie eine sukzessiv stärkere Bindung an den Euro planen. Polen wählt dagegen die genau umgekehrte Strategie. Polen möchte vor dem EU-Beitritt seinen Wechselkurs freigeben, damit dann ein vom Markt vorgegebener Leitkurs für den Übergang in das WKM II festgelegt werden kann (MONETARY POLICY COUNCIL, 1998).

Tabelle 3.3: Wesentliche Merkmale der Währungs- und Geldpolitik in den mittel- und osteuropäischen Ländern (Stand: Juni 2000)

	Beschreibung des aktuellen Wechselkursregimes	**Intendierte Änderung**	**Geldpolitischer Rahmen (laut Einteilung der International Financial Statistics)**
	Länder, mit denen seit 1998 verhandelt wird		
Estland	Currency Board, Bindung an Euro bzw. D-Mark	Beibehaltung des Currency Boards bis zur Einführung des Euro (möglichst kein Eintritt in WKMII).	Wechselkursanker, "(precautionary) stand-by-arrangement"
Polen	Wechselkursanbindung mit gleitender Abwertung, Bindung an einen Währungskorb: USD (45 %), EUR (55 %). Schwankungsbandbreite ± 15 %. vorangekündigte monatliche Abwertung: 0,3 %	vor dem Eintritt in die EU soll "crawling band" abgeschafft werden, statt dessen völlig flexible Wechselkurse. Dann erst Eintritt in WKM II.	Wechselkursanker, Inflationsziel
Slowenien	Managed Floating (informelle Referenzwährung: EUR).	Eintritt in WKM II gleichzeitig mit EU-Beitritt.	Geldmengenziel
Tschechien	Managed Floating (informelle Referenzwährung: EUR).	Engere Bindung an den Euro schon vor dem Eintritt in die EU erwünscht.	Inflationsziel
Ungarn	Wechselkursanbindung mit gleitender Abwertung, Bindung an Euro, Schwankungsbandbreite: ± 2,25 %, vorangekündigte monatliche Abwertung: 0,4 %.	Abschaffung der gleitenden Abwertung, Einführung des Euro so früh wie möglich.	Wechselkursanker

(Fortsetzung auf folgender Seite)

Tabelle 3.3: Wesentliche Merkmale der Währungs- und Geldpolitik in den mittel- und osteuropäischen Ländern (Stand: Juni 2000) (Fortsetzung von voriger Seite)

	Beschreibung des aktuellen Wechselkursregimes (Stand; Juni 2000)	**Intendierte Änderung (mit Quellenangaben)**	**Geldpolitischer Rahmen (laut Einteilung der International Financial Statistics)**
Länder, mit denen seit 2000 verhandelt wird			
Bulgarien	Currency Board, Bindung an Euro bzw. D-Mark		Wechselkursanker, "extended stand-by arrangement"
Lettland	Bindung an Sonderziehungsrecht; ahmt teilweise Currency Board nach.	mittelfristig Bindung an Euro.	Wechselkursanker, "(precautionary) stand-by-arrangement"
Litauen	Currency Board, Bindung an US-Dollar.	zweite Hälfte 2001: Bindung an Euro.	Wechselkursanker, "(precautionary) stand-by-arrangement"
Rumänien	Managed Floating (informelle Referenzwährung: Euro).		"stand-by arrangement"
Slowakei	Managed Floating (informelle Referenzwährung: Euro)		kein expliziter Anker

Quellen: EZB 2000, IWF: International Financial Statistics, Juni 2000, ECONOMIST 1999.

Bei den Ländern mit Currency Board hofft Estland darauf, daß es direkt, d.h. ohne den vorherigen Eintritt in das WKM II den Euro übernehmen kann.[40] Findet die Vorstellung, daß ein Currency Board gleichsam ein WKM II mit Bandbreiten von null ist (PADOA-SCHIOPPA, 1999), auch innerhalb der Institutionen in der EU vermehrt Anhänger, ist diese Variante nicht unwahrscheinlich. Litauen dagegen hat eine Ausstiegsstrategie aus dem Currency Board entwickelt (BANK OF LITHUANIA, 1997 und 1999). Die Bank of Lithuania hat seit 1997 schrittweise geldpolitisch Instrumente eingeführt, die mit denjenigen der EZB kompatibel sind (z.B. Offenmarktgeschäfte). Damit verliert die Bank of Lithuania sukzessive den Charakter eines Currency Board, ohne daß allerdings ein Zeitpunkt feststeht, wann es letztlich abgeschafft werden soll. Derzeit ist nur beschlossen, daß der Peg an den US-Dollar zugunsten eines Euro-Pegs im Laufe des Jahres 2001 aufgegeben werden soll.

Als Ergebnis dieser Analyse läßt sich festhalten, daß die mittel- und osteuropäischen Beitrittskandidaten hinsichtlich ihrer Währungspolitik sehr heterogen sind,

40 Für eine Analyse der estnischen Position vgl. auch WEBER/TAUBE, 1999.

obwohl sie alle das gleiche Ziel der Preisstabilität verfolgen. Ebenso heterogen sind die Vorstellungen für den Übergang zum Euro. Doch wie läßt sich diese rein deskriptive Feststellung begründen? Warum wählen verschiedene Länder unterschiedliche Strategien zur Verfolgung der gleichen wirtschaftspolitischen Ziele? Der nächste Abschnitt untersucht, ob sich die bisherigen Wechselkursregime aus den wirtschaftspolitischen Gegebenheiten der Beitrittskandidaten erklären lassen. Wir testen also, ob die gängigen Vermutungen über die Wahl des Wechselkursregimes sich auf die mittel- und osteuropäischen Länder übertragen lassen.

3.4 Das Wechselkursregime als Reflex makroökonomischer Strukturen

Im folgenden wird die Wechselkurstheorie auf die mittel- und osteuropäischen Länder angewendet, um festzustellen, warum eine Vielzahl von unterschiedlichen Wechselkursregimen parallel existieren. Obwohl der hier gewählte Ansatz eine gewisse Verwandtschaft zu der im Kapitel 5 dargestellten Theorie optimaler Währungsräume besteht, ist die Motivation eine andere: Im Unterschied zur Theorie optimaler Währungsräume, die die Frage untersucht, unter welchen Umständen es sich gesamtwirtschaftlich lohnt, eine Währungsunion zu bilden, wird hier die Frage gestellt, warum ein Land ein bestimmtes Arrangement gewählt hat.[41]

Die erste Gruppe von Indikatoren, die hier untersucht wird, sind strukturelle Indikatoren. Alle Länder der Betrachtung sind relativ kleine und offene Volkswirtschaften, doch sie unterscheiden sich z.B. in der Handels- und Produktionsstruktur, dem Stand der Transformation sowie dem Grad der Arbeitsmarktflexibilität. Die zweite Gruppe von Indikatoren reflektiert die Außenposition eines Landes, die eine Konsequenz der strukturellen Faktoren ist. Eine schwache Außenposition erhöht die Gefahr einer spekulativen Attacke bei einem Fixkurssystem. Deshalb erhält man bei der zweiten Gruppe von Indikatoren einen Aufschluß darüber, wie stabil das derzeitige Wechselkursregime ist. Im Anhang dieses Kapitels befinden sich Daten zu den strukturellen Indikatoren sowie zu den Indikatoren über die externe Verwundbarkeit dieser Volkswirtschaften (vgl. Anhang A 2 und A 3 dieses Kapitels).

---

[41] Dieser Fragestellung widmet sich auch STRASEK (1998), wobei dieser im wesentlichen Trends in nominalen und realen Wechselkursen sowie in den Preisen untersucht. Einen ähnlichen Weg wählt auch ORLOWSKI (1998). Unsere Untersuchung wählt dagegen nicht nur andere, sondern auch zusätzliche Indikatoren für alle zehn Beitrittskandidaten. In eine ähnliche Richtung wie die hier gezeigte Darstellung geht KOPITS (1999), wobei dessen Analyse sich auf die fünf Länder, mit denen seit 1998 verhandelt wird, beschränkt und unseres Erachtens keinen einheitlichen Rahmen bietet. Eine ähnliche Kritik trifft auch auf den Beitrag von BOFINGER/WOLLERSHÄUSER (2000) zu, der neben den fünf Ländern der ersten Runde auch noch andere „emerging market economies" einbezieht. Zu einer anderen Untersuchungsrichtung gehört dagegen KOCENDA (1999), der mit Hilfe eines GARCH-Ansatzes die Wechselkursregime in den mittel- und osteuropäischen Ländern auf Strukturbrüche untersucht. In diese Kategorie fällt auch das Paper von MORALES (2000), der die Wechselkursvolatilität in Tschechien und Polen analysiert.

3.4.1 Strukturelle Indikatoren

Aus der Wechselkurstheorie ist bekannt, daß es für eine kleine offene Volkswirtschaft vorteilhaft sein kann, ihren Wechselkurs an die Währung eines großen Handelspartners zu binden. Der Vorteil entsteht, weil ein Land, das stark vom Außenhandel abhängig ist, auch stärker von Wechselkursschwankungen betroffen wird. Kleine Volkswirtschaften tendieren dazu, auch die offeneren Volkswirtschaften zu sein, wenn man **Offenheit** als das Verhältnis der Summe von Exporten und Importen zum Bruttoinlandsprodukt definiert.[42] Vor diesem Hintergrund kann man erwarten, daß zwischen dem Bruttoinlandsprodukt, als einem Indikator für die **Größe** des Landes und dem Grad der Flexibilität des Wechselkursregimes ein positiver Zusammenhang besteht. Umgekehrt sollte danach die Offenheit des Landes negativ mit der Flexibilität des Wechselkursregimes zusammenhängen.

Schon in Abschnitt 2.4 wurde deutlich, daß es sich bei den mittel- und osteuropäischen Beitrittskandidaten um kleine Volkswirtschaften handelt, deren Bruttoinlandsprodukt in der Regel weit weniger als ein Prozent des EU-11-BIPs ausmacht.[43] Einzig Polen kann als eine mittelgroße Volkswirtschaft bezeichnet werden und ist gleichzeitig unter den zehn betrachteten Ländern das bevölkerungsreichste. Hinsichtlich des Kriteriums der Offenheit gilt, daß bis auf Polen und Rumänien alle betrachteten mittel- und osteuropäischen Länder ein Verhältnis der Handelsströme im Vergleich zum BIP von über 100 % haben und auf dieser Grundlage als sehr offen bezeichnet werden können. Die Abbildung 3.1 stellt dar, daß sich die vorangestellten Vermutungen über das Verhältnis von Größe und Offenheit jeweils im Vergleich zur Flexibilität des Wechselkursregimes zumindest nicht widerlegen lassen. Um die Flexibilität des Wechselkurssystems zu kategorisieren, sind die unterschiedlichen Arrangements auf Basis der Tabelle 3.2 in eine Rangfolge von eins bis sechs gebracht worden. Eins bezeichnet dabei ein Currency Board, während sechs ein flexibles System charakterisiert. Dabei zeigt der obere Teil der Abbildung 3.1, daß die großen mittel- und osteuropäischen Länder in der Tendenz eher flexiblere Wechselkursregime besitzen, während die kleineren Länder über sehr starre Systeme (sprich über ein Currency Board) verfügen. Der untere Teil der Abbildung 3.1 stellt dagegen den Zusammenhang zwischen der Offenheit des Landes und der Flexibilität des Wechselkurses dar, der wie erwartet negativ ist.

---

42 Dieser negative Zusammenhang zwischen Größe und Offenheit läßt sich für die zehn Länder zumindest nicht widerlegen, selbst wenn man ein relativ großes Land wie Polen aus der Betrachtung ausschließt (siehe Anhang A 1 dieses Kapitels, S. 73). Diese negative Korrelation wird noch einmal im Kapitel 7 bei einer anderen Länderstichprobe aufgegriffen (siehe dazu auch die S. 201).

43 Vgl. Anhang A 2 dieses Kapitels.

Abbildung 3.1: Der Zusammenhang zwischen Größe und Flexibilität des Wechselkursregimes (oben) sowie zwischen Offenheit und Flexibilität des Wechselkursregimes (unten) (Stand: Ende 1999)

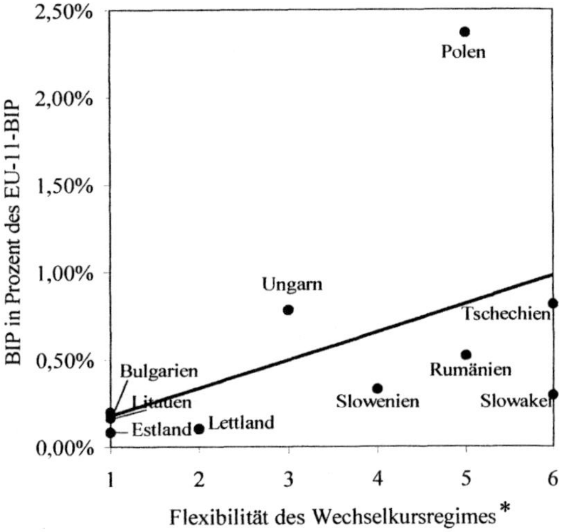

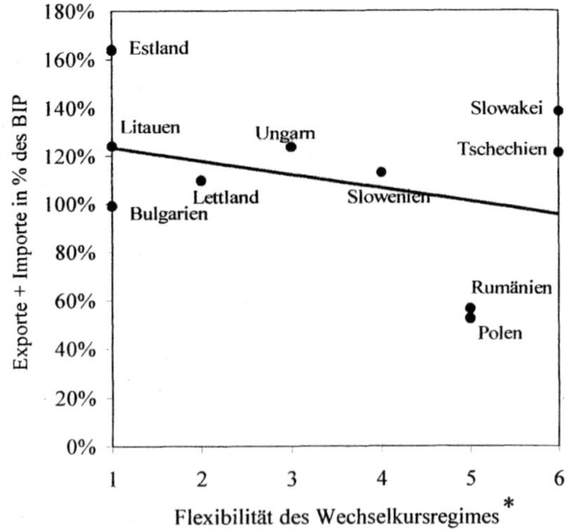

* Flexibilitätsrating: Skala von 1 bis 6 mit 1 für „Currency Board" und 6 für „Free Float"

Quelle: Eigene Darstellung auf der Grundlage der Daten von IWF: World Economic Outlook, diverse Jahrgänge.

Bei der Wahl der Ankerwährung ist es bedeutend, in welcher Währung der größte **Anteil des Außenhandels** abgewickelt wird, denn der Vorteil eines stabilen Wechselkurses kann zu einem Nachteil werden, wenn der größte Teil der außenwirtschaftlichen Transaktionen in einer anderen Währung abgewickelt wird. Schon heute findet der größte Teil des Außenhandels der mittel- und osteuropäischen Beitrittskandidaten mit den EU-Ländern statt, wobei Litauen, Bulgarien und die Slowakei mit Werten um 45 % geringfügige Ausnahmen bilden. Auch bei diesem Indikator zeigen sich jedoch Differenzen zwischen den beiden Ländergruppen. Die erste Gruppe von Ländern betreibt mit 64 % im Durchschnitt so viel Handel mit der EU, wie es die EU-Länder auch untereinander tun. Die zweite Gruppe weist dagegen mit einem Schnitt von 54 % einen erheblich geringeren Anteil auf. Ein aktuelles Beispiel für den Nachteil der Bindung an eine unvorteilhafte Ankerwährung ist Litauen, das ein Currency Board System mit dem Dollar als Anker, aber seine wichtigsten Handelspartner in der EU und den unmittelbaren Grenznachbarn Lettland und Rußland hat. Litauens Wettbewerber auf dem Weltmarkt orientieren sich gleichwohl am Euro, so daß diese durch die dauernde Abwertung des Euros gegenüber dem Dollar Wettbewerbsvorteile im Vergleich zu Litauen aufbauen. Darunter hat insbesondere die litauische Exportwirtschaft zu leiden.[44]

Neben dem Anteil am Außenhandel ist auch die Struktur des Außenhandels für die Wahl des Wechselkurssystems von Bedeutung. Hier spielt der **Anteil des intraindustriellen Handels** mit dem Partnerland eine besondere Rolle. Dies kann man sich am besten anhand eines Beispiels verdeutlichen: Angenommen Polen und Deutschland ex- und importieren gegenseitig Fleisch. Wenn die Fleischerzeugung in beiden Ländern von einem sektoralen Schock[45] betroffen ist, so sind die Handelsbeziehungen in beiden Ländern auf die gleiche Weise gestört worden und der nominale Wechselkurs zwischen den beiden Ländern benötigt keine Flexibilität. Ein hoher Anteil an intra-industriellem Handel zwischen zwei Ländern bedeutet also, daß die Länder bei sektorspezifischen Schocks nicht auf den nominalen Wechselkurs als Ausgleichsmechanismus angewiesen sind, und um so eher ist eine Fixierung des Wechselkurses möglich.

Auf der Grundlage dieser Überlegungen sollen im folgenden die Anteile des intraindustriellen Handels der mittel- und osteuropäischen Länder mit dem Euroland analysiert werden. Dazu wurde der Grubel-Lloyd-Index mit Hilfe von Export- und Importdaten für die EWU, die auf Grundlage der Standard International Trade Classification (SITC) bis zur zweiten Ziffer zerlegt sind, für das Jahr 1998 errechnet.[46] Der Grubel-Lloyd-Index ist definiert als

---

44 Ob sich aus dieser Beobachtung heraus ein sofortiger Ausstieg aus dem Currency Board System für Litauen empfiehlt, ist fraglich, weil der Euro zur Zeit unterbewertet ist und die Situation sich für Litauen in den nächsten ein bis zwei Jahren bei einem sich graduell zum US-Dollar aufwertenden Euro exakt umdrehen könnte.

45 Plastisch könnte man sich hier Schweinepest oder Rinderwahn vorstellen.

46 Datenquelle: EUROSTAT.

$$GL_{i,EWU} = 1 - \sum_{c=1}^{n} \left|(X_c / X) - (M_c / M)\right| \Big/ \sum_{c=1}^{n} \left[(X_c / X) + (M_c / M)\right] \qquad (3.1)$$

mit X_c/X (oder M_c/M) als prozentualem Anteil der Exporte (oder Importe) in Produktkategorie c am Gesamtexport nach Euroland. Der Zähler gibt den absoluten Unterschied zwischen Export- und Importanteil über alle n Warengruppen an. Der Nenner bezeichnet die Summe aller Export und Importanteile über alle n Warengruppen. Der Index ist gleich eins, wenn die Exporte gleich den Importen in allen Kategorien wäre (totaler intra-industrieller Handel). Der Index ist gleich null, wenn in jeder Kategorie entweder nur ex- oder nur importiert wird, aber nicht gleichzeitig ex- und importiert wird.[47] Die Ergebnisse dieser Berechnungen sind wiederum im Anhang A 2 dargestellt.

Die Analyse des Anteils des intraindustriellen Handels mit der EU zeigt, daß die Zusammensetzung des Handels in der ersten Ländergruppe bei Polen und Estland am deutlichsten von den EU-Werten abweicht. Dies liegt daran, daß diese beiden Länder im Vergleich zur EU einen relativ geringen Exportanteil an Maschinen und Fahrzeugen haben. Auf dieser Grundlage kann man sagen, daß für beide Länder eine Fixierung an den Euro bei sektorspezifischen Schocks größere Probleme als bei den anderen dreien bereiten dürfte. Im Falle von Estland muß folglich die Aufgabe eines derzeit stabilen Currency Board Systems gegen die Vorteile einer höheren Wechselkursflexibilität bei sektoralen Schocks abgewogen werden. Polen scheint dagegen mit seiner Strategie richtig zu liegen, den Kurs des Zloty möglichst lange flexibel zu halten.

Bei den Beitrittskandidaten, mit denen seit 2000 verhandelt wird, verfügt die Slowakei über den höchsten Anteil an intraindustriellem Handel mit dem Euroland. Die anderen Länder der zweiten Gruppe zeigen dagegen nur wesentlich geringere Anteile am intraindustriellen Handel auf. Folglich sollte man diesen vier Ländern insgesamt von einer frühen Fixierung abraten. Doch wie im Fall von Estland scheint im Fall von Bulgarien und de facto auch Lettland das Kalkül zu überwiegen, daß der Vorteil des Imports an Glaubwürdigkeit beim Disinflations- und Transformationsprozeß höher als der Nachteil der Aufgabe des Wechselkurses als Stabilisierungsinstrument ist.

Der **Stand im Transformationsprozeß** beeinflußt, wie sehr eine flexible Geldpolitik zur Abfederung des Umbaus der Produktionsstrukturen benötigt wird. Da ein fixer Wechselkurs bedeutet, daß die Geldpolitik sich dem Ziel der Wechselkursstabilität unterzuordnen hat, signalisiert dieser Indikator die Notwendigkeit eines flexiblen Wechselkurses. Im Gegensatz zum Anteil des intraindustriellen Handels mit der EWU trifft dieses Kriterium eine generelle Aussage über die Vorteilhaftigkeit der Fixierung.

---

[47] Vgl. Kapitel 7.2, S. 188.

Um die Entwicklung des Transformationsprozesses zu bewerten, hat die EUROPEAN BANK FOR RECONSTRUCTION AND DEVELOPMENT (EBRD) einen Transformationsindex entwickelt, in den verschiedene Komponenten wie z.B. der Fortschritt in der Privatisierung und der Preisliberalisierung sowie der Reform des Bankensektors eingehen (EBRD, 1999). Der Transformationsindex kann Werte von eins bis vier annehmen, wobei eins den schlechtesten Wert darstellt. Die Werte des Transformationsindexes sind im Anhang A 2 aufgeführt. Nach diesen Daten ist Ungarn im Transformationsprozeß führend, während Bulgarien und Rumänien am weitesten zurückliegen. Als ein weiteres Maß für den Fortschritt des Transformationsprozeßes gilt der Anteil des privaten Sektors am BIP. Dieser ist in allen Ländern von weit unter 50 % im Jahr 1990 auf Werte zwischen 55 % in Slowenien und 80 % in Ungarn gestiegen. Trotz dieser Fortschritte verbleiben jedoch in allen Ländern wichtige Bereiche, in denen weitere Reformen nötig sind und die noch mehrere Jahre andauern werden. Dies geht jedoch im einzelnen nicht aus diesen Daten hervor. Da es den Rahmen dieser Arbeit sprengen würde, wenn wir alle zehn Länder einzeln besprechen würden, sei nur kurz auf Beitrittsländer, mit denen seit 1998 verhandelt wird, eingegangen.[48]

Estland hat seine Restrukturierung der Wirtschaft beinahe abgeschlossen. Weiterer Refombedarf besteht jedoch hauptsächlich noch im Energiesektor. Vor diesem Hintergrund wird eine höhere Flexibilität der Geldpolitik nicht gebraucht, und die Wahl, das Currency Board System beizubehalten, unterstützt diese Aussage. *Polen* ist dagegen noch im Bergbau und der Stahlindustrie mitten im Transformationsprozeß. Nach Schätzungen der OECD werden hier durch Privatisierungsmaßnahmen noch ca. ein Prozent der Erwerbsbevölkerung entlassen. Bis in das Jahr 2002 will Polen seine Privatisierung abgeschlossen haben. Vor diesem Hintergrund kann der polnische flexible Wechselkurs in einer Phase hoher Arbeitslosigkeit als ein Ausgleichsmechanismus dienen, so daß die Wahl eines flexiblen Systems konsequent erscheint. *Slowenien* hat mit einem Anteil des privaten Sektors am BIP von nur 55 % einen hohen Bedarf an weiteren Umstrukturierungsmaßnahmen. Dies spräche für einen flexiblen Wechselkurs, doch Slowenien hat sich selbst einem relativ inflexiblen System informeller enger Bandbreiten unterworfen. Dies läßt sich nur dadurch erklären, daß Slowenien im Vergleich zu den anderen Ländern relativ langsam bei der Privatisierung vorangeschritten ist. Dies führte zu einer dauerhaft hohen Arbeitslosenrate (vgl. Abbildung 3.2). Für die Zukunft bedeutet dies, daß Slowenien stärkere Vorteile von einem flexiblen System hätte, da sonst der reale Sektor die Last der Anpassung alleine tragen müßte. Bei Tschechien spricht die reine Datenlage (Transformationsindex von 3,49 und Anteil des privaten Sektors am BIP von 80 %) für ein fixes System. Doch ähnlich wie Polen befindet sich Tschechien noch in einem starken Umstrukturierungsprozeß insbesondere im Banken- und Industriesektor, der insbesondere infolge der Währungs-

---

48 Die EU-Kommission bespricht z.B. alle Länder im einzelnen in ihrem Gesamtdokument „Bericht über die Fortschritte jedes Bewerberlandes auf dem Weg zum Beitritt“ von 1999 (EU-KOMMISSION, 1999a).

krise in 1997 beschleunigt wurde. Die Arbeitslosigkeit steigt seitdem in Tschechien, so daß ein flexibles System sinnvoll erscheint. In Ungarn ist die Privatisierung des privaten Sektors weit fortgeschritten. Es gibt hier weder Probleme im Bankensektor sowie eine gutausgebaute Rechts- und Wettbewerbsordnung. Die Arbeitslosigkeit geht ferner zurück (vgl. Abbildung 3.2). Aus diesem Grund ergibt sich kein Widerspruch aus der ungarischen Wahl für ein relativ fixes Wechselkurssystem.

Abbildung 3.2: Die Arbeitslosenquote in den Beitrittsländern, mit denen seit 1998 verhandelt wird (in Prozent des BIP)

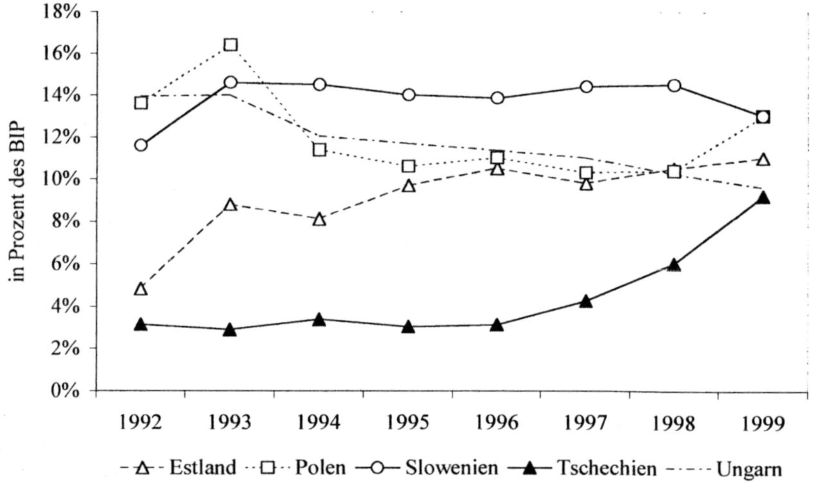

Quelle: IWF: World Economic Outlook, diverse Jahrgänge.

Wenn die Länder sich relativ unähnlich sind und sie den Wechselkurs fixiert haben, so müssen Löhne und Preis sowie insbesondere die Arbeitsmärkte für eine Anpassung sorgen. Ohne **Arbeitsmarktflexibilität** kann ein fixierter Wechselkurs nach Eintreten eines asymmetrischen Schocks zu höherer Arbeitslosigkeit führen. Je höher die Arbeitsmarktflexibilität ist, um so eher ist die Wahl eines Fixkursregimes gerechtfertigt. Um die Arbeitsmarktflexibilität empirisch zu belegen, muß man bedenken, daß sehr unterschiedliche Einflußgrößen entscheiden, wie anpassungsfähig der Arbeitsmarkt ist. So beeinflussen z.B. gesetzliche Bestimmungen wie Mindestlohn-, Arbeitsschutz-, Arbeitszeit- und Kündigungsvorschriften, die Höhe und Art der Arbeitslosenunterstützung, Arbeitsmarktregulierungen wie Ausbildungsverordnungen, Zulasssungsvoraussetzungen usw. die Flexibilität der Arbeitsmärkte. In der Summe handelt es sich um eine Vielzahl von Maßnahmen, die sich quantitativ kaum fassen lassen. Das INTERNATIONAL INSTITUTE FOR MANAGEMENT DEVELOPMENT (IMD) in Lausanne versucht in seinem jährlich erscheinenden World Competitiveness Yearbook über Befragungen von Managern die Arbeitsmarktflexibilität in knapp 50 Ländern der Erde zu bestimmen.[49] Aus der Summe der Befragungen ergibt sich dann ein Ranking zwischen eins und acht, wobei eins wenig flexibel und acht sehr flexibel bedeutet. Die Werte für die einzelnen Länder sind wieder in A 2 dieses Kapitels dargestellt.

Das Ergebnis dieses Rangordnung, das leider nicht für alle hier betrachteten Länder vorliegt, ist, daß Tschechien und Ungarn wesentlich flexiblere Arbeitsmärkte als der europäische Durchschnitt hat. Nach Angaben der OECD hat *Estland* einen ebenfalls sehr flexiblen Arbeitsmarkt, der den Restrukturierungsprozeß stark unterstützt hat.[50] *Slowenien* bildet allerdings eine Ausnahme unter den mittel- und osteuropäischen Ländern. Verschiedene Autoren sehen die Ursache der slowenischen Arbeitsmarktinflexibilität in einer zu großzügigen und zu lang andauernden Arbeitslosenunterstützung, die es dem Arbeitslosen faktisch erlaubt, zu arbeiten und gleichzeitig Transfers zu erhalten. (RINGOLD/ALLISON, 1997; ORAZEM/VODOPIVEC/WU, 1995). Als eine weitere Ursache nennen die hier zitierten Autoren zu viele regulatorische Arbeitsmarkteingriffen, wie z.B. ein weit greifender Kündigungsschutz. Die Folge ist eine im Vergleich zu den anderen vier mittel- und osteuropäischen Beitrittsländern der ersten Runde hohe Arbeitslosigkeit. Auch dieses Kriterium spricht im Fall von Slowenien eher für einen flexiblen Wechselkurs. In der Realität liegt jedoch ein fixes System vor, was z.B. im Falle eines negativen Nachfrageschocks zu hoher und lang andauernder Arbeitslosigkeit führen kann, da das Land nicht den Wechselkurs als Stabilisierungsinstrumens verwenden kann. *Polen* hat dagegen einen nur leicht flexibleren Arbeitsmarkt als die EU-Länder, die allgemein hinsichtlich der Arbeitsmärkte als inflexibel gelten. Dies stützt die Entscheidung für ein flexibles Wechselkurssystem. *Estlands* flexible Arbeitsmärkte sprechen dagegen für ein Fixkurssystem. Ebenso wird in *Ungarn* das relativ fixe Wechselkurssystem durch einen flexiblen Arbeitsmarkt unterstützt. In *Tschechien* würde man dagegen eher ein fixes Wechselkurssystem annehmen, da hier die Arbeitsmärkte sehr flexibel sind. Tschechien hat jedoch einen flexiblen Wechselkurs. Deshalb kann man zumindest festhalten, daß flexible Arbeitsmärkte bei einem gleichzeitig flexiblen Wechselkurs zu keinem Ungleich-

---

[49] Eine andere Organisation, die einen ähnlichen Wettbewerbsfähigkeitsindikator erstellt und ebenfalls Daten zur Arbeitsmarktflexibilität erhebt, ist das WORLD ECONOMIC FORUM 1999 in Genf mit seinem „Global Competitiveness Report". Da deren Auswahl von Ländern nur drei der fünf Kandidaten der ersten Ländergruppe enthält, wurde hier der Indikator des IMD und seine Werte für die Arbeitsmarktflexibilität der Länder gewählt. Leider sind die beiden Indikatoren hinsichtlich des Arbeitsmarktes kaum vergleichbar, so daß wir auf eine Darstellung der Werte des WORLD ECONOMIC FORUMS verzichten. Es sei nur erwähnt, daß sich die Ergebnisse der beiden Institutionen bezüglich der Arbeitsmarktflexibiltät nicht widersprechen.

[50] Da es in den mittel- und osteuropäischen Ländern keine bzw. geringe Standards auf dem Arbeitsmärkten gibt, ist nach BURDA die Faktormobilität in den mittel- und osteuropäischen Ländern höher als in der EU (BURDA, 1998, S. 11-14). Deshalb befürchtet er in diesem Zusammenhang, daß die EU-Mitglieder ein (fatales) Interesse daran haben, ihre inflexiblen Arbeitsmarktregularien den Neumitgliedern aufzudiktieren, um damit die eigenen Wettbewerbsvorteile zu erhalten.

gewicht führen, sondern vielmehr einen starken Umstrukturierungsprozeß von zwei Seiten abfedern können.

In Abschnitt 2.4 wurde schon erwähnt, daß der **Balassa-Samuelson-Effekt** in den mittel- und osteuropäischen Ländern zu einer permanenten Aufwertung der Währung führen kann, die einen flexiblen Wechselkurs zum Ausgleich des Verlustes an Wettbewerbsfähigkeit notwendig macht. In den vergangenen sechs Jahren zeigen die Daten für den realen effektiven Wechselkurs basierend auf dem Konsumentenpreisindex, daß bis auf Ungarn und der Slowakei die Währungen aller mittel- und osteuropäischen Länder in den letzten zehn Jahren real aufgewertet haben (vgl. Abbildung 3.3).

Das Problem ist allerdings nachzuweisen, ob diese reale Aufwertung auf den Balassa-Samuelson-Effekt zurückzuführen ist. Derzeit gibt es für die mittel- und osteuropäischen Länder kaum empirische Untersuchungen zu den Determinanten der realen Aufwertung und zum Erklärungsbeitrag des Balassa-Samuelson-Effektes. In Abschnitt 2.4 ist erläutert worden, daß man bei Vorliegen des Balassa-Samuelson-Effektes bei fixen Wechselkursen erwarten müßte, daß der reale effektive Wechselkurs auf CPI-Basis aufwerten müßte, dagegen der real effektive Wechselkurs auf Basis der „unit labor cost" (im handelbaren Sektor) dagegen im Zeitablauf relativ konstant bliebe. Wie bereits erläutert, basiert diese Vermutung darauf, daß es im handelbaren Sektor die erhöhte Produktivität den Anstieg des Preise kompensiert, so daß es zu keinem Verlust an Wettbewerbsfähigkeit kommt. Für Länder der Europäischen Union berechnen ALBEROLA-ILA/TYRVÄINEN (1998), daß der Balassa-Samuelson-Effekt die Konsumentenpreisinflation um etwa ein bis zwei Prozentpunkte in stark wachsenden Volkswirtschaften wie Spanien oder Irland erhöht.

Man kann nun vermuten, daß der inflationstreibende Effekt bei den Transformationsländern höher liegt. Jedoch gibt es in diesem Bereich kaum empirische Arbeiten. In Abbildung 3.3 sind für Polen sowie im Anhang A4 dieses Kapitels für andere Länder die realen effektiven Wechselkurse auf Basis des Konsumentenpreisindexes und auf Basis der „unit labor cost" dargestellt. Dabei sind im Anhang A 4 dieses Kapitels nur die Länder zusätzlich zu Polen abgebildet, für die der reale effektive Wechselkurs auf Basis der „unit labor cost" erhältlich war.

Abbildung 3.3: Der reale effektive Wechselkurs in den mittel- und osteuropäischen Beitrittsländern (monatliche Daten von Juni 1992 bzw. Januar 1994 bis Januar 2000)

EU-Beitrittskandidaten, mit denen seit 1998 verhandelt wird

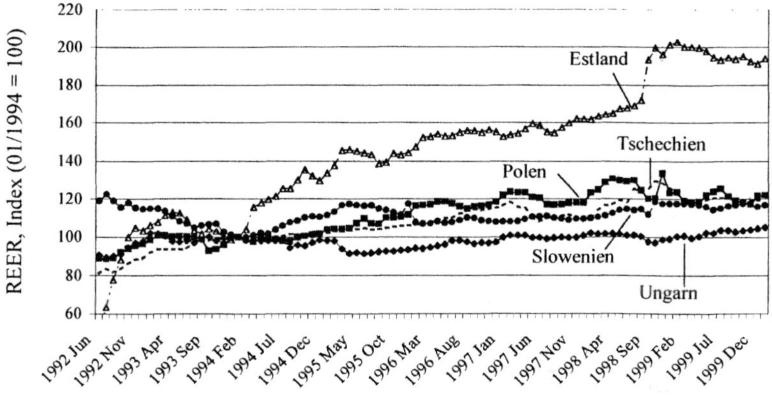

EU-Beitrittskandidaten, mit denen seit 2000 verhandelt wird

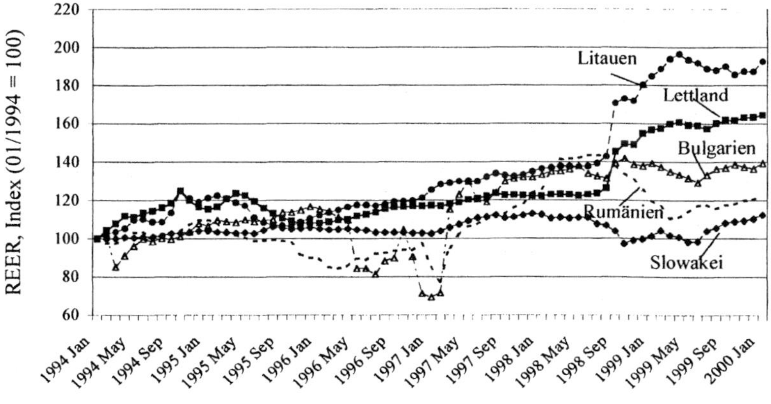

Quelle: Eigene Berechnungen auf der Grundlage von IWF: IFS, CD-Rom April 2000.

In Polen (vgl. Abbildung 3.3) zeigt der empirische Befund ab 1997, daß der CPI-basierte reale effektive Wechselkurs aufwertet, während der „unit labor cost"-basierte relativ konstant bleibt. Dies spricht tendenziell für ein Vorliegen des Balassa-Samuelson-Effektes ab 1997. Bei Slowenien, Tschechien und Bulgarien im Anhang A 4 dieses Kapitel ist der empirische Befund jedoch weniger eindeutig. In allen drei Ländern bewegen sich die beiden Arten des realen effektiven Wechselkurses parallel. In der Slowakei widerspricht der empirische Befund der Vermutung eines konstanten realen effektiven Wechselkurses auf Basis der „unit labor cost" bei gleichzeitig aufwertenden CPI-basierten realen effektiven Wechselkurs. Hier ist es umgekehrt so, daß der CPI-basierte reale effektive Wechselkurs relativ konstant bleibt und der reale effektive Wechselkurs auf Basis der „unit labor cost" aufwertet.

Abbildung 3.4: Der reale effektive Wechselkurs für Polen auf Basis des Konsumentenpreisindexes (CPI) sowie auf Basis der „unit labor cost" zwischen 1993 und 1999[a)]

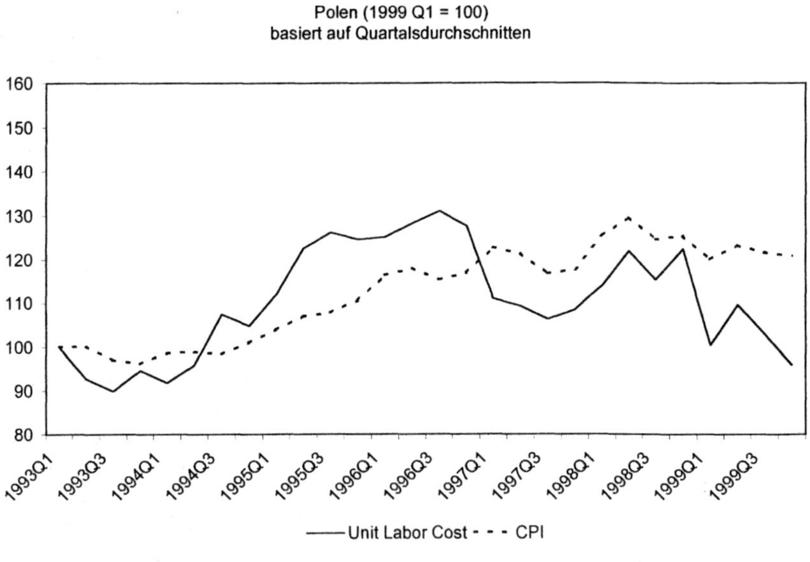

a) Für weitere Länder vgl. Anhang A 4 dieses Kapitels.

Quelle: Eigene Berechnungen auf der Grundlage von IMF: World Economic Outlook, diverse Jahrgänge.

Für Ungarn liegen keine Daten für den realen effektiven Wechselkurs auf Basis der „unit labor cost" vor. Deshalb sei hier auf SIMON-MIHÁLY/KOVÁCS (1998) verwiesen. Diese berechnen im Auftrag der ungarischen Nationalbank, daß der Balassa-Samuelson-Effekt eine Erhöhung der Aufwertungsrate des realen effektiven Wechselkurses auf CPI-Basis um zwei bis drei Prozentpunkte im Jahr bewirkt.

Das Beispiel von Ungarn, das in der Vergangenheit am wenigsten real aufgewertet hat, läßt vermuten, daß die Aufwertung des realen effektiven Wechselkurses auf CPI-Basis wegen des Balassa-Samuelson-Effektes in den anderen Ländern noch höher ist. Daß dies mit Hilfe der deskriptiven Statistik nicht eindeutig gezeigt werden kann, ist darauf zurückzuführen, daß der Zuwachs an Produktivität im handelbaren Sektor den starken nachfrageseitigen Druck auf den realen Wechselkurs nicht kompensieren konnte: Die Löhne stiegen folglich schneller als die Produktivität. Mit anderen Worten ist der Balassa-Samuelson-Effekt zwar vorhanden, wird aber von anderen noch stärkeren Effekten überlagert. Bei Polen und Slowenien waren die Lohnsteigerungen zwischen 1989 und 1995 bzw. 1998 z.B. von der Inflationsrate der Vorperiode abhängig, was es beinahe unmöglich macht, den Balassa-Samuelson-Effekt herauszufiltern. Ferner ist man mit Hilfe der deskriptiven Statistik nicht in der Lage, den genauen Anteil des Balassa-Samuelson-Effektes an der Konsumentenpreisinflation sowie der realen Aufwertung zu berechnen. Um dieses darzulegen, müssen weiterführende empirische Untersuchungen unternommen werden, was im Rahmen dieser Arbeit jedoch zu weit führen würde.[51]

Es wird in der Regel argumentiert, daß ein fester Wechselkurs auch als „hard budget constraint" für private und staatliche Unternehmen wirkt und daß dies erst recht vor dem Hintergrund einer realen Aufwertung des nominal fixierten Wechselkurs gilt. Ein „hard budget constraint" bedeutet in diesem Fall, daß Unternehmen (z.B. im Agrarbereich) nicht auf den Wechselkurs im Sinne einer nominalen Abwertung bauen können, wollen sie ihre Wettbewerbsfähigkeit verbessern. Ein fester Wechselkurs und erst recht eine reale Aufwertung zwingen die Unternehmen zu realwirtschaftlichen Anpassungen wie z.B. erhöhte Produktivität, maßvolle Lohnpolitik und/oder Stillegung der Produktion. Letzteres wirkt auf jeden Fall in Richtung einer Beschleunigung des Strukturwandels. Doch wie kann man Strukturwandel messen? Ein Indiz für den Strukturwandel ist sicherlich der schon vorgestellte Transformationsindex. Eine weitere Möglichkeit ist ein Vergleich der **Produktionsstrukturen** vor dem Hintergrund der Drei-Sektoren-Hypothese. Diese besagt, daß es bei der Entwicklung von Industriestaaten zu eine charakteristischen Veränderung des prozentualen Anteils dieser drei Makrosektoren an der gesamtwirtschaftlichen Produktion oder der Gesamtbeschäftigung kommt. Der primäre Sektor (Agrarsektor) weist einen stark fallenden Anteil, der sekundäre Sektor (Industriesektor) einen zunächst steigenden und dann fallenden Anteil und der tertiäre Sektor (Dienstleistungssektor) einen stetig steigenden Anteil auf.

Die Analyse der Produktionsstruktur zeigt, daß die Beitrittskandidaten alle einen höheren Anteil des Agrarsektors am BIP besitzen als die EU. Diese Beobachtung läßt nach der Drei-Sektoren-Hypothese darauf schließen, daß die mittel- und osteuropäischen Länder in ihrer Entwicklung hinter den westlichen Industrieländern zurückstehen. Die Abbildung 3.5 stellt diese Unterschiede im Anteil am BIP bei den drei Makrosektoren mit Hilfe eines Balkendiagramms dar. Sie zeigt, daß die Differenzen zwischen der EU und der ersten Gruppe von Ländern nicht so stark ins Gewicht fallen, wie die Unterschiede zur zweiten Ländergruppe. Diese Fest-

---

51 Es sind uns keine weiteren empirischen Untersuchungen für mittel- und osteuropäischen Länder und dem Balassa-Samuelson-Effekt bekannt.

stellung trifft insbesondere dann zu, wenn man die Produktionsstrukturen der vier ärmsten EU-Länder[52] mit denjenigen der mittel- und osteuropäischen Länder vergleicht. Immerhin beträgt der griechische Anteil des Agrarsektors am BIP auch 8,1 %. Wie bereits angedeutet, offenbaren sich die größeren Gegensätze im Vergleich mit der zweiten Gruppe von Ländern, mit denen seit 2000 verhandelt wird. So weist z.B. Bulgarien einen Agraranteil von 23 % auf.

Vor dem Hintergrund des „hard budget constraint“ wird deutlich, warum ein Land wie Bulgarien einen fixen Wechselkurs hat. Auf der einen Seite könnte man argumentieren, daß auf Grund der starken Unterschiede in der Produktionsstruktur Bulgarien eine hohe Wahrscheinlichkeit für asymmetrische Schocks hat und deshalb einen flexiblen Wechselkurs braucht. Auf der anderen Seite fördert der „hard budget constraint“, daß sich nicht-wettbewerbsfähige Unternehmen umorientieren. In Litauen mögen ähnliche Gründe eine Rolle spielen: Obwohl die litauische Exportindustrie unter der Wechselkursbindung an den Dollar zu leiden hat, vollzieht sich unter diesem Druck ein starker Strukturwandel in der Exportwirtschaft, seitdem der Euro gegenüber dem Dollar abwertet. Es gibt eine steigende Anzahl von Unternehmen, die sich trotz der stetigen realen Aufwertung der Inlandswährung gegenüber dem Euro auf westliche Märkte konzentrieren. Dies ist insofern nicht verwunderlich, als daß die reale Aufwertung gegenüber den Währungen der CIS-Handelspartner ungleich höher als gegenüber dem Euro ist.

Die hier verwendete Art der Analyse der Produktionsstruktur kann jedoch nur einen ersten Einblick bieten. Zum einen ist strittig, inwieweit die Drei-Sektoren-Hypothese ein charakteristisches Verlaufsmuster darstellt, da es in einzelnen Ländern immer wieder zu erheblichen Abweichungen von den theoretisch erwarteten Veränderungen kam (PÄTZOLD, 1998, S. 283-284). Zum anderen wird der intrasektorale Strukturwandel nicht berücksichtigt. Volkswirtschaften können also durchaus gleiche Anteile an den drei Makrosektoren haben, aber dennoch auftretende Schocks unterschiedlich verarbeiten.[53]

---

52 Die relativ ärmsten Länder der EU wurden mit Hilfe des BIP pro Kopf bestimmt, vgl. dazu die Abbildung 2.4 (oben).

53 Auf die unterschiedliche Verarbeitung von Schocks kommen wir noch einmal in Kapitel 6 zurück. Dort werden wir diese auch empirisch untersuchen.

Abbildung 3.5: Vergleich der Produktionsstrukturen mit Hilfe der jeweiligen Anteile der drei Produktionssektoren am BIP des Landes (1998)

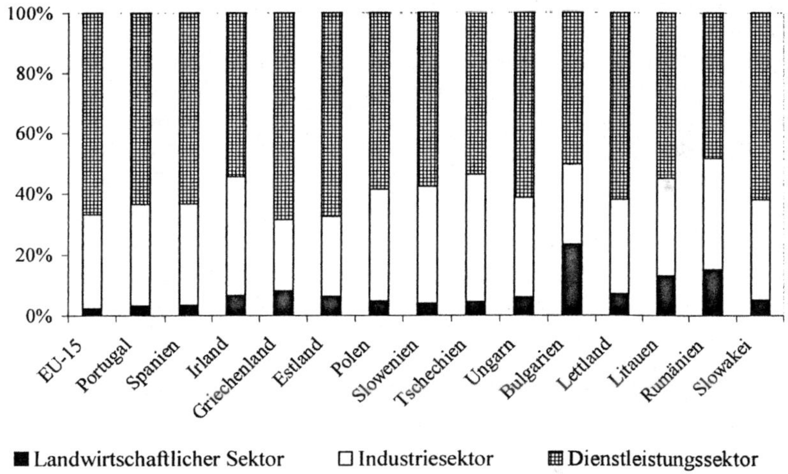

Quelle: World Bank (1999).

Als Zusammenfassung dieser Argumente läßt sich ableiten, daß die gewählten strukturellen Indikatoren nur teilweise die theoretischen Überlegungen zur Wahl des Wechselkursregimes widerspiegeln. *Estland* hat als ein sehr kleines Land mit großer Offenheit eine sehr flexible Wirtschaftsstruktur, die nicht zuletzt durch den „hard budget constraint" des fixen Wechselkurses gefördert wurde. Die Indikatoren können hier also relativ gut die Wahl des Currency Board Systems als Wechselkursarrangement erklären. *Polen* ist dagegen im Vergleich zu den anderen mittel- und osteuropäischen Ländern ein großes Land mit einer geringen Offenheit. Ferner unterliegt das Land immer noch einem starken Umstrukturierungsprozeß (Bergbau, Stahl), verfügt über einen wenig flexiblen Arbeitsmarkt und hat nur einen geringen Anteil an intraindustriellem Handel mit der EU. Diese Voraussetzungen unterstützen also die Wahl eines flexiblen Wechselkurses. Obwohl die Größe und die Offenheit in *Slowenien* für ein fixes Wechselkurssystem sprechen, weisen andere Faktoren in die entgegengesetzte Richtung. Die inflexiblen Arbeitsmärkte, die schon jetzt hohe Arbeitslosenquote und der Umstrukturierungsbedarf im Unternehmenssektor begünstigen eine Hinwendung zu einem flexibleren System als ein Managed Float mit impliziten engen Bändern. In ähnlicher Weise spricht in Tschechien der Umstrukturierungsbedarf für ein eher flexibles System, daß es auch seit 1997 hat. Ungarn hat dagegen wie Estland sehr flexible Arbeitsmärkte und einen abgeschlossenen Restrukturierungsprozeß, welches insgesamt für eine Wechselkursanbindung spricht. Außerdem hat die gleitende Abwertung dafür gesorgt, daß der reale Wechselkurs über die letzten acht Jahre kaum aufgewertet hat. In *Bulgarien* sprechen die Offenheit und die Größe des Landes für einen fixen Wechselkurs, der bei der realen Aufwertung der Inlandswährung mit seiner „hard budget constraint" den Strukturwandel forciert. Für *Litauen* trifft die gleiche Argumentation zu, wobei hier die Frage, ob die Wechselkursanbindung an den Dollar vorteilhaft war, nicht klar zu beantworten ist. Ähnlich wie Estland ist auch *Lettland* eine kleine, offene Volkswirtschaft mit relativ flexiblen Arbeitsmärkten, so daß diese Konstellation die Wahl des fixen Wechselkurses erklärt. Bei *Rumänien* handelt es sich um eine relativ geschlossene Volkswirtschaft mit immensen Strukturproblemen, das noch sehr weit im Transformationsprozeß zurücksteht. Diese Voraussetzungen können einen flexiblen Wechselkurs hinreichend erklären. Im Fall der *Slowakei* ist unklar, an welchen Wechselkurs sich das Land hätte binden sollen, da das Land etwa ebenso viel Handel mit der EU wie mit den CIS Ländern betreibt. Die anderen Indikatoren deuten eher in die Richtung eines fixen Wechselkurses, so daß man hier keine eindeutige Aussage treffen kann, ob die Wahl des slowakischen Wechselkursregimes durch dessen makroökonomische Strukturen bedingt war.

3.4.2 Anfälligkeit für spekulative Attacken

Die Fixierung des Wechselkurses unterliegt insbesondere bei liberalisierten und volatilen Kapitalströmen immer der Gefahr, daß die Bindung von Seiten der Marktteilnehmer getestet wird. Diese Tests finden in der Regel dann statt, wenn die Marktteilnehmer Informationen über fundamentale Ungleichgewichte in einem Land erhalten – mögen diese Informationen nun richtig oder falsch sein. Der dadurch induzierte Kapitalexport aus dem betroffenen Land macht es notwendig, daß die dortige Zentralbank bei einem fixen Wechselkurs so lange Währungsreserven gegen heimische Währung verkauft, bis die Kosten der Aufrechterhaltung des fixen Kurses höher sind als die Kosten des Austritts aus dem Wechselkursverbund.[54] Die Anfälligkeit eines Fixkurssystems für spekulative Attacken wächst, wenn die Außenposition des Landes schwach ist.[55] Die Marktteilnehmer können aber auch den Zustand des Staatshaushaltes in ihr Kalkül mit einbeziehen. Ein hohes Staatsdefizit bzw. eine hohe Staatsverschuldung kann den Eindruck erwecken, daß die Regierung Druck auf die Zentralbank ausüben könnte, damit diese über ein vermehrtes Wachstum der Geldmenge eine höhere Inflationsrate erzeugt. Dies liegt im Interesse der Regierung, da sich so die Reallast der Schuld verringert. Gleichzeitig ist dies jedoch ceteris paribus für die Gläubiger vermögensmindernd. Diese könnten deshalb versucht sein, ihr Kapital, schon bevor es zu einer erhöhten Inflationsrate kommt, abzuziehen. Kapitalverkehrskontrollen

---

[54] FLOOD/ISARD (1989) beweisen in einem spieltheoretischen Modell diese Intuition, die hinter dem Austritt aus einer Wechselkursfixierung steckt, mathematisch.

[55] Dies bezeichnet man angloßamerikanisch auch „external vulnerability".

können diese Umkehr der Kapitalströme reduzieren, insbesondere wenn sie von vornherein den Zufluß von kurzfristigem Kapital eindämmen, da so verhindert wird, daß es zu abrupten Schwankungen in den Nettokapitalzuflüssen kommt. Die Kapitalverkehrskontrollen müssen jedoch mit dem Übergang zur EU sukzessive abgebaut werden. Darüber hinaus weisen sie erhebliche Schwächen in Form von Wohlfahrtsverlusten und einer leichten Umgehbarkeit auf. Ein hoher Bestand an Währungsreserven erhöht ebenfalls das Potential einer Zentralbank, eine spekulative Attacke abzuwehren. Da die Währungsreserven sozusagen die „erste Verteidigungslinie" eines Landes gegen eine drohende Abwertung sind, erhöhen niedrige Währungsreserven umgekehrt die Erfolgsaussichten einer spekulativen Attacke.

Im folgenden wird eine Auswahl verschiedener Indikatoren für eine schwache Außenposition betrachtet. Zu diesen gehört die Höhe der Auslandsverschuldung in Relation zum BIP, die Höhe des Leistungsbilanzdefizites im Vergleich zum BIP und zur Fristigkeit der Kapitalströme, der Stand der Währungsreserven im Vergleich zu den Importen und zur Auslandsverschuldung, der Grad der Liberalisierung der Kapitalströme und das Kriterium der Solidität der öffentlichen Finanzen. Diese repräsentieren gängige Indikatoren, die es ermöglichen, sich zumindest eine Vorstellung von der außenwirtschaftlichen Position eines Landes zu bilden (BERG/PATILLO, 1998, S. 56). Diese Auswahl an Kriterien wird verwendet, um die Wahl der Wechselkurssysteme zu erklären und nicht um eine spekulative Attacke im Nachhinein zu rationalisieren, wie es z.B. die Literatur zu Frühwarnindikatoren für Währungskrisen versucht. Letztere nennt weitere Indikatoren wie z.B: die Entwicklung von Aktienkursen, die Veränderung der Geldmenge, die heimische Kreditaufnahme usw. (KAMINSKY/LIZONDO/REINHART, 1998). Angesichts ihrer relativ hohen Fehlerquote (FRENKEL/MENKHOFF, 1999, S. 24-29) stellt sich die Frage, wie hoch der zusätzliche Nutzen der Berücksichtigung weiterer Indikatoren für die hier gewählte Fragestellung ist. Ferner würde eine Erhöhung der Anzahl der Indikatoren den Fokus dieser Arbeit weg von einer Betrachtung der Osterweiterung der EWU hin zu einer Arbeit über Währungskrisen verschieben. Aus diesem Grund werden nur die eingangs genannten Kriterien für eine schwache Außenposition untersucht.[56]

Ein erster Indikator für die Abhängigkeit des Landes vom Ausland ist die Höhe der **Auslandsverschuldung.**[57] Dabei haben die Länder, mit denen seit 1998 verhandelt wird, gemessen am BIP relativ moderate Verschuldungsniveaus, die zwischen 22 % des BIPs in Slowenien und 55 % des BIP in Ungarn liegen. Die Auslandsverschuldung in der zweiten Kandidatengruppe ist jedoch im Durchschnitt höher und variabler. Den niedrigsten Anteil an der Auslandsverschuldung

---

[56] Für eine ausführlichere Betrachtung von weiteren Faktoren der „external vulnerability", die sich allerdings nur auf die fünf Länder, mit denen seit 1998 verhandelt wird, beschränkt, sei auf NABLI, 1999 verwiesen.

[57] Vgl. im folgenden immer die Tabelle im Anhang A 3 dieses Kapitels auf S. 76.

weist Lettland mit 16 % des BIPs auf, während die Auslandsverschuldung in Bulgarien 80 % des BIPs beträgt. Die schon mehrmals erwähnte Divergenz zwischen den Ländern der ersten und der zweiten Verhandlungsgruppe ist auch bei diesem Indikator beobachtbar.

Ein weiteres Anzeichen für die außenwirtschaftliche Verwundbarkeit eines Landes ist die Höhe des **Leistungsbilanzdefizites**. Ein Leistungsbilanzdefizit bedeutet vereinfacht gesagt, daß ein Land „über seine Verhältnisse lebt". Dies kann man sich am besten über die volkswirtschaftliche Kreislaufanalyse vor Augen führen. Danach ergibt sich die gesamtwirtschaftliche Produktion aus der Summe des privaten Konsums, der Investitionen, der Staatsausgaben und des Leistungsbilanzsaldos, der sich aus der Differenz von Exporten zu Importen ergibt. Die Differenz aus gesamtwirtschaftlicher Produktion (Y) abzüglich der Absorption (A) , die die Summe aus privaten Konsum, der Investitionen und der Staatsausgaben darstellt, muß also dem Leistungsbilanzsaldo (X-M) entsprechen:

$$Y - A = X - M. \qquad (3.2)$$

Ist der Ausdruck (X-M) negativ, so handelt es sich um ein Leistungsbilanzdefizit und die Absorption ist größer als das, was das Land selbst produziert. In diesem Sinne lebt das Land über seine Verhältnisse. Ist X-M dagegen positiv, so handelt es sich um einen Leistungsbilanzüberschuß.[58]

Die hier betrachteten Transformationsländer weisen alle ein Leistungsbilanzdefizit auf, wobei Polen mit 7,6 %, Lettland mit 8,7 % und Litauen mit 11 % des BIP die Liste im Jahr 1999 anführen. Diese Defizite deuten darauf hin, daß ein konstanter Bedarf für **Kapitalimporte** und somit eine Abhängigkeit zum Ausland besteht. Dies ist zumindest kurzfristig kein Problem, wenn das Defizit durch langfristige Kapitalzuflüsse, die nicht ad hoc umkehrbar sind, gedeckt wird. Ist dies jedoch nicht der Fall, und überwiegen die kurzfristigen Kapitalzuflüsse wie z.B. Portfolioinvestitionen, so ist die Verwundbarkeit bei einer plötzlichen Umkehr der Kapitalströme um so größer. In diesem Sinne am ehesten verwundbar sind Polen, Litauen und die Slowakei, deren nur mit kurzfristigem Kapital gedecktes Leistungsbilanzdefizit bei ungefähr 3 % des BIPs liegt. Die anderen Länder weisen weit geringere Anteile auf. Bei Estland und Tschechien übersteigen die langfristigen Kapitalzuflüsse sogar das Leistungsbilanzdefizit. Insgesamt kann man sagen, daß es über den gesamten Transformationsprozeß zu gemessen am BIP relativ starken und zeitweise auch volatilen Nettokapitalzuflüssen in alle betrach-

---

58 Die Analyse makroökonomischer Politik auf der Grundlage der Gleichung (3.2) wird auch „absorption approach" genannt und gilt als Rahmen für IWF-Programme (vgl. IMF, 1987).

teten Länder kam, wie Abbildung 3.6 zeigt.[59] Diese Abbildung stellt die Entwicklung der langfristigen Nettokapitalzuflüsse (FDI) mit Hilfe von Kästchen und die kurzfristigen Kapitalströme (Portfolio-Investitionen und andere Investitionen) mit Hilfe einer Linie dar.[60]

Die durchschnittlichen Nettokapitalzuflüsse in allen mittel- und osteuropäischen Ländern betrugen in der Zeit zwischen 1992-99 zwischen 1 % des BIP (Polen) und 10,2 % des BIP (Estland). Die Standardabweichungen - ein Indiz für die Volatilität - für den gleichen Zeitraum liegen zwischen 8,4 Prozentpunkten in Bulgarien und 1,25 Prozentpunkten in Slowenien (vgl. Tabelle A 3 im Anhang dieses Kapitels). Häufig überwogen die Nettokapitalzuflüsse das Leistungsbilanzdefizit, was insbesondere bei andauernden Zuflüssen in einigen Ländern zu einem Konflikt zwischen dem Ziel der Disinflation und dem Erhalt der Wechselkursfixierung führte. Die Ursache dieses Zielkonfliktes liegt darin, daß bei Nettokapitalimporten die Zentralbank den Überschuß an ausländischen Devisen gegen Abgabe inländischen Geldes aufkaufen muß, um den fixen Wechselkurs zu verteidigen. Ohne Sterilisation führt dies zu einem Anstieg an Währungsreserven der Zentralbank sowie der Inlandsgeldmenge. Dieser monetäre Impuls bewirkt bei gleichbleibender Geldnachfrage sinkende Zinsen. Letztere lösen eine steigende Investitionsnachfrage aus, welche ceteris paribus einen Nachfrageüberhang auf dem Gütermarkt erzeugt. Dies hat ein steigendes Preisniveau zur Folge. Ist die Steigerung des inländischen Preisniveaus höher als im Ausland, so ruft dies eine reale Aufwertung hervor, die auf Dauer die Wechselkursfixierung in Frage stellt, denn eine nominale Abwertung könnte den Verlust an Wettbewerbsfähigkeit kompensieren.

Andere Länder mit flexiblen Wechselkursen erfuhren hingegen eine nominale Aufwertung. Deutlich kann man an Abbildung 3.6 sehen, daß es zeitweise zu einer abrupten Umkehr der kurzfristigen Kapitalströme kam. Oftmals führte dies zu einer Ablösung des Wechselkursregimes. Beispiele hierfür sind Polen, Tschechien, Ungarn und Bulgarien. In Polen kam es 1994 zu einem plötzlichen Abfluß an

---

59 Die Größe der Kapitalzuflüsse kann man gut veranschaulichen, wenn man sie kumuliert betrachtet und ins Verhältnis zu anderen Ländern setzt. Dies wurde im Rahmen dieser Arbeit nur für Ungarn, Tschechien und Estland versucht. Das Ergebnis dieses empirischen Befundes ist, daß während 1993-1996 Ungarn, Tschechien und Estland kumulierte Nettokapitalimporte in Höhe von 43 %, 35 % und 22 % des BIP erhalten haben. Diese Höhe der Nettokapitalimporte ist ähnlich zu der, die ausgewählte aufstrebende Volkswirtschaften in einem doppelt so langen Zeitraum (1989-96) erfahren haben. Bei Thailand betrugen die kumulierten Nettokapitalimporte 55 %, in Malaysia 50 %, in den Philippinen 33 % und in Chile ebenfalls 33 % des BIPs zwischen 1989 und 1996 (Datenquelle: IMF: WEO, diverse Jahrgänge).

60 „Netto" bedeutet hier Kapitalzuflüsse abzüglich -abflüsse. FDI (ausländische Direktinvestitionen) stellen langfristige Kapitalbewegungen in Form von Erwerb oder Gründung von Unternehmen, Produktionsniederlassungen oder Beteiligungen an bereits bestehenden Unternehmen dar. Portfolio- und andere Investitionen umfassen Finanzanlagen unterschiedlicher Fristigkeit wie Wertpapieranlagen, der Kreditverkehr und sonstige Anlagen (ROSE/SAUERNHEIMER, 1999, S. 9-10). Dabei nimmt man an, daß Finanzanlagen zumindest in der Tendenz leichter umkehrbar und von eher kurzfristiger Natur sind.

kurzfristigem Kapital, woraufhin 1995 der Übergang zu weiten Schwankungsbandbreiten eingeleitet wurde. 1995 bis 1997 nahmen die kurzfristigen Kapitalzuflüsse in Tschechien rasant ab, und in 1997 wurde dann die völlige Freigabe des Wechselkurses beschlossen. Ähnliche Abläufe kann man auch für Ungarn und Bulgarien beobachten (vgl. auch Tabelle 3.2).

Mit der hier vorgenommenen Betrachtung ist noch nicht erklärt, warum es im einzelnen zur Umkehr der Kapitalströme kam. Die Ursachen hierfür lassen sich in zwei Gruppen einteilen: Entweder handelt es sich um Änderungen fundamentaler Wirtschaftsdaten oder aber auch um Faktoren, die mit ökonomischer Rationalität nicht erklärt werden können. Da die Ursachenanalyse für alle Länder gesondert durchgeführt werden müßte und dies bei einer Arbeit über die Erweiterung der EWU nicht im Vordergrund steht, sei auf eine solche Art der Untersuchung verzichtet.

Als nächstes Indiz für die außenwirtschaftliche Verwundbarkeit eines Landes werden im folgenden die **Währungsreserven** analysiert. Um ihre ökonomische Bedeutung zu erläutern, greifen wir noch einmal auf die volkswirtschaftliche Kreislaufanalyse zurück. Dabei muß der Leistungsbilanzsaldo zuzüglich des Kapitalbilanzsaldos (KB) den Veränderungen der Währungsreserven (ΔWR) entsprechen:

$$X - M + KB = \Delta WR. \qquad (3.3)$$

Deckt die Höhe des Kapitalbilanzüberschusses nicht das Leistungsbilanzdefizit, so kommt es bei fixen Wechselkursen zu einem Zahlungsbilanzdefizit und einem Nachfrageüberhang an Devisen. Die Zentralbank kann daraufhin diesen Überhang durch den Verkauf von Währungsreserven beseitigen. Dies kann sie jedoch nur so lange tun, wie sie auch genügend Währungsreserven zur Verfügung hat. Will sie darüber hinaus die Fixierung des Wechselkurses beibehalten, so muß die Zentralbank sich im Ausland verschulden. Dies ist jedoch auch nicht auf Dauer möglich. Ein dauernder Abfluß an Währungsreserven signalisiert den Marktteilnehmern zum einen, daß es ein fundamentales Ungleichgewicht in der Volkswirtschaft gibt (das Land „lebt über seine Verhältnisse"). Zum anderen bedeutet ein niedriger Stand an Währungsreserven, daß die Zentralbank die dauernden Devisenverkäufe nicht mehr bezahlen kann. Die Wahrscheinlichkeit, daß es zu einem Austritt aus dem Fixkurssystem kommt, wächst. Spekulanten können in dieser Situation relativ risikofreie Gewinne aus Abwertungsspekulationen erzielen.

Der empirische Befund für die Währungsreserven ergibt, daß die Länder der ersten Gruppe durchschnittlich vier Monate lang ihre Importe decken können (vgl. Tabelle A 3 im Anhang dieses Kapitels). Eine Ausnahme bildet hier Estland mit nur gut zwei Monaten Deckung der Importe. Besorgniserregend ist diese Beobachtung allerdings nicht, denn die Währungsreserven übersteigen die kurzfristige Auslandsverschuldung in allen Ländern der ersten Gruppe um das zweifache. Sollte es also kurzfristig zu massiven Kapitalexporten kommen, so haben die Länder genug Währungsreserven, um diese Schuld zu bedienen.

Abbildung 3.6: Nettokapitalzuflüsse bei den mittel- und osteuropäischen Beitrittskandidaten in Prozent des BIP (1992-1999)

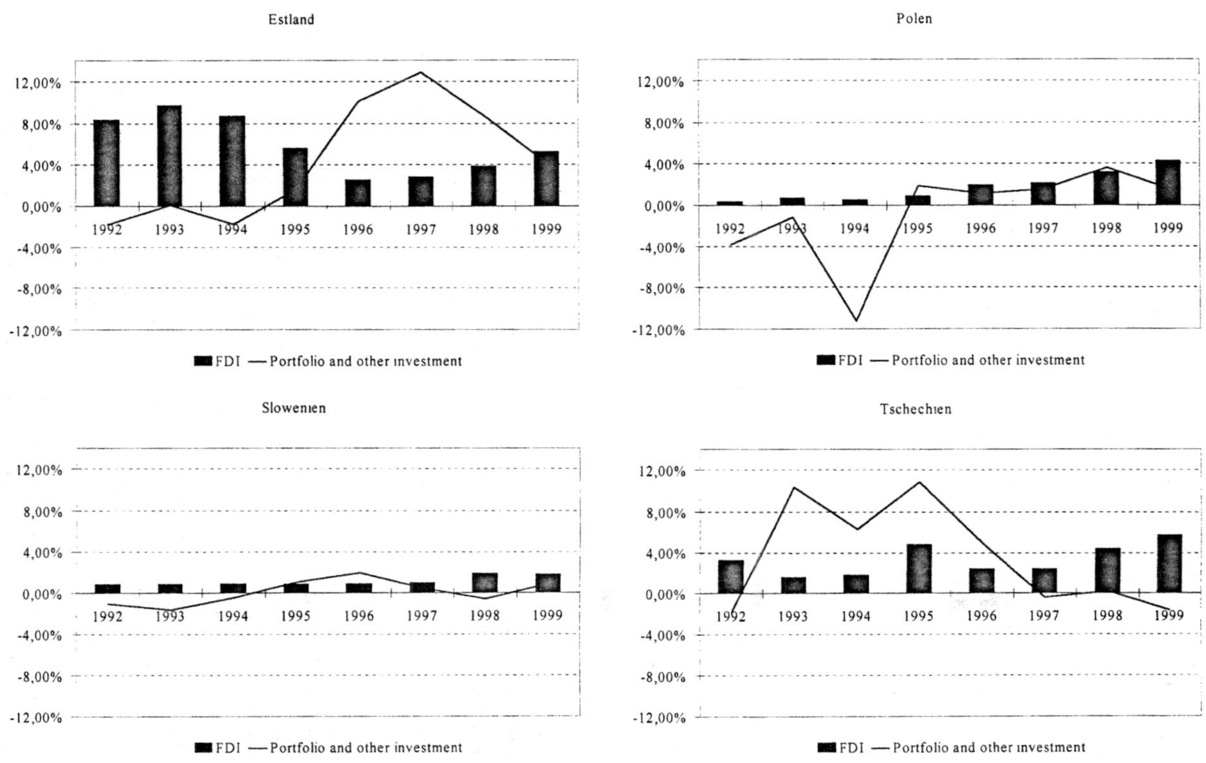

Abbildung 3.6: Nettokapitalzuflüsse bei den mittel- und osteuropäischen Beitrittskandidaten in Prozent des BIP (1992-1999) (Fortsetzung)

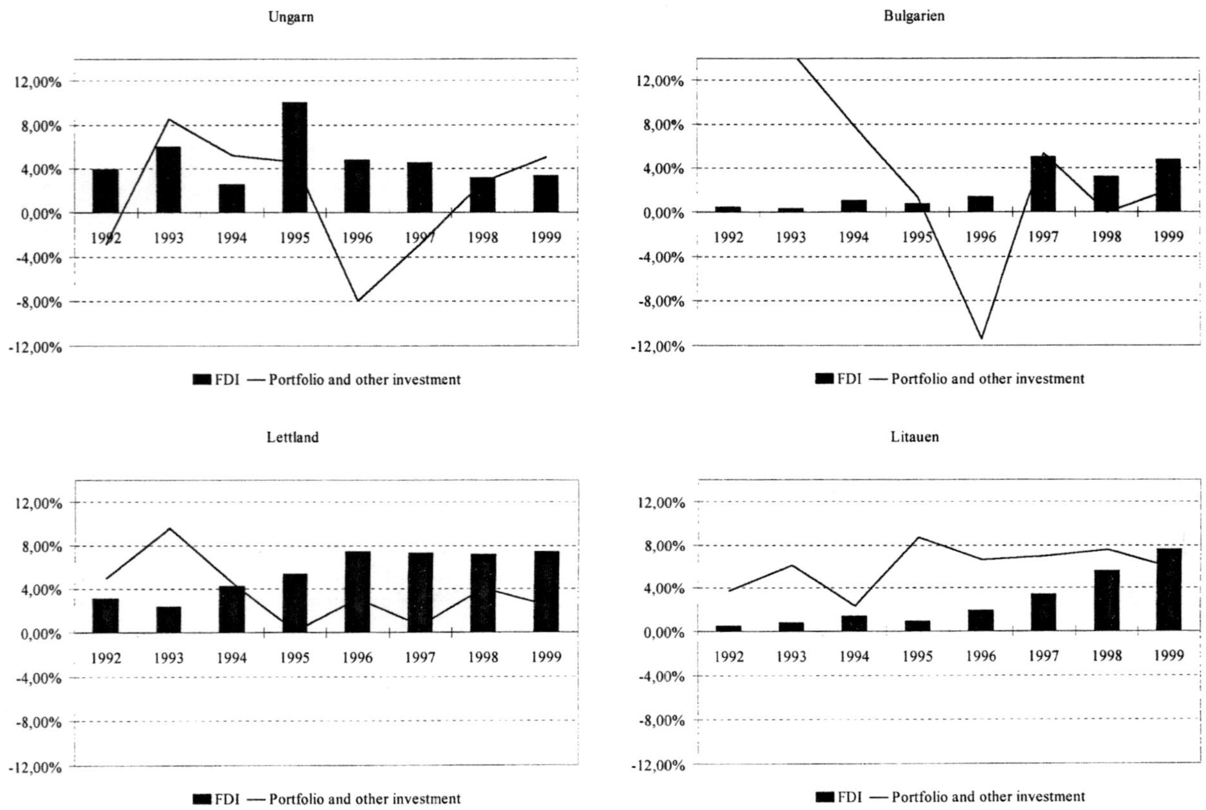

Abbildung 3.6: Nettokapitalzuflüsse bei den mittel- und osteuropäischen Beitrittskandidaten ... (Fortsetzung)

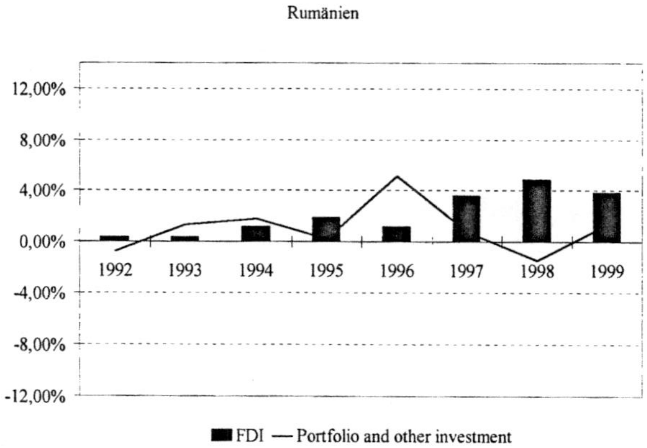

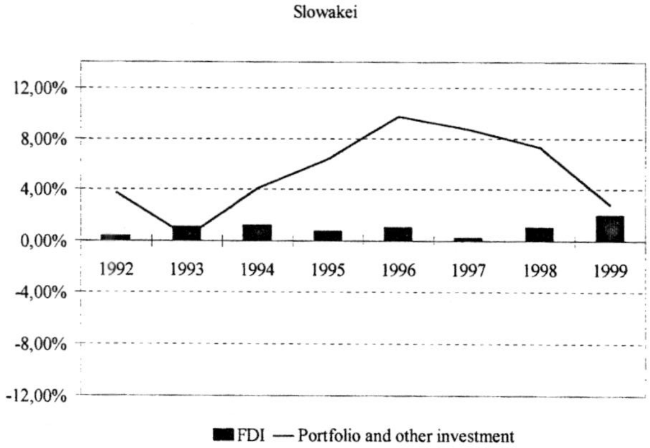

Datenquelle: IWF: WEO, diverse Jahrgänge.

Bei den Ländern der zweiten Gruppe ist die Diagnose allerdings weniger positiv. Wieder zeigt sich, daß die Länder der zweiten Gruppe auch untereinander recht unterschiedlich sind. Während Bulgarien, Lettland und Rumänien sehr große Deckungsraten der kurzfristigen Auslandsverschuldung durch Währungsreserven aufweisen, sind Litauen und die Slowakei bei einer Deckung von weniger als 100 %. Wenn es in Litauen zu einer kurzfristigen Umkehr der Kapitalströme käme, so reichte die derzeitige Deckung der Währungsreserven nicht aus, um die kurzfristigen Auslandsschulden zu bedienen. In der Slowakei ist diese Situation weniger dramatisch, da hier der Wechselkurs für einen Ausgleich sorgen kann. In Litauen ist dies durch den fixierten Wechselkurs nicht möglich.

Wie zu Beginn dieses Abschnittes erläutert wurde, können **Kapitalverkehrskontrollen**[61] eine abrupte Umkehr der Kapitalströme zumindest kurzfristig verhindern. Dabei umfaßt der Begriff der Kapitalverkehrskontrollen Eingriffe, wie z.B. Restriktionen für Auslandsinvestitionen, Behinderungen des Umtauschs von Devisen oder Verbote, die Ausländer den Besitz heimischer Aktiva untersagen. Der Vorteil von Kapitalverkehrskontrollen wird darin gesehen, daß sie es einer Volkswirtschaft ermöglichen, ein höheres Maß an geldpolitischer Autonomie bei fixen Wechselkursen zu bewahren. Dies Aussage hängt unmittelbar mit der in Abschnitt 3.3 erläuterten „impossible trinity" zusammen, deren Quintessenz war, daß fixe Wechselkurse bei gleichzeitig liberalisierten Kapitalverkehr den Verlust einer autonomen Geldpolitik beinhaltet (vgl. die Einleitung zu Abschnitt 3.3 auf S. 37). Man kann aus diesem Grund vermuten, daß Kapitalverkehrskontrollen mit fixen Wechselkursen einhergehen. Umgekehrt bedeutet, dies, daß je höher der Grad der Liberalisierung ist, um so flexibler sollte das gewählte Wechselkursregime sein (EDWARDS, 1996).

Um die Liberalisierung der Kapitalströme zu quantifizieren, haben TEMPRANO-ARROYO/FELDMAN (1999) einen Index gebildet, der den Wert 0 % oder 100 % annehmen kann (vgl. Tabelle A 3 im Anhang dieses Kapitels). Bei 0 % sind die Kapitalströme überhaupt nicht liberalisiert, bei 100 % vollständig. Estland hat danach einen völlig liberalisierten Kapitalverkehr, Lettland liegt dahinter nur leicht zurück. Rumänien und die Slowakei weisen dagegen Indizes von 12,5 bzw. 23,7 % auf. Auch hier sieht man wieder ein Divergenz zwischen den Ländern der ersten und der zweiten Gruppe. Die erste Gruppe ist in ihrer Liberalisierungsbemühungen mit einem Schnitt von 75 % schon weiter als die zweite Gruppe mit einem Schnitt von 50 % fortgeschritten. Auch ist die Spannbreite des Indexes in der zweiten Gruppe wesentlich größer.

---

61 Die Wirkungsweisen von Kapitalverkehrskontrollen sind in jüngster Zeit im Rahmen der Diskussion um eine neue Weltfinanzordnung viel diskutiert worden (vgl. FRENKEL/MENKHOFF, 2000; BLECKER, 1999 u.a.). Deshalb soll hier darauf nicht eingegangen werden. Einen sehr gute Zusammenstellung von Länderberichten bietet ARIYOSHI u.a., 2000.

Kombiniert man den Liberalisierungsindex mit unserem Index für die Wechselkursflexibilisierung, so kann man erkennen, daß der von EDWARDS (1996) dargestellte positive Zusammenhang zwischen der Liberalisierung der Kapitalverkehrskontrollen und der Flexibilität des Wechselkurses für die hier betrachteten Länder nicht beobachtbar ist (vgl. Abbildung 3.7). Die Ursache hierfür kann sein, daß gerade die erste Gruppe von Ländern durch die fortgeschrittenen EU-Beitrittsverhandlungen einem starken Druck unterliegen, möglichst zügig ihre Kapitalströme zu liberalisieren, da dies eine Auflage des *acquis communautaire* ist. Mit anderen Worten bleibt diesen Ländern keine Wahl, welcher Grad der Liberalisierung für ihr Wechselkurssystem adäquat ist. Es kann aber auch sein, daß diesen Ländern die Nachteile der Kapitalverkehrskontrollen insbesondere auf die lange Sicht bewußt sind. Eine Schwachstelle der Kapitalverkehrskontrollen ist generell, daß sie leicht umgangen werden können. Weiterhin senken sie langfristig die Effizienz der Kapitalmärkte.

Abbildung 3.7: Der Zusammenhang zwischen Liberalisierung der Kapitalströme und der Flexibilität des Wechselkursregimes (1999)

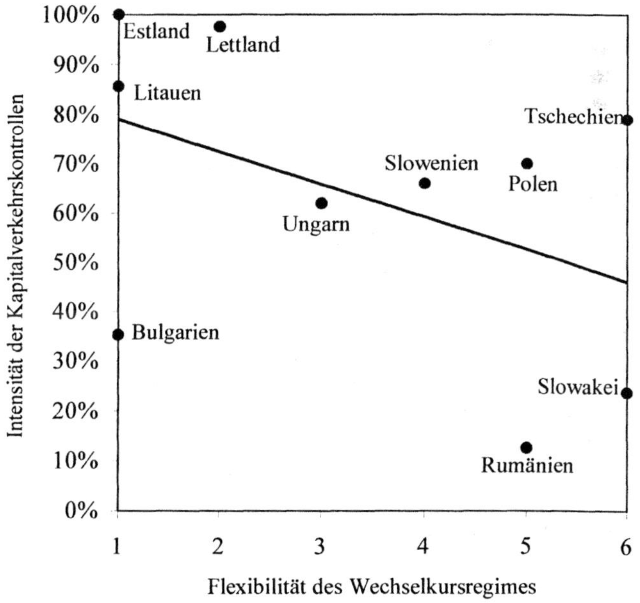

Quelle: Liberalisierungsindex: TEMPRANO-ARROYO/FELDMAN (1999). Flexibilitätsrating vgl. Tabelle 3.2.

Als vorletztes Kriterium für die außenwirtschaftliche Verwundbarkeit der Länder wenden wir uns jetzt den **öffentlichen Finanzen** zu. Diese haben wir uns schon im Zusammenhang mit den Konvergenzkriterien angesehen, so daß wir diese Untersuchung an dieser Stelle kurz halten können. Das Ergebnis der Analyse des Abschnittes 2.5 war, daß die mittel- und osteuropäischen Länder alle über relativ solide Staatsfinanzen verfügen, die derzeit nicht gegen ein weitere Verankerung der Wechselkurse spricht.

Als Schlußfolgerung der hier zusammengestellten empirischen Befunde kann für die externe Verwundbarkeit der zehn mittel- und osteuropäischen Beitrittskandidaten insgesamt festhalten, daß bis auf wenige Ausnahmen alle betrachteten Länder auf der Grundlage der Mitte des Jahres 2000 öffentlich verfügbaren Daten eine vergleichsweise stabile Außenposition haben.[62] Welche Konsequenzen sich aus diesen Daten für die Fragestellung dieses Abschnitts - warum wählt ein Land ein bestimmtes Wechselkursregime – ergeben, wird im folgenden kurz zusammenfassend formuliert: Die Auslandsverschuldung ist in Bulgarien und der Slowakei im Vergleich zum BIP relativ hoch. Da in der Slowakei gleichzeitig die Währungsreserven nicht zur Deckung der kurzfristigen Auslandsverschuldung ausreichen und das Leistungsbilanzdefizit relativ hoch ist, läßt sich die slowakische Wahl eines flexiblen Wechselkurssystems aus der potentiellen Verwundbarkeit gegenüber spekulativer Attacken bei einem Fixkurssystem erklären. Diese schwache Außenposition paßt zu den relativ hohen Kapitalverkehrskontrollen. In Bulgarien ist die absolut gesehen zu hohe Auslandsverschuldung jedoch trotz fixer Wechselkurse unproblematisch. Die bulgarische Deckung der kurzfristigen Auslandsverschuldung durch Währungsreserven reicht um ein Vielfaches aus. In einigen Fällen liefern die in der Vergangenheit häufig volatilen Kapitalströme eine Begründung für die Wahl eines flexiblen Wechselkursregimes, z.B. gilt dies für Polen in 1995 und für Tschechien in 1997. In Rumänien kam es angesichts häufiger Schwankungen in den Kapitalströmen insbesondere in den Jahren 1996/97 sukzessive zu einer Ausweitung der Schwankungsbandbreiten, also einer Flexibilisierung des Wechselkurses.[63]

---

62 Die Ausnahmen finden sich zur Zeit der Fertigstellung des Manuskriptes eher bei den Ländern, mit denen seit 2000 verhandelt wird. Diese Aussage basiert allein auf der zwangsläufig subjektiven Bewertung der verfügbaren Daten. In der wissenschaftlichen Literatur ist uns nur eine Quelle bekannt, die das Thema der „external vulnerability" im Rahmen einer vergleichenden Studie für die erste Gruppe von Ländern aufgreift (NABLI, 1999). Warum sich z.B. der IWF davor hütet, sich zu dieser Fragestellung der Verwundbarkeit bei den Ländern der zweiten Gruppe öffentlich zu äußern, ist auch einsichtig: Der selbsterfüllende Charakter von Währungskrisen verbietet es.

63 Der IWF hatte Rumänien eine Ausweitung der Schwankungsbandbreite gemeinsam mit einer Rücknahme der Kapitalverkehrskontrollen 1997 empfohlen (ARIYOSHI u.a., 2000, S. 59).

3.4.3 Zusammenfassung

Die Analyse des vorangehenden Abschnittes hat gezeigt, daß die derzeitige Vielfalt der Wechselkursregime zumindest zum Teil ein Reflex der makroökonomischer Strukturen ist, allerdings ließ sich aus dem empirischen Befund häufig nicht eindeutig die Wahl des derzeitigen Wechselkurssystems bestimmen. Weiterhin kann man erkennen, daß die Unterschiede zwischen den Ländern, mit denen seit 1998 verhandelt wird, und den Ländern, mit denen seit 2000 verhandelt wird, relativ deutlich hervortreten. Diese Aussage läßt sich vereinfachend mit einer Gegenüberstellung von Durchschnittswerten für die beiden Ländergruppen und den jeweiligen Indikatoren veranschaulichen (vgl. Tabelle 3.4). Da allerdings eine reine Auswertung auf der Grundlage von Durchschnittswerten von den Unterschieden innerhalb der beiden Gruppen abstrahiert, bildet die Tabelle zusätzlich die Standardabweichungen innerhalb der Gruppe ab, die allein schon deshalb relativ hoch sind, weil die Gruppen mit jeweils fünf Ländern relativ klein sind. Obwohl die Tabelle 3.4 also nur eine sehr vorsichtige Interpretation ermöglicht, kann man ihr entnehmen, daß die Länder der ersten Gruppe gemessen am BIP größer und gemessen am Pro-Kopf-BIP reicher sind. Ferner ist der Strukturwandel und die Handelsintegration mit der EU weiter fortgeschritten. Die Auslandsverschuldung und das Leistungsbilanzdefizit in Prozent des BIPs sind in der zweiten Ländergruppe höher, während die Deckung der kurzfristigen Auslandsverschuldung durch Währungsreserven niedriger als in der ersten Gruppe sind. Im Falle von Litauen und der Slowakei beträgt diese Deckung sogar weniger als 100 Prozent (vgl. Tabelle A 3 im Anhang dieses Kapitels). Im Bereich der Liberalisierung der Kapitalströme sind die Länder der zweiten Gruppe nicht so weit wie die Länder der ersten Gruppe fortgeschritten. Zusätzlich weist der Fiskalsektor bei den Ländern, mit denen seit 1998 verhandelt wird, ein niedrigeres Defizit und einen niedrigeren Schuldenstand auf.

Vor dem Hintergrund der Beobachtung, daß es deutliche Unterschiede bei wichtigen makroökonomischen Kriterien zwischen Ländern der ersten und der zweiten Runde gibt, erscheint die von der EU-KOMMISSION in Helsinki 1999 eröffnete Möglichkeit, daß die Länder der zweiten Runde die Länder der ersten Runde einholen können, nur eine theoretische. Vermutlich wird die Zweispaltung der Länder implizit erhalten bleiben. Bei einigen Ländern der ersten Runde, und hier insbesondere bei einem „schnellen“ Reformer wie Ungarn gibt es aus heutiger Sicht wenig Gründe, die gegen einen zügige Anbindung an den Euro nach dem Eintritt in die EU sprechen.

Tabelle 3.4: Durchschnittswerte und Standardabweichungen ausgewählter Indikatoren[a] auf der Grundlage der Tabellen A 2 und A 3 im Anhang dieses Kapitels

	Länder, mit denen seit 1998 verhandelt wird		Länder, mit denen seit 2000 verhandelt wird	
	Mittelwert	Standardabweichung	Mittelwert	Standardabweichung
BIP in Milliarden USD (1999)	57,0	57,9	16,5	10,7
BIP in Milliarden USD (ohne Polen[b]; 1999)	32,7	23,4	16,5	10,7
Anteil der Landwirtschaft am BIP (1998)	5,2 %	0,8 %	12,6 %	7,1 %
Anteil der Industrie am BIP (1998)	35,2 %	6,1 %	31,6 %	3,6 %
Anteil der Dienstleistungen am BIP (1998)	59,8 %	5,3 %	55,4 %	6,5 %
Anteil des intraindustriellen Handels mit der EU-11 (1998)	59,9 %	13,2 %	42,9 %	14,5 %
Anteil des EU-Handels am Gesamthandel (1998)	64,0 %	4,7 %	48,2 %	4,5 %
Transformationsindex Skala 1-4 (1999)	3,5	1,6	3,1	2,5 %
Anteil des privaten Sektors am BIP (1998)	71,0 %	10,8 %	66,0 %	6,5 %
Pro-Kopf-BIP, Milliarden US-Dollar (1999)	5707,0	2936,4	2385,1	909,8
Auslandsverschuldung in Prozent des BIP (1999)	38,2 %	12,7 %	46,8 %	25,6 %
Leistungsbilanzsaldo in Prozent des BIP (1999)	-4,0 %	2,4 %	-6,7 %	3,0 %
Leistungsbilanz plus Direktinvestitionen in Prozent des BIP (1999)	0,1 %	3,1 %	-1,6 %	1,5 %
Deckung der kurzfristigen Auslandsverschuldung durch Währungsreserven (1999)[c]	1206,6 %	1925,7 %	336,9 %	263,5 %
Deckung der kurzfristigen Auslandsverschuldung durch Währungsreserven (ohne Slowenien)	350,6 %	245,0 %	336,9 %	263,5 %
Durschnittlicher jährlicher Nettokapitalzufluß von 1992-1999 in Prozent des BIP (1999)	5,2 %	3,9 %	7,0 %	2,4 %

Fortsetzung auf folgender Seite

Tabelle 3.4: Durchschnittswerte und Standardabweichungen ausgewählter Indikatoren[a] auf der Grundlage der Tabellen A 2 und A 3 im Anhang dieses Kapitels (Fortsetzung)

	Länder, mit denen seit 1998 verhandelt wird		**Länder, mit denen seit 2000 verhandelt wird**	
Liberalisierungindex für alle Arten von Kapital (1997)	65,3 %	21,6 %	51,0 %	38,2 %
Liberalisierungsindex für kurzfristige Investitionen (1997)	52,7 %	31,6 %	45,0 %	51,2 %
Defizit in % BIP (1999)	-3,2 %	1,5 %	-4,4 %	2,8 %
Schuldenstand in % des BIP (1999)	28,4 %	20,6 %	35,8 %	28,2 %

a) Es konnten nicht alle Indikatoren in Betracht gezogen werden, weil teilweise die Daten nur für die erste Gruppe von Ländern vorlag. Ferner wurden redundante Informationen (z.B. BIP des Landes in Prozent des EU11-BIPs) herausgenommen, da sie die Tabelle unnötig aufblähen, ohne zusätzliche Informationen zu liefern.

b) Polen ist mit einem BIP von 154,1 Milliarden USD mit Abstand das größte Land und wurde deshalb aus der Berechnung der vorangehenden Zeile ausgeschlossen.

c) Slowenien weist mit einer Deckung der kurzfristigen Auslandsverschuldung durch Währungsreserven von über 4000 % eine weit überdurchschnittliche Deckung auf und wurde deshalb in der nachfolgenden Zeile aus den Berechnungen ausgeschlossen.

Quelle: Eigene Darstellung auf der Grundlage der Daten von IWF: World Economic Outlook, diverse Jahrgänge (vgl. Tabellen A 2 und A 3 im Anhang dieses Kapitels).

3.5 Schlußfolgerungen

Nach einer Beschreibung des neuen Wechselkursmechanismus II hat die vorgenommene Untersuchung der Wechselkursregime der mittel- und osteuropäischen Beitrittskandidaten ergeben, daß die derzeitigen Regime trotz des gemeinsamen Ziels der Preisstabilität sehr unterschiedlich ausgestaltet sind. Unter Zuhilfenahme der „impossible trinity“ als Analyserahmen konnte jedoch gezeigt werden, daß sich die Länder durch die Auflage der Liberalisierung der Kapitalströme in zwei Richtungen entwickeln: Entweder freier Kapitalverkehr bei stabilen Wechselkursen oder freier Kapitalverkehr bei geldpolitischer Autonomie. Der empirische Befund hat folglich ergeben, daß Mischformen derzeit kaum vorhanden sind. Da alle beitrittswilligen Länder, nach den in 2000 geltenden Regeln mindestens zwei Jahre im neuen WKM II gewesen sein müssen, um Mitglied in der EWU werden zu können, stellt sich die Frage, wie der Übergang vom derzeitigen Regime in das WKM II gestaltet sein soll. Momentan haben die meisten der betrachteten Länder mit Ausnahme von Litauen und Polen dafür keine Strategie. Das jeweils gewählte Regime im Jahr 2000 ließ sich im einzelnen häufig durch strukturelle Parameter oder die Anfälligkeit für externe Störungen erklären.

Diese Analyse makroökonomischer Strukturen läßt darauf schließen, daß vor und nach dem EU-Beitritt die Länder immer noch mit hohen und volatilen Kapitalzuflüssen rechnen können bzw. müssen. Der Fortschreiten des Transformationsprozeß läßt die Möglichkeiten für langfristige Auslandsinvestitionen eher geringer werden, da die Privatisierungswelle abschwächt. Dafür werden im Gegenzug die kurzfristigen Kapitalströme zunehmen, da die Finanzmärkte eine größere Tiefe gewinnen (vgl. die Ausführungen auf S. 22). Gleichzeitig unterliegen die Länder, wie gezeigt wurde, einer höheren Inflationsneigung durch den Strukturwandel. Wechselkurssysteme, die keine ausreichende Flexibilität zum Ausgleich der realen Aufwertung bieten, können von den Marktteilnehmern getestet werden. Eine Ausnahme bilden hier nur glaubhafte Currency Board Regime. Für Ungarn und Slowenien mit Mischsystemen bedeutet diese Feststellung, daß sie möglichst frühzeitig ein System mit mehr Flexibilität wählen sollten. Estland sollte dagegen bei seinem CBA bleiben.

Während die Länder, mit denen seit 1998 verhandelt wird, sich mit dem Übergang zum WKM II auseinandersetzen sollten, stellt sich für die Länder, mit denen seit 2000 verhandelt wird, die grundsätzlichere Frage nach einer insgesamt stabilen Wirtschaftspolititik, bevor sie einen Regimewechsel vornehmen. Der Aufholbedarf ist hier wesentlich höher. Die Erfahrungen in vielen Transformationsländern zeigt, daß z.B. Preisstabilität nicht einzig eine Funktion des Wechselkurses ist, sondern daß der Wechselkurs eine Komponente einer in sich konsistenten Wirtschaftspolitik ist. Eine Ausnahme bildet hier unter Umständen Litauen, da es in diesem Fall durch die Bindung an den US-Dollar bei gleichzeitiger Abwertung des Euros gegenüber dem Dollar zu einem Verlust an Wettbewerbsfähigkeit gegenüber anderen Konkurrenten auf dem Weltmarkt gekommen ist. Da Litauen aber ohnehin den Ausstieg aus dem Dollar-Peg für die zweite Hälfte des Jahres 2001 geplant ist, wäre ein abrupter Wechsel nicht zu empfehlen.

Für die Länder, mit denen seit 1998 verhandelt wird, bedeutet der Schritt zur Aufgabe des alten Regimes im Zweifel eine Abwägung zwischen schnellem Euro-Beitritt (mit Bindung an den Euro) und Wechselkursflexibilität. Es kommt auf die jeweiligen politischen Präferenzen an, wie sich angesichts dieses Trade-Offs entschieden wird. Für einen außenstehenden Beobachter ist es relativ leicht zu sagen, daß das Aufschieben des Beitritts in die Währungsunion besser als eine zu frühe und eventuell unangemessene Wechselkursfixierung ist. Weiterhin wurde angesprochen, daß es noch einen zweiten Trade-Off, nämlich denjenigen zwischen Wechselkursstabilität und Preisstabilität, gibt: Entweder entscheiden sich die Länder für eine niedrige Inflationsrate bei relativ flexiblen Wechselkurs oder aber für fixe Wechselkurse bei gleichzeitig höherer Inflation. Beide Ziele (Preisstabilität und Wechskursstabilität) gleichzeitig einzuhalten, wird für die Beitrittskandidaten schwierig, da sie, wie gezeigt, durch eine höhere Inflationsneigung gekennzeichnet sind, die zu einer realen Aufwertung bei fixen Wechselkursen führt. Für die EWU und hier insbesondere die EZB bedeutet dies, daß es wichtig ist, die Auslegung des Wechselkurskriteriums zu präzisieren, um so zu verdeutlichen, ob der Weg des Nachweises stabiler Wechselkurse nur über den Beitritt in das WKM II erfolgen kann.

3.6 Anhang zu Kapitel 3

A 1. Größe versus Offenheit bei den zehn mittel- und osteuropäischen Ländern

Da Polen in der linken Grafik insofern einen Ausreißer repräsentiert, daß es im Vergleich zu den anderen mittel- und osteuropäischen Ländern relativ groß ist, wurde es deshalb in der rechten Grafik herausgenommen. Wie man sieht, zeigen beide Grafiken einen negativen Zusammenhang zwischen Größe und Offenheit, wobei die Korrelation in der rechten Grafik schwächer ist. Aus diesem Grund erscheint die Hypothese eines negativen Zusammenhanges zumindest nicht widerlegt.

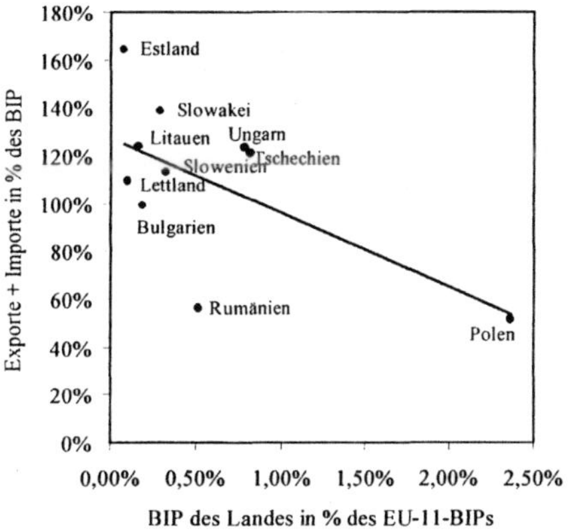

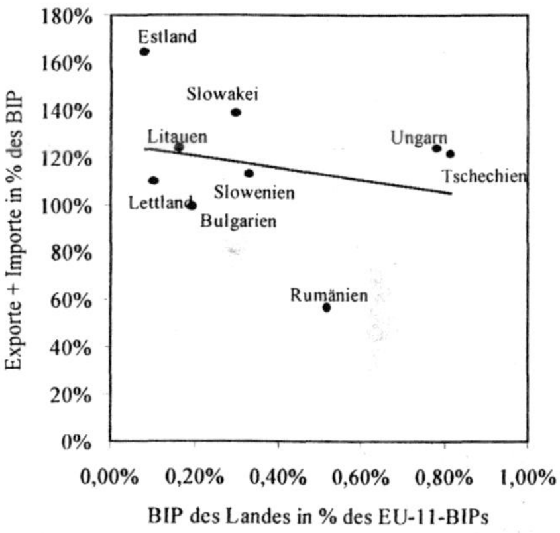

Quelle: Eigene Darstellung auf der Grundlage der Daten des IWF: World Economic Outlook, diverse Jahrgänge.

A 2. Übersicht über die im Text erwähnten strukturellen Indikatoren

	EU-15	EU-11	Estland	Polen	Slowe-nien	Tsche-chien	Ungarn	Bulga-rien	Lettland	Litauen	Rumä-nien	Slowakei
Größe (1999)												
BIP in Milliarden USD	8.494,5	6.519,4	5,22	154,1	21,35	53,16	51,0	12,57	6,52	10,53	33,87	19,1
BIP des Landes in Prozent des EU11-BIP	–	–	0,08%	2,36%	0,33%	0,82%	0,78%	0,19%	0,10%	0,16%	0,52%	0,29%
BIP des Landes in Prozent des EU15-BIP	–	76,75%	0,06%	1,81%	0,25%	0,63%	0,60%	0,15%	0,08%	0,12%	0,40%	0,23%
Bevölkerung in Millionen	371,3	288,2	1,5	38,7	2,0	10,3	10,1	8,8	2,5	3,7	22,5	5,4
Offenheit (1999)												
Exporte und Import in % des BIP	62,15%	63,62%	183,08%	48,96%	114,61%	132,58%	130,62%	88,68%	115,75%	142,98%	63,98%	153,35%
Struktur des Outputs und des Handels (1998)												
Anteil der Landwirtschaft am BIP	2%	...	6%	5%	4%	5%	6%	23%	7%	13%	15%	5%
Anteil der Industrie am BIP	31%	...	26%	37%	38%	42%	33%	26%	31%	32%	36%	33%
Anteil der Dienstleistungen am BIP	67%	...	68%	59%	57%	54%	61%	50%	62%	55%	48%	62%
Anteil des intraindustriellen Handels mit der EU-11	∅ 65,51%	∅ 67,04%	43,69%	47,54%	70,97%	70,45%	66,93%	46,94%	30,69%	32,63%	38,13%	66,19%
Anteil des EU-Handels am Gesamthandel	62,97%	63,96%	65,26%	66,91%	55,57%	66,55%	65,60%	43,52%	51,52%	45,49%	54,28%	46,09%

Fortsetzung auf folgender Seite

A2. Übersicht über die im Text erwähnten strukturellen Indikatoren (Fortsetzung)

	EU-15	EU-11	Estland	Polen	Slowe-nien	Tsche-chien	Ungarn	Bulga-rien	Lettland	Litauen	Rumä-nien	Slowakei
Arbeitsmarktflexibilität (1998)												
Arbeitsmarktregulierung Skala 1-8	4,1	...	...	4,8	3,3	5,3	7,4	...	...	...	...	...
Arbeitslosenunterstützung Skala 1-8	4	...	...	3,2	2,3	4	5,7	...	...	...	...	...
Durchschnitt Skala 1-8	4,1	...	...	4	2,8	4,6	6,6	...	...	...	...	...
Stand der Transformation												
Transformationsindex Skala 1-4 (1999)	...	...	3,46	3,48	3,24	3,49	3,69	2,83	3,13	3,25	2,76	3,33
Anteil des privaten Sektors am BIP (1998)	...	...	75%	65%	55%	80%	80%	60%	65%	70%	60%	75%
Pro-Kopf-BIP, Milliarden US-Dollar (1999)	22877,15	22620,37	3503,58	3977,69	10802,41	5180,78	5070,58	1422,35	2622,11	2817,91	1507,50	3555,58

Quelle: IWF: World Economic Outlook, diverse Jahrgänge.

A 3. Übersicht über die im Text erwähnten Indikatoren der "external vulnerability"

	Estland	Polen	Slowenien	Tschechien	Ungarn	Bulgarien	Lettland	Litauen	Rumänien	Slowakei
Externer Sektor (1999)										
Auslandsverschuldung in Prozent des BIP	30,12%	39,52%	22,18%	44,13%	55,06%	80,36%	15,64%	41,39%	32,67%	63,86%
Leistungsbilanzsaldo in Prozent des BIP	-4,10%	-7,57%	-3,00%	-1,00%	-4,42%	-5,20%	-8,73%	-10,93%	-3,80%	-4,90%
Leistungsbilanz plus Direktinvestitionen in Prozent des BIP	1,17%	-3,26%	-1,14%	4,81%	-1,07%	-0,43%	-1,28%	-3,34%	0,04%	-2,88%
Deckung der Importe durch Währungsreserven in Monaten	2,2	6,4	3,8	4,4	3,7	5,8	2,4	1,9	2,3	1,8
Deckung der kurzfristigen Auslandsverschuldung durch Währungsreserven	198,90%	707,64%	4630,35%	182,81%	313,07%	603,14%	573,45%	67,66%	380,08%	60,24%
Durschnittlicher jährlicher Nettokapitalzufluß von 1992-1999 in Prozent des BIP	10,16%	0,98%	1,30%	6,97%	6,42%	7,03%	9,27%	8,82%	3,25%	6,42%
Standardabweichung der jährlichen Nettokapitalzuflüsse zweischen 1992-99 in Prozent des BIP	3,08%	5,36%	1,25%	4,64%	5,92%	8,38%	1,98%	3,43%	2,00%	2,82%

Fortsetzung auf folgender Seite

A3. Übersicht über die im Text erwähnten Indikatoren der "external vulnerability" (Fortsetzung)

	Estland	Polen	Slowenien	Tsche-chien	Ungarn	Bulgarien	Lettland	Litauen	Rumänien	Slowakei
Liberalisierung der Kapitalströme (1997)										
Liberalisierungindex für alle Arten von Kapital (in Klammern Stand 99)	97,6% (100%)	55,3% (70%)	40,5% (66%)	73,7% (79%)	59,5% (62%)	35,30%	97,60%	85,70%	12,50%	23,70%
Liberalisierungsindex für kurzfristige Investitionen	100%	35%	25%	70%	33,30%	25%	100%	100%	0%	0%
Öffentlicher Sektor (1999)										
Defizit in % BIP 1999	-4,80%	-3,32%	-0,70%	-3,50%	-3,91%	-0,95%	-3,91%	-8,63%	-3,90%	-4,40%
Schuldenstand in % des BIP	6%	40%	21%	17%	58%	84%	10%	29%	32%	24% nur Bund

Quelle: IWF: World Economic Outlook, diverse Jahrgänge.

A 4. Reale effektive Wechselkurse für ausgewählte Länder in Mittel- und Osteuropa[a] auf Basis des Konsumentenpreisindexes (CPI) sowie auf Basis der „unit labor cost“ zwischen 1993 und 1999

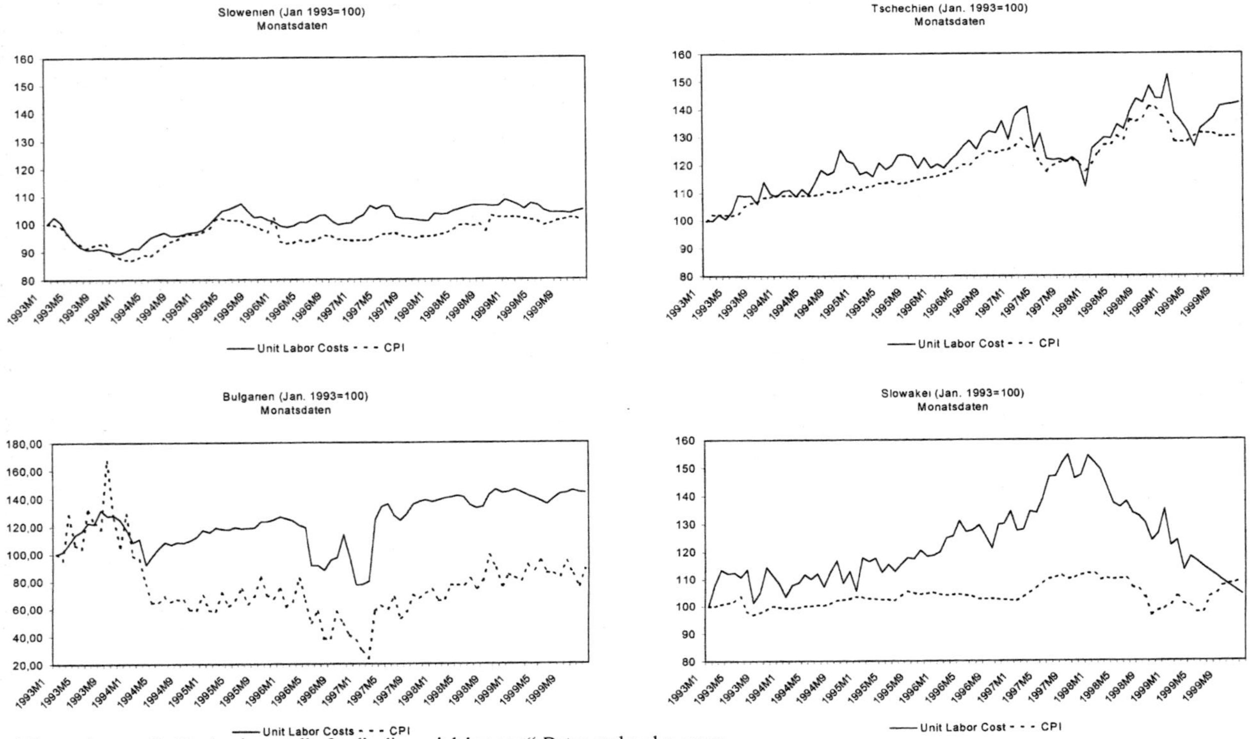

a) Es wurden nur die Länder dargestellt, für die die „unit labor cost“-Daten vorhanden waren.

Quelle: Eigene Berechnungen auf der Grundlage von IMF: World Economic Outlook, diverse Jahrgänge.

4 Strategische Überlegungen bei der Gestaltung der Geld- und Währungspolitik beim Übergang in die Währungsunion

4.1 Motivation

In Abschnitt 3.2 wurde erläutert, wie der neue europäische Wechselkursmechanismus ausgestaltet ist. In dieses Wechselkursregime müssen sich alle neuen Mitglieder der EU früher oder später integrieren, es sei denn, die EU erlaubt zukünftig eine breitere Auslegung des Wechselkurskriteriums z.B. für Länder mit Currency Board.[64] Der Beitritt in den WKM II ist somit von den institutionellen Regeln vorgegeben. Wie Abschnitt 3.3 belegt, sind die gegenwärtigen Wechselkursarrangements in den Beitrittsländern sehr vielfältig, doch zumindest alle Länder der ersten Runde planen für die Übergangsphase vom alten Regime in das WKM II, sich näher an den Euro anzuschließen (vgl. Tabelle 3.3)[65]. Doch ist ein solcher „Peg" angesichts von ökonomischen Zielen wie Priesstabilität, stetiges Wirtschaftswachstum, hoher Beschäftigungsstand und außenwirtschaftliches Gleichgewicht wirklich eine zieladäquate Lösung? Kann der WKM II z.B. die externen Effekte, die die Geld- und Währungspolitik der Insider auf die Pre-Ins und umgekehrt ausübt, ausschalten? Um diese Fragen zu beantworten, sei zunächst auf die Erfahrungen mit den Spillover-Effekten in der EU in der Vergangenheit gemacht wurden, eingegangen.[66]

Im Vorfeld der Währungsunion, als es noch keine Regeln für das Nachfolgesystem des „alten" EWS gab, gelangte im Zusammenhang mit den Spillover-Effekten das Problem der kompetitiven Abwertung zu besonderer Prominenz: „Einige Kritiker befürchten, diese Länder [hiermit sind die Pre-Ins gemeint, Anm. des Verfassers], insbesondere Italien oder England, könnten gegenüber dem Euro-Raum zur Verbesserung ihrer eigenen Konkurrenzfähigkeit auf eine Abwertungsstrategie bauen." (SARRAZIN, 1997, S. 169). Die Angst vor kompetitiven Abwertungen war

---

64 Es wurde bereits in Kapitel 2.2 erläutert, daß sich evtl. in der EU die Interpretation durchsetzen könnte, daß ein Currency Board eine Art WKM II mit Bandbreiten von null ist, so daß diese Länder auch ohne formalen Eintritt in den WKM II das Wechselkurskriterium erfüllen. Vgl. hierzu die Ausführungen auf S. 10 dieser Arbeit.

65 Eine Ausnahme bildet hier evtl. Polen, da es im Vergleich zu den anderen Ländern der ersten Gruppe erst flexible Wechselkurse und später den Eintritt in das WKM II plant. Dies widerspricht jedoch nicht der oben getroffenen Aussage, denn Polen will sich trotzdem langfristig an den Euro anschließen.

66 Die vorliegende Arbeit beschränkt diese Analyse auf die Spillover-Effekte im monetären Bereich. Andere Spillover-Effekte entstehen z.B. bei der Umweltpolitik.

eine treibende Kraft zur Implementierung des neuen EWS II. [67] Während man früher die Gefahr von Abwertungs-Inflationsspiralen betonte, hatte sich insbesondere in Frankreich die Meinung herausgebildet, daß die Pre-Ins unter Umständen nur die kurzfristigen positiven Wirkungen einer Abwertung auf die eigene Wettbewerbsfähigkeit sehen und damit dem Euroland schaden könnten. DEWATRIPONT et al. (1995) weisen in einer Studie nach, daß kompetitive Abwertungen die Produktivität und die Effizienz der Länder kurzfristig erhöhen und daß deshalb auch aus ökonomischer Sicht ein Anreiz bestehen könnte, eine nominale Abwertung zur Steigerung der Wettbewerbsfähigkeit zu nutzen. [68]

Für die derzeitige Situation ist die damalige Debatte deshalb von Bedeutung, weil es wegen der preistreibenden Effekte des Nachfrage-, des Qualitäts- und des Balassa-Samuelson-Effektes nicht von der Hand zu weisen ist, daß auch mittel- und osteuropäische Länder zukünftig ein Interesse daran haben könnten, ihre relative Wettbewerbsposition mit Hilfe von nominalen Abwertungen zu verbessern. Wie erläutert wurde, werden die angesprochenen preissteigernden Effekte in den Transformationsländern durch den raschen Strukturwandel verstärkt. Aus diesem Grund erfahren diese Ländern mit einer höheren Wahrscheinlichkeit eine reale Aufwertung als die alten EU-Länder. Darüber hinaus sind nach einem EU-Beitritt der mittel- und osteuropäischen Länder alle Mitglieder des gemeinsamen Binnenmarktes und können deshalb z.B. nicht mit Hilfe von Zöllen die heimischen Produzenten vor billigeren Importprodukten aus dem EU-Ausland schützen. Es besteht die Gefahr von sogenannten „Abwertungswettläufen" zwischen den potentiellen Beitrittsländern, in denen sich diese gezwungen sehen, selbst abzuwerten, um mit ihren abwertenden Partnerländern weiterhin konkurrieren zu können. Große Schwankungen der realen Wechselkurse zwischen den Pre-Ins und den Insidern können folglich zu Stabilisierungsproblemen führen, die die Frage aufwerfen, wie die monetäre Integration zwischen Insidern und Pre-Ins optimal gestaltet werden soll.

Das momentane Arrangement des WKM II sieht faktisch eine asymmetrische Intervention der EZB und der Pre-In-Zentralbank nach einer spekulativen Attacke auf die Währung des Pre-Ins vor, denn die EZB kann nur so lange intervenieren,

---

[67] NEUMANN schreibt hierzu: „Vielfach wird befürchtet, daß die Gründung der Teilwährungsunion einzelne Randländer veranlassen könnte, ihr Heil in kompetitiven Abwertungen zu suchen, um Handelsvorteile zu Lasten der Kernländer zu erringen. Dem müsse und könne durch die Vereinbarung fester Leitkurse zum Euro im Rahmen eines Währungssystems vorgebeugt werden, das alle Randländer integriert." (NEUMANN, 1996, S. 17).

[68] Dies ist im Grunde die Umkehr der Argumentation des grundlegenden Beitrags von GIAVAZZI/PAGANO (1987): „The advantage of tying one`s hands". Diese Autoren weisen im Gegensatz zu Dewatripont et al. (1995) darauf hin, daß Realignments im EWS i.d.R. nicht zu einer solchen Abwertung des nominal Wechselkurses führten, daß die vorher erfolgte reale Aufwertung des „Schwachwährungslandes" nivelliert ist. GIAVAZZI/PAGANO zeigen, daß Italien und Dänemark zwischen 1978 und 1981 im Vergleich zu Deutschland um 9 bzw. 11 Prozent real aufgewertet haben, obwohl es mehrmals zu Realignments gekommen ist.

wie das Ziel der Preisstabilität innerhalb der EWU nicht gefährdet ist. Folglich ist die Pre-In-Zentralbank letztlich alleine für die Stabilität des Wechselkurses verantwortlich und muß bei einer erfolglosen Abwehr der spekulativen Attacke im schlimmsten Fall aus dem WKM II wieder austreten. Bei einem solchen Vorgang ist es im nachhinein oft schwierig, die Ursache der spekulativen Attacke zu bestimmen. Zum einen kann man sie als Zeichen dafür sehen, daß die Kapitalmärkte mangelndes Vertrauen in die Fundamentaldaten einer Volkswirtschaft haben. Zum anderen werden sie oft als spekulative Bewegungen interpretiert, die unter Umständen durch Versuche ausgelöst wurden, relativ risikofreie Gewinne aus Abwertungsspekulationen zu erzielen. Dies nimmt man z.B. als Ursache für die EWS-Krisen von 1992/1993 an.

Im folgenden wird analysiert, welche Rolle strategische Überlegungen bei der Ausgestaltung der Geld- und Währungspolitik spielen und welche Implikationen sich hieraus für eine Erweiterung der EWU ergeben. Als Analyserahmen dient die spieltheoretische Modellstruktur von PERSSON/TABELLINI (1993, 1996), die sich methodisch an die spieltheoretische Modellstruktur von CANZONERI/HENDERSON (1988, 1991) anlehnt.[69] Aufgrund der formalen Komplexität dieser Modellkategorie beschränkt sich die vorliegende Arbeit auf eine umfassende und eingängige Darstellung der Grundstruktur des Modellrahmens mit dem Ziel, einerseits die ökonomische Intuition dieser Modellklasse deutlicher als in der derzeit verfügbaren Literatur herauszustellen und andererseits die dem Modell zugrundeliegenden strategischen Überlegungen und Anreizmechanismen zur Ausgestaltung der Geldpolitik auf den konkreten Fall der Osterweiterung der EWU anzuwenden.

Das hier vorgestellte Modell baut auf zwei Strömungen in der theoretischen Literatur zur Geldpolitik auf: Erstens diejenige zur Glaubwürdigkeit von Geldpolitik und zweitens diejenige zur Koordination von Geldpolitik.[70] Beide Fragestellungen spielen eine besondere Rolle, will man die wechselseitigen geldpolitischen Spillover-Effekte zwischen der Währungsunion und den Pre-Ins beurteilen.

Erstens hat die Geldpolitik in beiden Ländergruppen ein Glaubwürdigkeitsproblem: Sobald die privaten Wirtschaftssubjekte bestimmte Inflationserwartungen gebildet haben, ist die Politik *ex post* stark der Versuchung ausgesetzt, die tatsächliche Inflationsrate über das angekündigte Niveau hinaus zu steigern. Bei gegebenen Inflationserwartungen bringt eine Überraschungsinflation den Vorteil einer höherer Beschäftigung (BARRO/GORDON, 1983a,b).[71] Noch dazu entsteht selbst bei antizipierter Inflation durch eine höhere Inflationsrate eine höhere Seignorage,

---

[69] Mit dem hier vorgestellten Modell verwandt ist aus diesem Grunde auch CANZONERI/NOLAN/YATES (1996), deren Arbeit allerdings eher auf die Arbeiten von WALSH (1995) aufbaut und deshalb streng genommen einem anderen Strang der Theorie der Koordination von Geldpolitik zuzuordnen ist.

[70] Eine spieltheoretische Einführung in die Theorie der Geldpolitik gibt z.B. ILLING (1997).

[71] Das Barro-Gordon-Modell wird beispielsweise auch bei BOFINGER/FRENKEL (1991) leicht verständlich dargestellt.

und bei zumindest kurzfristig konstanten nominalen Zinsen sinkt der Realwert der Staatsschuld. Während die Analyse von BARRO/GORDON noch deterministisch war, haben Autoren wie z.B. CHARI/KEHOE/PRESCOTT (1989) dieses Grundmodell um das Auftreten von Schocks erweitert.

Die Literatur zur (internationalen) Koordination der Geldpolitik geht dagegen der Frage nach, wie die negativen Spillover-Effekte, die von der Geldpolitik des einen Landes auf die Geldpolitik des anderen Landes ausgehen, am besten, d.h. wohlfahrtsmaximierend für beide Länder, eingedämmt werden können. Die negativen Spillovers können z.B. im Inflationsimport liegen. In diesem Fall ist die Inflationsrate des Auslandes höher als die des Inlandes und wird über verschiedene Transmissionsmechanismen[72] in das Inland importiert. Eine andere Quelle der negativen Spillover-Effekte kann in den Folgen der oben erwähnten kompetitiven Abwertung liegen, die kurzfristig zu einer realen Abwertung der Inlandswährung führt und deshalb die relative Wettbewerbsposition des Partnerlandes verschlechtert. Da für das Inland die Güter des Auslandes durch die Abwertung teurer geworden sind, steigt dadurch in der Tendenz das Preisniveau im Inland,[73] welches dem durch die nominale Abwertung erreichten Wettbewerbsvorteil entgegenwirkt. Die höhere Inflation wird wiederum über die verschiedenen Transmissionsmechanismen in das Partnerland exportiert. Pionier dieses Strangs der Literatur, der sich der internationalen Koordination von Geldpolitik widmet, ist HAMADA (1974).[74]

Im folgenden wird gezeigt, wie man in ein kleines spieltheoretisches Zwei-Länder-Modell, sowohl die Anreizstrukturen für eine Überraschungsinflation und für eine kompetitive Abwertung einbaut und wie diese durch optimale Verträge ausgeschaltet werden können (Abschnitte 4.2 bis 4.5). Ferner wird gezeigt, welche Alternativen zu einem WKM II bestehen könnten (Abschnitt 4.6). In Abschnitt 4.7 werden die wichtigsten Ergebnisse der modelltheoretischen Untersuchung kurz zusammengefaßt und kritisch analysiert sowie wirtschaftspolitische Konsequenzen erörtert.

4.2 Modelldarstellung

In diesem Modell werden zwei Länder betrachtet: Ein „repräsentatives" Pre-In-Land (als Nicht-Mitglied der Währungsunion) und ein Insider-Land (als Mitglied der Währungsunion). Die beiden Länder können auch als Blöcke definiert werden,

---

72 Bei fixen Wechselkursen sind diese Transmissionsriemen: der internationaler Preiszusammenhang, der Einkommenseffekt und der Liquiditätseffekt. Bei flexiblen Wechselkursen entfällt der Liquiditätseffekt, da keine Interventionsverpflichtung der Zentralbank besteht. Im allgemeinen kann man annehmen, daß die Spillover-Effekte bei flexiblen Wechselkursen geringer als bei fixen Wechselkursen sein dürften.

73 Die Stärke dieser Preissteigerung hängt ab von den Importpreiselastizitäten und den Gewichtungsfaktoren, die Importe im Warenkorb haben.

74 In HAMADA (1985), HAMADA/KAWAI (1997) sowie in PERSSON/TABELLINI (1995) findet sich jeweils ein Literaturüberblick über diesen Themenbereich.

wobei das Pre-In-Land als der Block Beitrittsländer und das Insider-Land als die Währungsunion interpretiert werden. Da die Analyse aus der Sicht des Pre-In-Landes erfolgt, ist der Insider als ‚Ausland' mit einem Sternchen gekennzeichnet. Beide Länder spezialisieren sich auf die Produktion jeweils eines homogenen Gutes („composite good"). Es wird von allen Problemen abstrahiert, die sich im Rahmen der politischen Ökonomie bei der Festlegung der Geldpolitik ergeben (wie z.B. der Einfluß von Wahlzyklen, Abstimmungsregeln usw.).[75] Auch Größen- und Strukturunterschiede zwischen den Pre-Ins spielen keine Rolle, wenn die Länder zu Blöcken zusammengefaßt werden.[76] Ferner ist das Modell ein mehrstufiges ‚One shot game', das nur ein einziges Mal durchgespielt wird. Lerneffekte seitens der Akteure kann es folglich nicht geben. Die Tatsache, daß das Spiel nur einmal gespielt wird, impliziert allerdings nicht, daß von Anpassungsprozessen abstrahiert wird: Wegen vorübergehender nominaler Rigiditäten hat Geldpolitik in der kurzen Frist Einfluß auf den Output. Würde man dies ausschließen und annehmen, daß man komparativ-statisch von einem langfristigen Gleichgewicht in das nächste langfristige Gleichgewicht gelangt, so wäre Geldpolitik in diesem Spiel ohne relevanten Einfluß, und das Problem der Koordination von Geldpolitik nicht vorhanden. Alle Variablen sind in Logarithmen dargestellt, um die Gleichungen zu linearisieren.

Der nominale Wechselkurs wird – zunächst ohne Eingriff der Zentralbank - über das Angebot und die Nachfrage auf dem Devisenmarkt bestimmt. Bezeichnet man die Logarithmen des nominalen Wechselkurses, des Preisniveaus der Insider bzw. der Outsider mit s, q* und q, so ergibt sich für den Logarithmus des realen Wechselkurses z:

$$z = s + q^* - q.^{77} \tag{4.1}$$

Das Preisniveau wird jeweils in Form des Logarithmus des Produzentenpreisindexes (q bzw. q*) ausgedrückt, denn der reale Wechselkurs gilt als ein Indikator der Wettbewerbsfähigkeit einer Volkswirtschaft. Würde man statt dessen den Konsumentenpreisindex verwenden, wären sowohl Informationen der Nachfrageseite als

---

[75] Wichtige Überblick über die Theorie der Geldpolitik aus politökonomischer Perspektive bieten z.B. ALESINA/ROSENTHAL (1995).

[76] Aus empirischer Sicht haben wir in Abschnitt 3.4.1 gezeigt, daß Größen- und Strukturunterschiede durchaus strategische Entscheidungen wie z.B. die Wahl des Wechselkursregimes beeinflussen können. Ferner weist LANE (1997) nach, daß Offenheit und Größe mit der Inflationsrate in den OECD-Ländern negativ korreliert sind. Von daher können aus den Strukturunterschieden auch verschiedene Anreize für eine Überraschungsinflation oder eine kompetitive Abwertung entstehen. Um das Modell jedoch nicht unnötig zu komplizieren, wurden diese Überlegungen ausgeblendet.

[77] Die hierzu korrespondierende Definition des realen Wechselkurses in nichtlogarithmierter Form lautet: $Z = S \cdot Q^* / Q$, wobei die Großbuchstaben die nichtlogarithmierten Werte der im Text mit Kleinbuchstaben verwendeten Variablen darstellen. Dieser Notation – Kleinbuchstaben: natürlicher Logarithmus, Großbuchstaben: nichtlogarithmierte Form – werden wir in den weiteren Ausführungen folgen.

auch über die Importe Informationen des Auslandes direkt in diesem Indikator der heimischen Angebotsseite enthalten.

Im Modell gilt die relative Kaufkraftparität, die besagt, daß die Veränderung des nominalen Wechselkurses in nichtlogarithmierter Form (S_t-S_{t-1}) dem Verhältnis zwischen der Veränderung des ausländischen Preisniveaus, d.h. der Inflationsrate des Pre-Ins (Q_t-Q_{t-1}), und der Veränderung des inländischen Preisniveaus (Q^*_t-Q^*_{t-1}), d.h. der Inflationsrate der Insider entspricht:

$$\frac{S_t - S_{t-1}}{S_{t-1}} = \frac{Q_t - Q_{t-1}}{Q_{t-1}} - \frac{Q^*_t - Q^*_{t-1}}{Q^*_t} \qquad (4.2)$$

Nimmt man die gängige Vereinfachung vor, daß S_{t-1}, Q_{t-1} und Q^*_{t-1} jeweils gleich eins sind,[78] so entspricht bei Logarithmierung der Produzentenpreisindex in t gleichzeitig der Änderung des Produzentenpreisniveaus, also der Produzentenpreisinflation. Ebenso ist die Änderungsrate des nominalen Wechselkurses gleich seinem Niveau in t. Diese Normierung werden wir auch für andere Größen des Modells verwenden, denn sie erspart zum einen die oftmals anstrengende Unterscheidung zwischen Niveau- und Veränderungsgrößen, die an den grundsätzlichen Aussagen des Modells nichts ändern würde. Ferner wird die explizite Verwendung von Zeitindizes umgangen. In logarithmierter Form vereinfacht sich so die relative Kaufkraftparität (ohne Zeitindizes) zu:

$$s = q - q^*. \qquad (4.3)$$

Aus diesen Überlegungen folgt, daß der reale Wechselkurs in nichtlogarithmierter Form in seinem Gleichgewicht gleich eins sein muß, so daß sich in logarithmierter Form z=0 ergibt. Dies schließt nicht aus, daß der reale Wechselkurs im Übergang von einem Gleichgewicht in das nächste von eins abweichen kann. Wäre der reale Wechselkurs unabänderlich immer gleich eins, gäbe es nämlich für die Politiker keinen Anreiz zur kompetitiven Abwertung, und die weitere Analyse im Rahmen dieses Modells wäre überflüssig.[79]

Ist $z > 0$ in Gleichung (4.1), so bedeutet dies eine reale Abwertung der Pre-In-Währung, also des Inlands, und damit eine Verbesserung seiner Wettbewerbsposition. Hingegen bedeutet $z < 0$ eine reale Aufwertung der Pre-In-Währung und damit die Schwächung der Wettbewerbsposition des Inlandes. Ist die Inflation des Auslandes größer als diejenige des Inlandes, werden die ausländischen Güter bei zunächst konstantem Wechselkurs teurer. Die Ausländer fragen deshalb verstärkt

---

78 vgl. hier z.B. CANZONERI/HENDERSON, 1991.

79 Dies deckt sich durchaus auch mit dem empirischen Befund, der zeigt, daß der reale Wechselkurs im Zeitablauf schwankt, so daß es zu Abweichungen des Wechselkurses von der relativen Kaufkraftparität (KKP) kommt. Allerdings zeigt sich auch, daß die KKP nicht bei allen Währungen als langfristig zutreffendes Wechselkursniveau angesehen werden muß. Man könnte Abweichungen von der KKP erfassen, indem man einen weiteren Störterm in Gleichung (4.1) einbaut. Ein solches Vorgehen würde die Ergebnisse allerdings qualitativ kaum beeinflussen.

Güter des Inlandes nach, denn diese sind nun wettbewerbsfähiger ($z > 0$). Auf dem Devisenmarkt kommt es deshalb zu einem Überhang an ausländischer Währung. Dieses Überangebot übt einen Aufwertungsdruck auf die heimische Währung aus: Die nominale Aufwertung hält so lange an, bis $z = 0$ ist und somit sein Gleichgewichtsniveau erreicht hat. Der Tradition der Glaubwürdigkeitsliteratur folgend, ist der reale Wechselkurs die einzige Quelle von Spillovers zwischen den beiden Ländern.

Zunächst wird die Volkswirtschaft des Pre-Ins charakterisiert. Die Veränderung des Konsumentenpreisindex setzt sich aus den gewichteten Veränderungen der Produzentenpreisindizes des Pre-Ins und des Insiders zusammen:[80]

$$p = (1-\beta)q + \beta(s + q^*). \tag{4.4}$$

Die Produzentenpreisinflation des Pre-Ins q wird dabei mit dem Anteil der inländischen Güter am Warenkorb ($1-\beta$) gewichtet und zu der mit dem Anteil der ausländischen Güter am Warenkorb (β) gewichteten Produzentenpreisinflation des Insiders (q^*) addiert, die vorher allerdings mit Hilfe des nominalen Wechselkurses (s) in die Währung des Pre-Ins umgerechnet wurde. Mit Hilfe der Gleichung (4.1) kann die Konsumentenpreisinflation vereinfacht als

$$p = q + \beta z \tag{4.5}$$

dargestellt werden.

Das gesamtwirtschaftliche Angebot leitet sich aus der Annahme ab, daß es kurzfristig aufgrund von nominalen Rigiditäten einen negativen Zusammenhang zwischen Inflation und Arbeitslosigkeit gibt. Dieses bildet die modifizierte Phillips-Kurve ab, die man über das Okunsche Gesetz in die (kurzfristige) gesamtwirtschaftliche Angebotskurve überführen kann. Wenn man wie bereits gezeigt annimmt, daß die nichtlogarithmierten Werte der Vorperiode (in der Gleichung (4.6) also X_{t-1}, Q_{t-1}, Q^e_{t-1} sowie E_{t-1}) jeweils gleich eins sind, kann man die Niveaus in t als Veränderungen interpretieren. Niveaugrößen und Veränderungen sind als auch hier von der Interpretation her austauschbar. Bezeichnet man mit q^e und ε den logarithmierten erwarteten Produzentenpreisindex bzw. einen logarithmierten Angebotsschock, so ergibt sich das logarithmierte reale Sozialprodukt als:

$$x = \gamma(q - q^e) - \varepsilon \text{ mit } \gamma > 0. \tag{4.6}$$

Ist die tatsächliche Inflationsrate größer als die erwartete ($q > q^e$), mit anderen Worten liegt eine nicht-antizipierte Inflation vor, so hat dies zur Folge, daß die Beschäftigung steigt. Ablauftheoretisch bedeutet eine höhere tatsächliche als erwartete Inflationsrate, daß die Erhöhung der Geldmenge zu einer erhöhten Transaktionskasse der Wirtschaftssubjekte führt. Diese unterliegen jedoch der

---

80 Es sei darauf hingewiesen, daß diese Interpretation der Variablen als Veränderungen wie schon in Gleichung (4.3) deshalb möglich ist, weil P_{t-1}, Q_{t-1} und Q_{t-1} gleich eins sind. Veränderungsgrößen und Niveaus sind aus diesem Grund austauschbar.

Geldillusion und rechnen nicht damit, daß das Preisniveau insgesamt gestiegen sein könnte, so daß die reale Erhöhung der Transaktionskasse geringer ausfällt. Die Wirtschaftssubjekte bauen die höhere Transaktionskasse über die Güter- oder Wertpapiernachfrage ab (Pigou- bzw. Keyneseffekt), was zu einem Anstieg des Volkseinkommens und damit zu einer niedrigeren Arbeitslosigkeit führt. Wenn die tatsächliche Inflationsrate aber niedriger ist als die erwartete, so sinkt die Beschäftigung wegen $q\text{-}q^{e} < 0$. Der Parameter 3 stellt dabei ein Maß für die Reaktion der Beschäftigung auf die Abweichung von erwarteter und tatsächlicher Inflation dar. Der Ausdruck M repräsentiert einen Angebotsschock, mit M>0 für einen negativen Angebotsschock, wie z.B. steigende Rohstoffpreise, die die Produktionskosten in die Höhe treiben, so daß die Beschäftigung sinkt.[81]

Im langfristigen Gleichgewicht gilt, daß die Wirkung des Angebotsschocks und die Änderung des Preisniveaus gleich null ist. Das bedeutet, daß das natürliche Niveau des Outputs in logarithmierter Form bei x=0 bzw. in nichtlogarithmierter Form bei X=1 liegt. Diese Annahme hat im folgenden auch Auswirkungen auf den Geldmarkt bzw. die Quantitätsgleichung im langfristigen Gleichgewicht.

Die Quantitätsgleichung in nicht logarithmierter Form $Q \cdot X = M \cdot \Upsilon$ läßt sich mit m als der logarithmierten Geldmenge und υ als der logarithmierten Umlaufgeschwindigkeit als

$$q + x = m + \upsilon \tag{4.7}$$

darstellen. Wieder gilt, daß die logarithmierten Werte der Vorperiode mit null angenommen werden, so daß die Veränderung mit dem Niveau übereinstimmt. Da das natürliche Niveau des Outputs mit x=0 angenommen wird, folgt die Veränderung des Produzentenpreisindexes langfristig der Bedingung:

$$q = m + \upsilon . \tag{4.8}$$

Die Veränderung des Produzentenpreisindex setzt sich also aus dem Geldmengenwachstum (m) sowie einer Störung der Umlaufgeschwindigkeit des Geldes (υ) zusammen, die als eine nachfrageseitige Störung interpretiert werden kann, weil sie alle exogenen Einflüsse auf den Produzentenpreisindex berücksichtigt. Das Produzentenpreisniveau wächst also langfristig proportional zu der um Änderungen in der Umlaufgeschwindigkeit korrigierten Geldmenge.

Der gleichgewichtige reale Wechselkurs hängt vom relativen Angebot der Pre-In-Güter im Verhältnis zu den Insider-Gütern (x-x*) ab, denn durch exogene Schocks kann sich das Verhältnis von Insider- zu Pre-In-Gütern ändern. Ist das Angebot an Pre-In-Gütern im Verhältnis zu den Insider-Gütern hoch und kommt es dadurch zu einem Angebotsüberhang auf dem Markt für die Güter der Pre-Ins, so sinken die Angebotspreise des Inlandes (q), denn wir nehmen in dem Modell an, daß die Märkte stets geräumt sind. Die Folge der niedrigeren Angebotspreise bei den Pre-

---

81 Mathematisch bedeutet ein negativer Angebotsschock, daß $\partial x / \partial \varepsilon < 0$ und $\partial x / \partial q > 0$.

Ins ist ein steigender realer Wechselkurs z (siehe Gleichung (4.1)). Wieder unter der Annahme daß die nichtlogarithmierten Werte der Vorperiode gleich null sind, kann man die folgende Gleichung in logarithmierter Darstellung auch als Änderungen interpretieren. Die Änderung des realen Wechselkurses folgt der Gleichung (4.9):

$$z = \delta(x - x^*) + \phi \text{ mit } \delta > 0 \quad (4.9)$$

Hierbei bezeichnet δ die inverse Angebotselastizität[82] der inländischen zu den ausländischen Güter. Ist die inverse Angebotselastizität groß, reagiert das Preisniveau stark auf Änderungen der angebotenen Menge, und somit ist auch die Reaktion des realen Wechselkurses groß. Zur Interpretation von ϕ ist es sinnvoll, Gleichung (4.1) und (4.9) gleichzusetzen und nach s aufzulösen:

$$s = \delta(x - x^*) + q - q^* + \phi . \quad (4.10)$$

Auf diese Weise wird deutlich, daß ϕ ein Störterm ist, der alle Bewegungen des nominalen Wechselkurses erfaßt, die nicht durch Änderungen der Fundamentaldaten (Output oder Preise) zu erklären sind. Der Ausdruck ϕ bezeichnet also einen spekulativen Schock auf den nominalen Wechselkurs, z.B. die Änderung der Erwartung über zukünftige Inflation oder die Änderung der Abwertungserwartung. Bei starren Preisen hat dieser spekulative Schock kurzfristig auch Auswirkungen auf den realen Wechselkurs. Ist $\phi > 0$, handelt es sich z.B. um Abwertungserwartungen; daraufhin ist das Angebot an heimischer Währung größer als die Nachfrage und der nominale Wechselkurs wertet ab, so daß unmittelbar eine Abwertung des realen Wechselkurses entsteht. Es wird ferner angenommen, daß alle strukturellen Schocks (υ, ε, ϕ) nicht miteinander korreliert sind, einen Erwartungswert von null haben und die Varianzen mit σ_υ^2, σ_ε^2 und σ_ϕ^2 gegeben sind.

Es wird angenommen, daß die Wirtschaftssubjekte rationale Erwartungen über die Preise der kommenden Periode haben und alle ihnen zur Verfügung stehenden Informationen in t-1 nutzen, so daß

$$q_t^e = E_{t-1}(q_t) \quad (4.11)$$

gilt, wobei E_{t-1} für den Erwartungswert in t-1 steht. Wenn man wie gehabt Q_{t-1}^e und Q_{t-1} gleich eins setzt, entspricht q (q^e) der (erwarteten) Inflationsrate.

Die einzige Größe, die die Zentralbank unmittelbar beeinflussen kann, ist die Geldmenge (m). Die bei gegebenen Präferenzen optimale Änderung der Geldmenge innerhalb des Pre-Ins wird von Seiten der dortigen Zentralbank festgelegt.

---

82 Die inverse Angebotselastizität bezeichnet die Wirkung einer einprozentigen Änderung der angebotenen Menge auf die Änderung des Preisniveaus. Die inverse Angebotselasitzität kommt zur Anwendung, um die Preisveränderung in Folge einer Mengenänderung sowie die sich daraus ergebende Veränderung des realen Wechselkurses analysieren zu können.

Die politischen Präferenzen der Pre-In-Zentralbank werden durch folgende Verlustfunktion dargestellt:

$$L = \tfrac{1}{2}\left[p^2 + \lambda(x-\theta)^2 + \mu(z-\xi)^2\right] \text{ mit } \phi \geq 0 \text{ und } \varepsilon \geq 0 . \qquad (4.12)$$

Hinter dieser Verlustfunktion verbirgt sich das Ziel eines gesamtwirtschaftlichen Gleichgewichts in Form eines stabilen Preisniveaus, einem hohen Beschäftigungsstand sowie außenwirtschaftliches Gleichgewicht. Wie in der Literatur üblich, ist der Verlust der Zentralbank (L) eine steigende Funktion der Abweichung von Politikzielen. Der erste Term in (4.12) repräsentiert das Zentralbankziel der Preisniveaustabilität, also der Konstanz des Konsumentenpreisindexes p. Jede Abweichung von $p = 0$ verursacht folglich einen Verlust bei der Zentralbank. Die Ausdrücke λ und μ stellen positive, konstante Zielgewichte dar. Da man zur Gewichtung von drei Zielen (Preisniveaustabilität, Beschäftigung und externes Gleichgewicht) nur zwei relative Gewichte braucht, hat die Preisniveaustabilität kein Zielgewicht.

Der zweite Term in Gleichung (4.12) stellt das Beschäftigungsziel dar. Weicht die realisierte Beschäftigung (x) vom verkündeten Beschäftigungsziel (θ) ab, so erhöht dies ebenfalls den Verlust der Zentralbank. Ist der Term ($x - \theta$) größer als Null, ist das tatsächliche Wachstum der Beschäftigung größer als das ursprünglich gewünschte.

Im dritten Term in Gleichung (4.12) ist < das Politikziel für den realen Wechselkurs. Weicht dieses negativ vom tatsächlichen realen Wechselkurs (z) ab, so vergrößert dies die Nutzeneinbuße der Zentralbank.

Es ist wichtig zu erkennen, daß die Zentralbank einen Anreiz hat, sowohl θ als auch ξ größer als null zu setzen.[83] Im Falle des Beschäftigungszieles θ bedeutet dies, daß die Zentralbank eine höhere Beschäftigung als die natürliche Rate von $x = 0$ anstrebt, weil die zum natürlichen Output korrespondierende Arbeitslosigkeit als zu hoch empfunden wird. Unter der Annahme, daß Geldpolitik einen kurzfristigen Einfluß auf den Output hat, ist dieser Anreiz $\theta > 0$ einleuchtend. Eine ähnliche Interpretation gilt auch für das Ziel des realen Wechselkurses. Zwar gilt langfristig die relative Kaufkraftparität, so daß $z = 0$ ist. Kurzfristig gibt es jedoch politisch den Anreiz, mit Hilfe einer kompetitive Abwertung eine Wettbewerbsverbesserung zu erzielen, so daß $\xi > 0$ ist.

Wenn die Privaten aufgrund rationaler Erwartungen, erkennen, daß die Zentralbank diese Anreize hat, dann werden sie dies in ihre Erwartungsbildung einbeziehen. Ist folglich der Erwartungswert des Beschäftigungsziels, den die Marktteilnehmer bilden, größer als null ($E(\theta)>0$), so entspricht dies im vorliegenden Modell einer Inflationsverzerrung. Da kurzfristig eine negative Beziehung zwischen Inflation und Arbeitslosigkeit besteht, geschieht eine Ausdehnung der Beschäftigung

---

83 Einzig bei der Commitment-Lösung ist θ und ξ gleich null (vgl. Abschnitt 4.3).

immer auf Kosten einer höheren Inflation. Mit E(θ)>0 wird also ausgedrückt, daß die Privaten erkennen, daß die Zentralbank den Wunsch hat, die Beschäftigung über das natürliche Niveau auszudehnen und sie dafür eine höhere Inflation in Kauf nimmt. Dies ist z.B. dann der Fall, wenn die zur natürlichen Beschäftigungsniveau korrespondierende Arbeitslosenquote als zu hoch empfunden wird. Ebenso bilden die Privaten Erwartungen über das Wechselkursziel der Zentralbank (E(ξ)). Ein Erwartungswert des Politikziels für den realen Wechselkurs (E(ξ)) von größer als null entspricht dabei dem von den Privaten antizipierten Anreiz einer (kompetitiven) Abwertung des nominalen Wechselkurses. Durch das Setzen von E(ξ)>0 wird folglich eine Abwertungsverzerrung eingebaut, die gleich einer Inflationsverzerrung wirkt. Der Anreiz für die Zentralbank, eine höheren als den gleichgewichtigen realen Wechselkurses anzustreben, besteht darin, daß sich Wettbewerbsvorteile ergeben, von denen insbesondere die Exportindustrie profitiert. Über gestiegene Exporte nimmt die Gesamtnachfrage zu, was je nach Beschäftigungsstand die Arbeitslosigkeit abbaut und/oder das Preisniveau erhöht. Abwertungs- und Inflationsbias entsprechen sich also in ihrer Wirkung.

Die für die Darstellung nötigen Gleichungen des Insiders werden in der gleichen Weise modelliert wie die der Pre-Ins. Der einzige Unterschied ist, daß z mit negativen Vorzeichen in die Gleichungen eingeht, denn die Änderung des realen Wechselkurses ist aus Sicht des Insiders umgekehrt definiert. Im folgenden sind nur die Gleichungen dargestellt, die man zur Lösung des Modells braucht:

$$z = -s + q - q^* \tag{4.13}$$

$$p^* = q^* - \beta z \tag{4.14}$$

$$q^* = m^* + \upsilon^* \tag{4.15}$$

$$x^* = \gamma(q^* - q^{*e}) - \varepsilon^* \tag{4.16}$$

$$q_t^{*e} = E_{t-1}(q_t^*) \tag{4.17}$$

$$L^* = \tfrac{1}{2}\left[p^{*2} + \lambda(x^* - \theta^*)^2 + \mu(-z - \xi^*)^2\right] \text{ mit } \phi^* \geq 0 \text{ und } \varepsilon^* \geq 0\,. \tag{4.18}$$

Wir nehmen an, daß die strukturellen Parameter 2, 3, 9 und : in beiden Ländern die gleichen Werte haben. Die Erwartungswerte der Ziele können bei den Insidern und den Pre-Ins jedoch verschieden sein (E(θ) ≠ E(θ*) bzw. E(ξ) ≠ E(ξ*)). Eine Ursache hierfür sind unterschiedliche wirtschaftspolitische Konzepte, die dem Beschäftigungsziel bzw. dem Ziel des außenwirtschaftlichen Gleichgewichts eine unterschiedliche Bedeutung zumessen. Annahmegemäß sind die Varianzen der Schocks unterschiedlich (z. B. $\sigma_\varepsilon^2 \neq \sigma_{\varepsilon^*}^2$) und die Kovarianzen der Schocks können kleiner, gleich oder größer als null sein ($\sigma_{\varepsilon\varepsilon^*} \in \mathbb{R}$).

Das Modell durchläuft mehrere Stufen. Zuerst bilden sich die Privaten auf der Grundlager der ihnen zur Verfügung stehenden Informationen Erwartungen über die Politikziele: E(θ), E(θ*), E(ξ) und E(ξ*). Je nach dem welche Art Lösung betrachtet wird, können diese von Null abweichen. Im nächsten Schritt werden die Politikziele τ=(θ, θ^*, ξ, ξ^*) bekanntgegeben. Auf dieser Grundlage bilden die Privaten Preiserwartungen für die Veränderung der Produzentenpreisinflation (q^e,q^{*e}), die über die Gleichung (4.5) und (4.14) auch die Erwartungen über die Konsumentenpreisinflation beeinflussen. Danach treten die strukturellen Schocks auf ω = (ε, ε^*, υ, υ^*, ϕ), die bei der Bekanntgabe des Wachstums der Geldmenge (m, m*) berücksichtigt werden. Abschließend werden die makroökonomischen Ergebnisse realisiert.

4.3 Die Commitment-Lösung

Um einen Vergleichsmaßstab für die spätere Analyse nicht-kooperativer Verhaltensweisen zu haben, wird zunächst die hypothetische Situation untersucht, daß die Zentralbanken der Insider und der Pre-Ins - noch bevor die Stufe der Erwartungsbildung der Privaten und der Zielformulierung und –bekanntgabe erreicht ist - miteinander kooperieren. Dies bezeichnet man als eine Commitment-Lösung oder auch kooperative Lösung. Die Zentralbanken stellen dann eine optimale Regel für m und m* in Abhängigkeit von den Politikzielen τ=(θ, θ^*, ξ, ξ^*), die alle möglichen Umfeldbedingungen (also Schocks ω = (ε, ε^*, υ, υ^*, ϕ)) berücksichtigt. In der hier gewählten Notation bedeutet dies, daß das optimale m(τ, ω) und m*(τ, ω) gesucht wird. Dies nennt man in der Kontrakttheorie auch eine „state-contingent rule", wobei in dem gezeigten Modell die Umfeldbedingungen die Ausprägungen der Schocks sind. Bei der Commitment-Lösung wird diejenige Regel verwendet, die die gemeinsamen Verluste der beiden Zentralbank unter der Nebenbedingung minimiert, daß die privaten Erwartungen rational gebildet werden:

$$\underset{m(\tau,\omega)}{\text{Min}} \; E(L+L^*) \text{ u.d.N } q^e = E_\tau(q) \text{ und } q^{*e} = E_\tau(q^*). \quad (4.19)$$ [84]

Die Nebenbedingung: $q^e = E_\tau(q)$ und $q^{*e} = E_\tau(q^*)$ sagt aus, daß sich die Erwartungsbildung der Marktteilnehmer nach der Bekanntgabe der Politikziele richtet. Wie in den Gleichungen (4.11) und (4.17) gezeigt, liegen rationale Erwartungen vor, so daß keine Erwartungsirrtümer existieren können, da die privaten Wirtschaftssubjekte das ökonomische Modell kennen.

Zunächst wird die erste Ableitung der Verlustfunktion des Pre-Ins (dL/dm) unter Berücksichtigung der Erwartungswerte bestimmt (vgl. Anhang A 1 dieses Kapitels):

---

84 E(u) stellt dabei einen unbedingten Erwartungswert dar, während E_τ(u) den bedingten Erwartungswert von u unter der Bedingung, daß τ eingetreten ist, symbolisiert. Mit dieser Notation soll deutlich werden, welche Informationen den Privaten zu dem Zeitpunkt vorliegen, in dem sie ihre Erwartungen bilden. In Gleichung (4.11) und (4.17) wurde noch ein einfacher Zeitindex verwendet.

$$\frac{dL}{dm} = p(\tau,\omega) + \lambda\gamma x(\tau,\omega) + p\beta\delta\gamma + \mu z(\tau,\omega)\delta\gamma. \tag{4.20}$$

Dann bildet man die erste Ableitung der Verlustfunktion der Insider hinsichtlich der Geldpolitik der Pre-Ins unter Berücksichtigung der Erwartungswerte

$$\frac{dL^*}{dm} = -p^*(\tau,\omega)\beta\delta\gamma + \mu z(\tau,\omega)\delta\gamma. \tag{4.21}$$

Die Addition der Gleichungen (4.20) und (4.21) ergibt die Lösung des Minimierungsproblems bei Kooperation der Zentralbanken.

$$\begin{aligned} \min_{m(\tau,\omega)} E(L+L^*):\ & p(\tau,\ \omega) + \lambda\gamma x(\tau,\omega) + 2\mu\gamma\delta z(\tau,\ \omega) \\ & +\delta\beta\gamma\left[p(\tau,\ \omega) - p^*(\tau,\ \omega)\right] = 0 \end{aligned} . \tag{4.22}$$

Der <u>erste Term</u> in Gleichung (4.22) stellt die direkte Wirkung der Geldmenge auf die Änderung des Preisniveaus dar. Der <u>zweite Term</u> reflektiert die direkte Wirkung der Geldmenge auf das Beschäftigungswachstum. Der <u>dritte Term</u> zeigt den direkten Einfluß der Geldmenge auf die Wechselkursänderung. Der <u>letzte Term</u> erfaßt den indirekten Effekt des realen Wechselkurses auf die Konsumentenpreisinflation, denn $\partial p / \partial z = \beta$ bzw. $\partial p^* / \partial z = -\beta$.

Auf die gleiche Weise wird die Bedingung erster Ordnung für m*(O, C) ermittelt. Mit diesen Informationen und der Modellstruktur ergibt sich für die optimale Politik (vgl. Anhang A 6 dieses Kapitels):

$$m(\tau,\omega) = c^{\varepsilon}\varepsilon - \upsilon + c^{\varepsilon\varepsilon^*}(\varepsilon - \varepsilon^*) - c^{\phi}\phi. \tag{4.23}$$

Die im Anhang näher erläuterten „c"-Koeffizienten ersetzen dabei komplizierte Ausdrücke mit einem positiven Vorzeichen. Man kann mit Hilfe dieser optimalen Geldpolitik m erkennen, daß die Pre-In-Zentralbank die Preis- und Outputeffekte von heimischen Angebotsschocks etwas glätten kann, weil $0 < c^{\varepsilon} < 1$ ist. Intuitiv bedeutet dies, daß die Zentralbank bei einem negativen Angebotsschock vor eine schwierige Entscheidung zwischen zwei Optionen gestellt ist. Die erste Option besteht darin, die Gesamtnachfrage konstant zu halten. Jedoch wird die Beschäftigung dann längere Zeit unterhalb der Zielgröße liegen, bis es zu einer Anpassung der Preise kommt. Die zweite Option würde in einer Ausdehnung der gesamtwirtschaftlichen Nachfrage liegen, um die Wirtschaft schneller auf das Beschäftigungsziel zurückzubringen. Es handelt sich also in diesem Fall um eine akkomodierende Politik der Zentralbank. Der Nachteil ist, daß die Inflationsrate höher als vor dem Schock ist. Es gibt folglich keine Möglichkeit, die Nachfrage so zu steuern, daß sowohl das Beschäftigungs- als auch das Inflationsziel erreicht werden. Ein Angebotsschock wird also durch die Geldpolitik niemals vollständig in seinen Wirkungen auf Preise <u>und</u> Mengen nivelliert werden, da die Geldpolitik nur nachfrageseitige Effekte entfaltet. Die Nachfrageschocks ($-\upsilon$) werden dagegen in ihren Wirkungen auf die Inflation und die Beschäftigung völlig ausgeglichen, denn bei flexiblen Wechselkursen kann eine expansive Geldpolitik einen negativen Nachfrageschock in seinen Wirkungen auf die Preise und die Beschäftigung völlig ausgleichen; umgekehrt kann eine restriktive Geldpolitik einen positiven Nachfrageschock sowohl hinsichtlich der auftretenden Preis- als auch Mengeneffekte kompensieren.

Für den Fall, daß im Insider-Land ein stärkerer Angebotsschock als bei dem Pre-In auftritt (ε-ε^*<0), wird die Geldpolitik der Pre-Ins restriktiver. Dies ist eine Reaktion darauf, daß die Preise der Insider nach dem Angebotsschock stärker steigen als diejenigen der Pre-Ins. Die Währung der Pre-Ins wertet bei gegebenem nominalen Wechselkurs also real ab. Daraufhin kommt es über die bekannten Transmissionsmechanismen[85] zum Import der höheren Inflationsrate der Insider durch die Pre-Ins. Diesem begegnen die Pre-Ins mit einer restriktiveren Geldpolitik. Ebenso verhält es sich bei spekulativen Attacken. Ist $\phi > 0$, so wird die Währung der Pre-Ins von den Devisenhändlern verkauft; dies führt zu einer nominalen Abwertung und über die relative Kaufkraftparität simultan auch zu einer realen Abwertung. Dies bedeutet, daß die Importprodukte der Insider für die Pre-Ins teurer geworden sind, und es kommt zum Import der höheren Inflation der Insider durch die Pre-Ins; dieser Inflationsimport wird mit einer restriktiven Geldpolitik bekämpft.

Bei der Commitment-Lösung gehen die Politikziele τ=(θ, θ^*, ξ, ξ^*) aus Stufe 1 nicht in die Lösung ein. Dies liegt daran, daß die Wirtschaftssubjekte sich darauf verlassen, daß die beiden Zentralbanken nichts tun werden, was der jeweils anderen schaden kann. Sie glauben also voll an das Commitment der Zentralbanken. Da die Inflationsverzerrung zu einer permanent höheren Inflation im Inland führt und die Abwertungsverzerrung dem Partnerland schadet, erwarten die Wirtschaftssubjekte folglich, daß $E(\theta)=0$ und $E(\xi)=0$ ist und daß das gleiche auch für das Partnerland gilt: $E(\theta^*)=0$ und $E(\xi^*)=0$.

4.4 Anreizprobleme bei Diskretion

Die Commitment-Lösung (4.22) ist als Maßstab von besonderer Bedeutung, denn sie ist, wie bei den politischen Koordinationsspielen üblich, die Lösung, die die Wohlfahrt maximiert bzw. umgekehrt ausgedrückt, die Verlustfunktionen der beiden Zentralbanken minimiert. Das Problem ist nur, daß beide Zentralbanken genau in dem Moment, in dem die Wirtschaftssubjekte ihnen vertrauen, einen Anreiz haben, von dem vorher festgelegten Plan abzuweichen und sich so individuell besser zu stellen. *Insgesamt* bedeutet dieses Abweichen, wie wir sehen werden, jedoch einen Wohlfahrtsverlust. Dieser Anreiz, nach der Bildung der Erwartungen der Wirtschaftssubjekte den Plan zu ändern, ist in der Literatur als das Problem der zeitlichen Inkonsistenz bekannt.

---

85 Diese sind der internationale Preiszusammenhang und der Einkommenseffekt; der Liquiditätseffekt entfällt bei flexiblen Wechselkursen.

Um dies zu verdeutlichen, wird die Annahme der Kooperation der beiden Zentralbanken aufgehoben. Es wird gezeigt, daß die Nicht-Kooperation die Verlustfunktion nicht minimiert, so daß es zu Wohlfahrtsverlusten kommt. Die Geldpolitik der Pre-In-Zentralbank folgt einer Geldmengenregel, die allein ihre eigene Verlustfunktion minimiert, ohne sich an Absprachen zwischen Zentralbanken zu orientieren. Sie nimmt in diesem Fall die Geldmenge der Insider-Zentralbank als gegeben an. Die Verlustminimierungsregel lautet für diesen Fall in der reduzierten Form:

$$\min_{m(\tau,\omega)} E(L) \quad \text{u.d.N.} \quad m^* = m^*(\tau,\ \omega);\ q^e = E_\tau(q);\ q^{*e} = E_\tau(q^*) \tag{4.24}$$

Als erste Ableitung ergibt sich:

$$\frac{dL}{dm} = p + p\beta\sigma\gamma + \lambda x\gamma - \lambda\theta\gamma + \mu z\sigma\gamma - \mu\xi\sigma\gamma = 0 \tag{4.25}$$

Um diesen Ausdruck mit Gleichung (4.22) vergleichen zu können, wird Gleichung (4.25) so umgestellt, daß deren linke Seite der linken Seite von Gleichung (4.22) entspricht:

$$\begin{aligned} &p(\tau,\ \omega) + \lambda\gamma x(\tau,\omega) + 2\mu\gamma\delta z(\tau,\ \omega) + \delta\beta\gamma\left[p(\tau,\ \omega) - p^*(\tau,\ \omega)\right] = \\ &\lambda\gamma\theta + \mu\gamma\delta\xi + \mu\gamma\delta z(\tau,\ \omega) - \beta\delta\gamma p^*(\tau,\ \omega) \end{aligned} \tag{4.26}$$

Wie man leicht erkennt, kürzen sich die letzten beiden Terme auf der rechten und linken Seite von Gleichung (4.26) heraus, so daß sich dann Gleichung (4.25) ergibt. Weil die rechte Seite im Vergleich zu Gleichung (4.22) größer als Null ist, stellt (4.26) also kein Verlustminimum dar. Die rechte Seite zeigt folglich die Abweichung vom Verlustminimum. Was sagen aber die im Vergleich zur Commitment-Lösung (4.22) vier zusätzlichen Terme auf der rechten Seite von (4.26) aus? Die ersten beiden Terme repräsentieren die beiden Anreize, von der Commitment-Lösung abzuweichen, nämlich den Anreiz zu einer Überraschungsinflation und den Anreiz zu einer kompetitiven Abwertung. Die letzten zwei Terme repräsentieren die Spill-Over-Effekte. Im folgenden sehen wir uns die vier Terme genauer an:

Der <u>erste Term</u> in Gleichung (4.26) zeigt die Inflationsverzerrung. Sie ergibt sich in diesem Modell aus dem Beschäftigungsmotiv (θ): Wenn die Erhöhung der Inflationsrate nicht antizipiert wurde, ergibt sich ein positiver Beschäftigungseffekt, der eine Erhöhung des Outputs zur Folge hat. Eine überraschende expansive Geldpolitik hat folglich eine positive Wirkung auf die Beschäftigung. Unterliegen die Wirtschaftssubjekte jedoch (wie hier angenommen) rationalen Erwartungen, antizipieren sie diese Erhöhung der Inflationsrate korrekt. Es kommt zu einer permanent erhöhten Inflationrate, *ohne* daß dies reale Effekte hätte. Diese Argumentation entspricht genau derjenigen des Barro-Gordon-Modells (BARRO/GORDON, 1983a).

Das Politikziel für den realen Wechselkurs ξ hat im <u>zweiten Term</u> von Gleichung (4.26)ein positives Vorzeichen. Dies entspricht dem Anreiz zur kompetitiven

Abwertung, der sich daraus ergibt, daß die Zentralbank die Wettbewerbsfähigkeit z.B. auf den Druck der heimischen Exportindustrie erhöhen möchte. Aber auch hier gilt: Die Wirtschaftssubjekte verhalten sich rational, sie antizipieren diesen Abwertungsbias der Regierung korrekt und erwarten deshalb eine höhere Inflation, weil die Importpreise sich verteuern. Da die Erwartung einer höheren Inflation sich über erhöhte Lohnforderungen in den Produzentenpreisen niederschlägt, ergibt sich wie bei der Inflationsverzerrung eine permanent höhere Inflationsrate bei den Pre-Ins, *ohne* daß dies reale Effekt hätte. Zusammengefaßt entstehen also folgende Effekte: Bei den Pre-Ins ergibt sich eine permanent erhöhte Inflationsrate aufgrund der Inflations- und der Abwertungsverzerrung. Dies hat jedoch Auswirkungen auf den realen Wechselkurs: Gemäß Gleichung (4.1) wertet sich der reale Wechselkurs auf und die Wettbewerbsfähigkeit sinkt. Vereinfacht bedeutet dieses Resultat, daß die Zentralbank zwar aus Wettbewerbsgründen gerne abwerten möchte, weil aber die Wirtschaftssubjekte rational handeln und als Folge der Abwertung eine höhere Inflation erwarten und so vorwegnehmen, wird diese Politik ins Gegenteil verkehrt, und es kommt zu einer realen Aufwertung. Diese Aufwertung hat über die verschiedenen Transmissionsriemen auch Auswirkungen auf die Insider. Es entstehen durch die Aufwertung negative externe Effekte für die Insider. Diese werden durch die letzten beiden Terme in der Gleichung (4.26) beschrieben. Im dritten Term äußert sich die Änderung des realen Wechselkurses (z). Die reale Aufwertung führt dazu, daß die Güter der Pre-Ins relativ teuer für die Insider werden. Die Leistungsbilanz der Insider erzielt infolge erhöhter Exporte einen Überschuß. Über die drei Transmissionsriemen kommt es dazu, daß die Inflation von den Pre-Ins in das Insider-Land exportiert wird (Inflationsexport)[86]. Dort steigt die Konsumentenpreisinflation p* an.

Das Problem des Inflationsexports wird für die Insider insbesondere dann dringend, wenn Schocks auftreten. Dies wird durch die Abhängigkeit von z und p* von den Schocks $\omega = (\varepsilon, \varepsilon^*, \upsilon, \upsilon^*, \phi)$, also im <u>dritten und vierten Term</u> von (4.26), deutlich. Angenommen beide Länder werden durch einen negativen Angebotsschock getroffen, wobei der Schock bei den Insidern größer als bei den Pre-Ins ist: $\varepsilon^* > \varepsilon > 0$. Dies hat zur Folge, daß die Preise der Insider relativ stärker als bei den Pre-Ins steigen. Letztere reagieren aber nur auf den Anstieg der eigenen Preise und fahren folglich eine restriktive Geldpolitik. Dies führt aus Sicht der Insider zu einer im Vergleich zu einer Situation, wo nur der Angebotsschock ohne eine geldpolitische Reaktion der Pre-Ins wirkt, übersteigerten realen Abwertung der Pre-In-Währung: Die Insider haben demzufolge nicht nur unter dem Verlust der Wettbewerbsfähigkeit aufgrund des negativen Angebotsschocks sondern auch aufgrund der restriktiven Geldpolitik der Pre-Ins zu leiden. Deren Geldpolitik wird bei einer im Vergleich zum Preisanstieg der Pre-Ins höheren Inflationsrate der Insider (aufgrund des relativ stärkeren Angebotsschocks) zu kontraktiv (deshalb das negative Vorzeichen). Das hier analysierte Problem der Stabilisierung von in der Intensität

---

86 Man könnte auch sagen, daß die Insider die höhere Inflation der Pre-Ins importieren.

divergierender Schocks zwischen dem Insider und dem Pre-In wird auch als Stabilisierungsbias bezeichnet, der aus einem Koordinationsdefizit der nationalen Geldpolitiken der beiden Länder resultiert. Die aus der Sicht des Pre-Ins rational erscheinende Entscheidung, auf die Inlandsinflation mit einer restriktiveren Geldpolitik zu antworten, induziert über die dadurch bedingte Ausweitung der Inflationsratendifferenz zum Insider die wirtschaftlichen Probleme desselben.[87]

Die anhand von Gleichung (4.26) exemplarisch analysierte diskretionäre Geldpolitik[88] hat zusammengefaßt also die folgenden drei Wirkungen: Erstens kommt es zu einer permanent erhöhten Inflationsrate bei den Pre-Ins durch die Abwertungs- und die Inflationsverzerrung. Zweitens wird diese Inflation von dem Pre-In zu dem Insider exportiert und drittens wird die Stabilisierung von Schocks gestört, da die Pre-In-Zentralbank nur die eigenen Schocks stabilisiert und die Ausrichtung der eigenen Geldpolitik dann je nach Art des Schocks zu restriktiv oder zu expansiv für den Insider wird (Koordinationsdefizit der nationalen Geldpolitik).

4.5 Die Beseitigung der Anreizprobleme durch einen vollständigen Kontrakt

Die Grundidee dieses Unterabschnittes ist, daß man die Inflationsverzerrung bzw. Abwertungsverzerrung beseitigen kann, indem man entsprechende institutionelle Regeln findet. Über diese Regeln wird das Optimum bei Kooperation wieder hergestellt, obwohl beide Zentralbanken sich nicht kooperativ verhalten. Zu diesem Zweck wird angenommen, daß die EU mit beiden Zentralbanken eine Art Leistungsvertrag schließt. Die „Regierung" der EU ist hier der Prinzipal, die beiden Zentralbanken sind jeweils Agenten. Jede Zentralbank sieht sich einer linearen, aber zustandsabhängigen Strafe gegenüber, wenn die tatsächliche Inflationsrate das Inflationsziel überschreitet. Dabei kann man sich vorstellen, daß die

---

87 Das Problem des Stabilisierungsbias stellt sich auch im Falle einer bereits existierenden Währungsunion, also für den Fall, daß zwei Insider von asymmetrischen Schocks oder symmetrischen Schocks unterschiedlichen Ausmaßes betroffen sind bzw. sich in unterschiedlichen Phasen des Konjunkturzyklus befinden. Der Leser mag sich als aktuelles Beispiel die derzeitige Geldpolitik der EZB vor Augen führen, die aus der Sicht des zur konjunkturellen Überhitzung neigenden Irland Gefahr läuft, zu expansiv zu wirken, während der geldpolitische Kurs aus der Sicht der sich am Beginn eine Konjunkturaufschwungs befindlichen Kernländer Frankreich, Italien und Deutschland eher als restriktiv angesehen wird und droht den konjunkturellen Aufschwung zu früh zu dämpfen.

88 Für den Insider ergibt sich im Fall einer diskretionären Geldpolitik eine analoge Lösung. Da die Rechenschritte der hier aufgezeigten Lösung entsprechen, wird von einer Herleitung abgesehen.

Strafe eine Gehaltseinbuße oder die Kündigung des Zentralbankchefs ist.[89] Wie bei der Commitment-Lösung soll es sich hier wieder um einen Vertrag handeln, der alle möglichen Umweltbedingungen, d.h. die Höhe und Art der Schocks, berücksichtigt und danach die optimale Höhe der Strafe bestimmt („state-contingent rule"). Ohne Frage ist die Vorstellung einer solchen „perfekten" Strafe unrealistisch, weil kaum vorstellbar ist, daß ein solcher Vertrag gesetzlich fixiert werden kann – aber der vollständige Kontrakt stellt eine Lösung für unser Problem dar und soll deshalb hier behandelt werden. Im Abschnitt 4.6 gehen wir auf alternative Arrangements ein, die ebenfalls die verschiedenen Verzerrungen aufheben, aber andere Nachteile beinhalten.

Im Fall des optimalen Zentralbankkontraktes nehmen wir an, daß die beiden Zentralbanken risikoneutral sind, d.h. Abweichungen von dem Ziel der Preisstabilität nach oben und unten zur gleichen Nutzeneinbuße führen. Diese Vereinfachung macht es möglich, daß die Strafe linear zur Verlustfunktion addiert wird. Es wird davon ausgegangen, daß das Inflationsziel völlige Preisniveaustabilität sei. Auch dies ist eine vereinfachende Annahme, denn aus historischen Werten ist bekannt, daß Zentralbanken, die Preisstabilität anstreben, in Wirklichkeit eine leicht positive Inflationsrate als unabdingbar ansehen (siehe das Beispiel Deutsche Bundesbank). Die Pre-In-Zentralbank sieht sich demgemäß einer Strafe von

$$T(p(\tau,\omega);\ \tau;\ \omega) = t(\tau,\omega)\cdot p(\tau,\omega) \tag{4.27}$$

gegenüber. Ist p gleich null, so ist die Höhe der Strafe gleich null. Bei jeder Abweichung von diesem Ziel erhöht sich dagegen die Strafe T linear um den Strafsatz t, der von den strukturellen Schocks und den Politikzielen abhängt. Die Pre-In-Zentralbank minimiert ihre Verluste zuzüglich der Strafe:

$$\min_{m(\tau,\omega)}\ L+T \ \text{ u.d.N. } m^* = m^*(\tau,\omega);\ q^e = E_\tau(q);\ q^{*e} = E_\tau(q^*)\,. \tag{4.28}$$

Die Ableitung der Strafe ergibt (siehe Herleitung in Anhang A 3 dieses Kapitels):

$$\frac{dT}{dm} = t(\tau,\omega)(1+\beta\delta\gamma)\,. \tag{4.29}$$

Dies verändert die Bedingung der ersten Ordnung aus Gleichung (4.26) um einen letzten Term:

$$\begin{aligned} &p(\tau,\ \omega)+\lambda\gamma x(\tau,\omega)+2\mu\gamma\delta z(\tau,\ \omega)+\delta\beta\gamma\left[p(\tau,\ \omega)-p^*(\tau,\ \omega)\right]= \\ &\quad \lambda\gamma\theta+\mu\gamma\delta\xi+\mu\gamma\delta z(\tau,\ \omega)-\beta\delta\gamma p^*(\tau,\ \omega)-(1+\beta\delta\gamma)\cdot t(\tau,\omega). \end{aligned} \tag{4.30}$$

---

89 In Neuseeland besagt der Reserve Bank of New Zealand Act 1989 im Artikel 49, daß der Zentralbankgouverneur gekündigt werden kann, wenn er die politischen Ziele nicht einhält: „(1) The Governor-General may, by Order in Council, on the advice of the Minister, remove the Governor from office. (2) The Minister may tender advice under subsection (1) of this section if the Minister is satisfied ... That the performance of the Governor in ensuring that the Bank achieves the policy targets fixed under section 9 or section 12 (7) (b) of this Act has been inadequate."

Aus den Gleichungen (4.22) und (4.26) folgt, daß die Zentralbank der Pre-Ins dann genügend Anreize hat, die kooperative Lösung anzustreben, wenn der Strafsatz t die folgende Höhe annimmt:

$$t(\tau,\ \omega) = \frac{[\lambda\gamma\theta + \mu\gamma\delta\xi + \mu\gamma\delta z(\tau,\ \omega) - \beta\delta\gamma p^*(\tau,\ \omega)]}{(1+\beta\delta\gamma)}. \tag{4.31}$$

In (4.31) sind die Größen z und p* im *ex ante* Optimum enthalten. Ziel der Berechnungen ist es jedoch, die optimale Strafe für jegliche Umweltbedingung zu ermitteln, d.h. daß sich die Höhe der Strafe optimal nach den jeweiligen Schocks richtet. Dies wird jedoch in Gleichung (4.31) nicht deutlich, denn z und p* sind von den Schocks bzw. den gewählten politischen Zielen abhängig. Löst man jedoch die Gleichung so auf, daß z und p* ersetzt werden, kann der Strafsatz so dargestellt werden, daß nur noch die strukturellen Schocks erklärende Variablen sind:

$$t(\tau,\ \omega) = \frac{1}{(1+\beta\delta\gamma)}\left[\lambda\gamma\theta + \mu\gamma\delta\xi - t^{\varepsilon^*}\varepsilon^* - t^{\varepsilon\varepsilon^*}(\varepsilon - \varepsilon^*) + t^{\phi}\phi\right] \tag{4.32}$$

Die Koeffizienten t^{ε^*}, $t^{\varepsilon\varepsilon^*}$ und t^{ϕ} sind dabei komplizierte Ausdrücke mit einem positiven Vorzeichen (Herleitung s. Anhang A 3).

Die Interpretation der Strafe in (4.32) ist intuitiv. Der erste Term schaltet den Anreiz aus, die Inflation überraschend zu erhöhen, um eine höhere Beschäftigung zu erreichen. Der zweite Term wendet sich gegen den Anreiz, die Geldmenge auszudehnen, um dadurch über eine Abwertung Wettbewerbsvorteile zu erreichen. Je stärker diese Anreize sind, um so höher muß die Strafe sein. Die letzten drei Terme korrigieren den Stabilisierungsbias, der bei einer diskretionären Geldpolitik dadurch entsteht, daß die Pre-In-Zentralbank auf Angebotsschocks in einer Weise reagiert, die für den Insider negative Spillover-Effekte produziert. Die Nachfrageschocks werden dagegen wie bei der Commitment-Lösung vollständig stabilisiert, was bereits in Gleichung (4.23) gezeigt wurde. Dies liegt daran, daß die Geldpolitik die Nachfrageseite einer Volkswirtschaft beeinflußt. Ein Angebotsschock kann deshalb über die Geldpolitik nur teilweise kompensiert werden.

Die Strafe ist für den Zentralbankpräsidenten des Pre-Ins geringer, wenn der Insider, also die Währungsunion, einen negativen Angebotsschock erfährt (ε* ist dann positiv); dieser negative Angebotsschock bewirkt eine höhere Inflationsrate bei den Insidern (p*>0), und die Geldpolitik des Pre-Ins ist ohne Strafe bei Diskretion wegen des Stabilisierungsbias tendenziell zu kontraktiv (siehe oben). Bei einem negativen Angebotsschock beim Insider würde der Pre-In dessen erhöhte Inflationsrate importieren und - da dies den geldpolitischen Zielen des Pre-Ins zuwider läuft - ohne Strafe mit einer kontraktiven Geldpolitik reagieren. Eine zu kontraktive Geldpolitik schadet deshalb zusätzlich dem Insider durch die sinkenden Exporte, da der Pre-In in Folge der kontraktiven Geldpolitik weniger importiert. Will man diesen Stabilisierungsbias beim Pre-In beseitigen, so muß die Strafe auf die Änderung des Preisniveaus für den Pre-In im Falle eines negativen Angebotsschocks beim Insider niedriger sein – ansonsten hält der Pre-In an seiner zu kontraktiven Geldpolitik fest, um die eigene Inflationsrate möglichst gering zu halten. Eine ähnliche Argumentation gilt, wenn eine spekulative Attacke gegen die Währung des Insiders ($\phi<0$) vorliegt. Auch in diesem Fall ist nämlich die Inflationsrate bei dem Insider größer als Null ($p^*>0$), und die Geldpolitik des Pre-In zu kontraktiv. Ist dagegen das eigene Land von einem höheren negativen Angebotsschock als die Insider betroffen ($\varepsilon>\varepsilon^*$) und kommt es deshalb zu einer höheren Inflationsrate bei den Pre-Ins, so kann dafür nicht der Pre-In-Zentralbankpräsident verantwortlich gemacht werden, so daß die optimale Strafe dann genau um den Einfluß des Schocks auf das Preisniveau geringer ist.

Angewendet auf das Anreizschema der Europäischen Zentralbank müßte deren Strafe analog aufgebaut sein. Für die EZB ergibt sich folgender Ausddruck (vgl. Anhang A 3 dieses Kapitels):

$$t^*(\tau,\ \omega)=\frac{1}{(1+\beta\delta\gamma)}\left[\lambda\gamma\theta^*+\mu\gamma\delta\xi^*-t^{\varepsilon}\varepsilon+t^{\varepsilon\varepsilon^*}(\varepsilon-\varepsilon^*)-t^{\phi}\phi\right]. \tag{4.33}$$

Die Ausdrücke $t^{\varepsilon}, t^{\varepsilon\varepsilon^*}$ und t^{ϕ} sind dabei identisch zu denen aus (4.32). Vergleicht man (4.32) und (4.33) miteinander, erkennt man, daß die Korrektur der drei Verzerrungen (Inflations-, Abwertungs- und Stabilisierungverzerrung) sowohl bei den Pre-Ins als auch bei den Insidern symmetrisch ist. Dies bedeutet, daß bei beiden Zentralbanken die gleiche Höhe der Strafe anfällt, je nach dem welche Höhe der Schock hat. Sind die Pre-Ins von einem Angebotsschock getroffen, so reduziert dies die Strafe der Insider-Zentralbank, damit ihre Geldpolitik nicht zu kontraktiv für die Pre-Ins ist. Ist der negative Angebotsschock bei den Insidern größer als bei den Pre-Ins, so kann für die höhere Inflationsrate nicht der Zentralbankchef der Pre-Ins verantwortlich gemacht werden, und die Strafe wird entsprechend verringert.

Betrachtet man die Anreize für eine Überraschungsinflation bzw. für eine kompetitive Abwertung, so ist es wahrscheinlich, daß diese beiden Anreize in den beiden Ländern unterschiedlich stark sind. Ist $E(\theta) > E(\theta^*)$, hat die Pre-In-Zentralbank ein größeres Glaubwürdigkeitsproblem. Oder ist $E(\xi) > E(\xi^*)$, so hat die Pre-In-Zentralbank einen stärkeren Anreiz als die EZB, sich in kompetitiven Abwertungen zu engagieren. In beiden Fällen sollte die Pre-In-Zentralbank eine härtere Strafe bei der Abweichung von ihren angekündigten Zielen erhalten.

Von der praktischen Seite her problematisch ist, daß man die Größe des Angebotsschocks kennen muß, um die optimale Strafe zu bestimmen. Dies ist wenig realistisch, so daß ein zustandsunabhängiger Vertrag leichter implementierbar ist. In diesem Fall fällt der Angebotsschock ε wegen seiner Ungewißheit einfach heraus. Die optimale Strafe ergibt sich dann als der Erwartungswert der Gleichung (4.32) und (4.33):

$$t = \frac{1}{1+\beta\gamma\delta}\left[\lambda\gamma E(\theta) + \mu\gamma\delta E(\xi)\right] \tag{4.34}$$

bzw.

$$t = \frac{1}{1+\beta\gamma\delta}\left[\lambda\gamma E(\theta^*) + \mu\gamma\delta E(\xi^*)\right]. \tag{4.35}$$

Dieser einfache Kontrakt eliminiert den systematischen Anreiz, die Beschäftigung auszudehnen und den Wechselkurs abzuwerten. Nachteilig ist jedoch, daß der Stabilisierungsbias überhaupt nicht berücksichtigt wird. Im folgenden wird gezeigt, daß dagegen alternative nominale Ziele einem unvollständigen Kontrakt hinsichtlich der Eliminierung des Stabilisierungsbias überlegen sind.

4.6 Alternative Arrangements

Prinzipiell ist es mit dem oben gezeigten optimalen Zentralbankkontrakt möglich, für jede Ausprägung der nominalen Variablen einen Vertrag zu finden, der das Ergebnis des Commitments herstellt. Der optimale Kontrakt substituiert gleichsam ein fehlendes *ex ante* Commitment durch ein Commitment zum Einhalten von Verträgen. Ein Problem, was hier noch nicht angesprochen wurde, ist , wer oder was die Regierung, in diesem Fall also die „Regierung“ der EU, dazu bringt, nicht selbst den Vertrag zu brechen. Mit anderen Worten stellt sich die Frage, ob die Regierung nicht ein eigenes Interesse daran hat, eine geringere Arbeitslosigkeit durch eine höhere Inflationsrate zu erkaufen. Von daher ist es fraglich, ob die Regierung bereit ist, die mit dem Kontrakt verknüpfte Strafzahlung wirklich von dem Zentralbankpräsidenten einzufordern. Die Regierung unterliegt demzufolge im Grunde genau dem gleichen Anreizproblem wie die Zentralbank. Die Frage der zeitlichen Inkonsistenz wird also mit Hilfe der Strafzahlung von der Ebene der Einhaltung angekündigter Politikmaßnahmen auf die Ebene der Einhaltung abgeschlossener Verträge verlagert (MCCALLUM, 1995). Dies ist nur dann von Vorteil, wenn Dritte (etwa die Gerichte oder die Öffentlichkeit) die Erfüllung von Verträgen leichter überprüfen können als die Ausführung konkreter Politikmaßnahmen.

Aus dieser Diskussion kann man ableiten, daß es sich lohnt, über alternative Politikmaßnahmen nachzudenken, die sowohl die verschiedenen vorgestellten Verzerrungen also auch das Problem der Implementierung einer Strafe umgehen. Deshalb wird in diesem Abschnitt untersucht, welche Ergebnisse bei alternativen Regimes entstehen: Statt einen komplexen optimalen Vertrag zu gestalten, beschränkt man sich jetzt auf recht allgemein formulierte Kontrakte, von denen drei gezeigt werden, der Wechselkursmechanismus II (WKM II), eine Geldmengenregel sowie ein Inflationsziel.

Wechselkursmechanismus II

Im folgenden wird versucht, auf eine einfache Art die Regelung des WKM II nachzustellen. Ein Element des WKM II ist, daß die Pre-Ins sich einseitig mit ihrem Wechselkurs an die Insider binden.[90] Die Währungsunion verfolgt ihrerseits das Ziel der Preisstabilität und hält deshalb das Geldmengenwachstum möglichst konstant. Im Grunde ist diese Art der Regel ähnlich wie die im alten EWS, wo die Mitgliedsstaaten sich implizit an die D-Mark gebunden haben und die Bundesbank ihrerseits das Geldmengenwachstum kontrollierte und an dem Ziel der Preisniveaustabilisierung ausrichtete.

Um dies im Modell umzusetzen, wird die Regel m*=s=0 festgelegt. Die EZB soll also dafür sorgen, daß sich die Geldmenge im Euroraum nicht verändert, um damit einem Inflationsexport zu dem Pre-In vorzubeugen (m*=0). Die Pre-In-Zentralbank sorgt dagegen dafür, daß es zu keiner Abwertung der Inlandswährung kommt (s=0). Zur Vereinfachung wird wieder angenommen, daß keine Abweichungen von dieser Regel erlaubt sind. Mit dieser Art des einfachen Kontrakts, bei dem zusätzlich die Annahme gilt, daß für Zentralbanken keine Zielabweichungen möglich sind, wird der Inflations- und der Abwertungsbias ausgeschlossen. Jedoch zeigt sich, daß mit dieser einfacheren Regel gegenüber dem vollständigen Zentralbankkontrakt zusätzliche Probleme auftauchen.

Formal baut man die Regel m*=s=0 in das Modell ein, indem man sie in den jeweiligen Verlustfunktionen bei diskretionärer Geldpolitik einsetzt. Durch einfaches Umformen kann man für die nominalen Größen folgende Ergebnisse festhalten:

$$x(\tau,\omega) = \gamma\upsilon^* - \varepsilon + \frac{\gamma\delta}{1+\gamma\delta}(\varepsilon - \varepsilon^*) - \frac{\gamma}{1+\delta\gamma}\phi, \tag{4.36}$$

$$x^*(\tau,\omega) = \gamma\upsilon^* - \varepsilon^*, \tag{4.37}$$

$$p(\tau,\omega) = \upsilon^* + \frac{\delta(1-\beta)}{1+\gamma\delta}(\varepsilon - \varepsilon^*) - \frac{1-\beta}{1+\delta\gamma}\phi, \tag{4.38}$$

$$p^*(\tau,\omega) = \upsilon^* + \frac{\delta\beta}{1+\gamma\delta}(\varepsilon - \varepsilon^*) - \frac{1-\beta}{1+\delta\gamma}\phi, \tag{4.39}$$

$$z(\tau,\omega) = -\frac{\delta}{1+\gamma\delta}(\varepsilon - \varepsilon^*) - \frac{1}{1+\delta\gamma}\phi. \tag{4.40}$$

---

90 Dies ist insofern einer Vereinfachung, als daß laut dem Abkommen bei Interventionen am Bandende beide Zentralbanken (EZB und Pre-In-Zentralbank) eingreifen – de facto besteht jedoch eine asymmetrische Interventionsverpflichtung, da die EZB nur dann interveniert, wenn die Preisstabilität der EWU nicht gefährdet ist (vgl. Abschnitt 3.2, S. 36). Aus diesem Grund ist es meines Erachtens für das Modell zulässig, nur den Fall einer einseitigen Interventionsverpflichtung zu betrachten.

Offensichtlich ist bei dieser Lösung der Nachfrageschock in der Währungsunion υ^* nicht stabilisiert, wie es bisher der Fall gewesen ist, denn der Term beeinflußt Output und Preis in beiden Ländern. Dies liegt daran, daß die EZB nicht mehr die Geldmenge zur Stabilisierung von Nachfrageschocks verwenden kann. Wir haben schon an mehreren Stellen erläutert, daß eine Variation der Geldmenge nachfrageseitige Schocks kompensiert. Eine Variation der Geldmenge der EZB ist jedoch bei der genannten Regel ausgeschlossen. Dadurch unterliegen der Output und die Preise einer zusätzlichen Quelle von Schwankungen. Darüber hinaus wird deutlich, daß es zu Spill-Over-Effekten kommt: Der Nachfrageschock destabilisiert nicht nur x^* und p^*, sondern auch x und p. Demgegenüber wird der Nachfrageschock bei den Pre-Ins immer noch vollständig stabilisiert. Weiterhin kann man erkennen, daß diese Art des Arrangements asymmetrisch ist. Angebotsschocks der Währungsunion ε^* übertragen sich auf den Output des Pre-In x, aber Angebotsschocks des Pre-Ins ε haben keine Wirkung auf x^*, da der Pre-In seinen nominalen Wechselkurs konstant hält und er somit verhindert, daß ein Angebotsschock in seinem Land negative Spillover-Effekte auf den Insider hat. Darüber hinaus trägt die Pre-In-Zentralbank die alleinige (reale) Last bei der Abwehr von spekulativen Attacken ϕ (siehe Gleichung (4.36)). Der Pre-In steht damit im Vergleich zur Währungsunion höheren Kosten durch größere Outputschwankungen gegenüber. Obwohl der nominale Wechselkurs fest steht, schwankt der reale Wechselkurs, wenn es zu asymmetrischen Angebotsschocks oder spekulativen Attacken auf die Pre-In-Währung kommt. So würde ein negativer Angebotsschock bei dem Pre-In zu einer erhöhten Inflationsrate führen, die eine reale Aufwertung der Pre-Ins-Währung zur Folge hat. Bei einer spekulativen Attacke auf die Pre-In-Währung wäre die dortige Zentralbank gezwungen, diesen alleine zu stabilisieren, indem sie die eigene Währung kauft und damit die heimische Geldmenge reduziert. Diese Reduktion hat aber auch eine Verminderung der Preise zur Folge, die insgesamt eine reale Abwertung induziert.

Geldmengenregel

Es verwundert nicht, daß der WKM II als asymmetrische Regel eine asymmetrische Lösung generiert. Deshalb stellt sich die Frage, welche alternativen symmetrischen Lösungen an dessen Stelle implementiert werden können. Auch wenn eine Geldmengenregel sowohl für die EZB als auch die Pre-In-Zentralbank in der Form $m = m^* = 0$ nicht explizit diskutiert wird, sollen die Ergebnisse hier kurz dargestellt werden, um zu verdeutlichen, daß eine symmetrische Regel eine symmetrische Lösung erzeugt. Eine solche Regel impliziert, daß die EZB und die Pre-In-Zentralbank ein Wachstum ihrer jeweiligen Geldmenge von null anstreben. Löst man das Modell nach dieser Regel auf, so ergibt sich für die verbleibenden endogenen Größen Beschäftigung, Preise und realer Wechselkurs:

$$x(\tau, \omega) = \gamma\upsilon - \varepsilon, \tag{4.41}$$

$$x^*(\tau, \omega) = \gamma\upsilon^* - \varepsilon^*, \tag{4.42}$$

$$p(\tau,\omega) = \upsilon + \beta\delta\gamma(\upsilon - \upsilon^*) - \beta\delta(\varepsilon - \varepsilon^*) + \beta\phi, \tag{4.43}$$

$$p^*(\tau,\omega) = \upsilon^* - \beta\delta\gamma(\upsilon - \upsilon^*) + \beta\delta(\varepsilon - \varepsilon^*) - \beta\phi, \tag{4.44}$$

$$z(\tau,\omega) = \delta\gamma(\upsilon - \upsilon^*) - \delta(\varepsilon - \varepsilon^*) + \phi. \tag{4.45}$$

Gleichungen (4.41) bis (4.45) zeigen das vermutete Ergebnis einer symmetrischen Lösung. Der Output reagiert jetzt in beiden Ländern nur auf jeweils eigene Nachfrage- und Angebotsschocks, wie dies im WKM II auch für den Insider der Fall gewesen ist (vgl. Gleichung (4.37)). Der reale Wechselkurs ist in diesem Regime jedoch volatiler. Zum einen werden spekulative Schocks nicht gedämpft, da der nominale Wechselkurs seitens des Pre-Ins nicht mehr als Ziel verwendet wird. Zum anderen beeinflussen asymmetrische Nachfrageschocks den realen Wechselkurs, weil im Gegensatz zum WKM II die Geldmenge von Seiten der Pre-Ins nicht mehr zum Ausgleich von Nachfrageschocks verwendet werden kann (deshalb zeigt sich $\upsilon - \upsilon^*$ in der Gleichung (4.45). Im Gegensatz zum WKM II werden asymmetrische Angebotsschocks in ihrer Wirkung auf den realen Wechselkurs weniger stark nach Maßgabe der inversen Angebotselastizität abgefedert, da der Output hier lediglich auf eigene Angebotsschocks reagiert und so die Asymmetrien weniger ausgeglichen werden. Die aymmetrischen Nachfrageschocks beeinflussen nicht nur den realen Wechselkurs sondern auch die Preise. Insgesamt schwanken dadurch die Preise bei Implementierung einer Geldmengenregel stärker. Man kann intuitiv sagen, daß beim WKM II der Pre-In den Wechselkurs zu Lasten der Beschäftigung stabilisiert. Bei der Geldmengenregel schwankt die Beschäftigung dagegen weniger stark. Doch weil hier die Preise aufgrund des Wegfalls der Geldpolitik als Ausgleichsmechanismus volatiler sind, unterliegt auch der reale Wechselkurs größeren Schwankungen.

Inflationsziel

Das dritte alternative Arrangement besteht in einer Festlegung von symmetrischen Inflationszielen für die Pre-Ins und die EZB. Dieses Inflationsziel ist ebenso wie die Geldmengenregel symmetrisch, weil beide Zentralbanken die gleiche Regel $p=p^*=0$ befolgen. Die Lösung des Modells sieht dann für den Output und den realen Wechselkurs wie folgt aus:

$$x(\tau,\omega) = -\varepsilon + \frac{\gamma\beta\delta}{1+2\gamma\beta\delta}(\varepsilon - \varepsilon^*) - \frac{\gamma\beta}{1+2\gamma\beta\delta}\phi, \tag{4.46}$$

$$x^*(\tau,\omega) = -\varepsilon^* + \frac{\gamma\beta\delta}{1+2\gamma\beta\delta}(\varepsilon - \varepsilon^*) - \frac{\gamma\beta}{1+2\gamma\beta\delta}\phi, \tag{4.47}$$

$$z(\tau,\omega) = \frac{\delta}{1+2\gamma\beta\delta}(\varepsilon - \varepsilon^*) - \frac{1}{1+2\gamma\beta\delta}\phi. \tag{4.48}$$

Wie bei der Geldmengenregel ist auch die Lösung für das Inflationsziel symmetrisch, was ein Vorteil gegenüber dem WKM II ist. Sowohl im Gegensatz zum

WKM II als auch im Gegensatz zur Geldmengenregel findet beim Inflationsziel *ex definitione* keine Schwankung der Preise mehr statt. Die einzigen Größen, die damit bei einem Inflationsziel noch variieren können, sind die Beschäftigung und der reale Wechselkurs. Da die Geldpolitik in beiden Ländern zur Stabilisierung der Nachfrageschocks einsetzbar ist, werden diese deshalb in beiden Ländern voll stabilisiert. Dies ist ein weiterer Vorteil gegenüber der Geldmengenregel. Ferner wird ein asymmetrischer Angebotsschock sowie eine spekulative Attacke von beiden Ländern stabilisiert, indem hier erlaubt wird, daß der Output diese Schocks zum Teil absorbiert. Der reale Wechselkurs ist dadurch im Vergleich zur Geldmengenregel stabiler.

Ohne hier eine detaillierte Betrachtung der Wohlfahrtseffekte vorzunehmen, kann man bei einem Vergleich der drei Lösungen für das Inflationsziel, die Geldmengenregel sowie für das WKM II festhalten, daß ein Pre-In-Land immer vom Inflationsziel profitiert, denn die Nachfrageschocks im Euroraum können hier durch die Geldpolitik der EZB völlig stabilisiert werden. Ein Vergleich zwischen Inflationsziel und WKM II zeigt, daß beim Inflationsziel die Last der Stabilisierung des realen Wechselkurses auf beide Länder aufgeteilt wird, damit seine Schwankungen nicht auf die Preise durchschlagen. Wenn man extreme Parameterkonstellationen ausschließt, ist auch von einem Wohlfahrtsgewinn der Währungsunion bei einem Inflationsziel im Vergleich zum WKM II bzw. zur Geldmengenregel auszugehen, weil auch die EWU durch die Stabilisierung von Nachfrageschocks gewinnt. Diese Gewinne nehmen dann zu, wenn man von starken Nachfrageschocks innerhalb der Währungsunion (υ^*) und spekulativen Schocks ϕ auf die Währungen der neuen EU-Mitgliedsländer ausgeht. Wir haben in unserer Analyse der Verwundbarkeit der osteuropäischen Länder für spekulative Schocks gesehen, daß wir von dieser Art Schocks insbesondere zu Beginn ihres Beitritts in ein WKM II ausgehen können. Auf die Problematik der Schocks und Schätzungen ihrer Größe und Verarbeitung wird noch einmal in Kapitel 6 zurückgekommen.

4.7 Schlußfolgerungen

Die Ausführungen dieses Abschnittes machen deutlich, daß mit der Einführung des WKM II nicht das Problem der optimalen Koordination der Geld- und Währungspolitik gelöst ist. Zunächst wurde im Rahmen der Modellanalyse festgestellt, daß die Lösung bei einem gegenseitigen Commitment beider Zentralbanken zwar optimal, aber zeitlich inkonsistent ist. Im nächsten Schritt bildeten wir einen optimalen Zentralbankkontrakt ab, der trotz unkooperativen Verhaltens ein Optimum erreicht. Die Einführung einer Strafe für einen Zentralbankpräsidenten gestaltet sich jedoch schwierig, weil die Regierung unter Umständen wenig Interesse daran hat, diese Strafe auch tatsächlich einzufordern. Daraufhin haben wir uns alternative nominale Ziele (WKM II, Geldmengenregel und Inflationsziel) angesehen, die sowohl das Problem der glaubhaften Implementierung einer Strafe als auch die Anreizprobleme beseitigen. Das Modell war hier in der Lage zu zeigen, daß ein Inflationsziel gegenüber einem WKM II erhebliche Vorteile bringt. Sind die Pre-

Ins wie beim WKM II gezwungen, einseitig ihre Währung an den Euro zu binden, dann würden sie ihre eigene Wirtschaft insofern destabilisieren, als sie überproportional an der Last der Stabilisierung von Schocks (υ, ε, ϕ) zu tragen hätten. Das Inflationsziel (und auch die Geldmengenregel) verteilen dagegen die Last der Reaktion auf Schocks auf alle Länder gleichmäßig, wobei der Unterschied zwischen dem Inflationsziel und der Geldmengenregel in Stabilisierung von Nachfrageschocks liegt: Die Nachfrageschocks werden nämlich bei der Geldmengenregel nicht mehr stabilisiert. Während also die Symmetrie der Ergebnisse das Inflationsziel im Gegensatz zum WKM II politisch für die Pre-Ins eher attraktiver macht, dominiert das Inflationsziel die Geldmengenregel wegen der unterschiedlichen Stabilisierung der Nachfrageschocks. Deshalb ist für beide Parteien - die EZB als auch die Pre-In-Zentralbank - das Inflationsziel (im Gegensatz zu Geldmengenregel und WKM II) von Vorteil.

Es stellt sich die Frage, wie die Aufhebung kritischer Annahmen auf das Modell wirkt. Es sei darauf hingewiesen, daß das Inflationsziel in der Beurteilung gut ausfällt, weil letztlich das Modell von Zinsen abstrahiert. Bei Auftreten eines massiven Nachfrageschocks, der die Inflationserwartungen nach oben treibt, muß die Notenbank ihre realen Geldmarksätze deutlich erhöhen, um so restriktive realwirtschaftliche Impulse auszulösen.[91] Dies kann langfristig durchaus über ausbleibende Investitionen auch Auswirkungen auf das Wachstum haben. Der Ausbau des Modells um nominale sowie reale Zinsen z.B. über die Zinsparität, die Fischer-Gleichung und/oder Geldmarktgleichung erscheint deshalb für weitere Forschungen fruchtbringend. Ob es allerdings zu abweichenden Ergebnissen kommt, wenn man die Symmetrieannahmen der gleichen strukturellen Parameter in beiden Ländern sowie der gleichen Zielgewichte in der Verlustfunktion aufhebt, kann ohne neue Analysen nicht gesagt werden.

Die Frage, die sich für ein Fazit stellt, ist, ob denn ein Inflationsziel für alle Länder der angesprochenen Gruppe realistisch ist. Tschechien und mit Einschränkungen auch Polen[92] haben z.B. seit 1997 bzw. 1998 ein Inflationsziel. Vor diesem Hintergrund diskutiert MASSON (1999), ob ein Inflationsziel für noch weitere Länder aus praktischer Sicht eine Alternative zum WKM II sein kann. Sein Urteil ist, daß die meisten mittel- und osteuropäischen Ländern nicht die Voraussetzungen erfüllen, um ein Inflationsziel zu implementieren. Diese Voraussetzungen sind neben der Zentralbankunabhängigkeit, die zumindest in vielen Länder gegeben ist (vgl. S. 16), unter anderem entwickelte Finanzmärkte und ein stabiler Transmissionsmechanismus für die Geldpolitik. Gerade letzteres ist jedoch in vielen Transformationsländern noch nicht gegeben, weil der Transformationsprozeß noch andauert.

---

91 Die Steuerbarkeit der realen Geldmarktsätze ergibt sich aus der Kontrolle der Zentralbank über die kurzfristigen Geldmarktsätze bei kurzfristig rigiden Preisen.

92 Polen hat neben dem Inflationsziel auch noch einen Wechselkursanker (vgl. Tabelle 3.3).

Als Fazit kann festgehalten werden, daß die Frage eines angemessenen Wechselkursregimes für die mittel- und osteuropäischen Länder noch länger in der Diskussion sein wird. Dieses Resümee mag zwar unbefriedigend sein, deckt sich aber mit der Aussage von Jeffrey FRANKEL (1999): „No single currency regime is right for all countries at all times."

4.8 Anhang zu Kapitel 4

A 1. Die Commitment-Lösung

Die Verlustfunktion der Pre-In-Zentralbank lautet

$$L = \tfrac{1}{2}\left[p^2 + \lambda(x-\theta)^2 + \mu(z-\xi)^2\right]. \tag{4.49}$$

Die Abhängigkeiten in der Verlustfunktion sind:

$$L = \tfrac{1}{2}\left[p(q(m); z(x(q(m)))^2 + \lambda(x(q(m)) - \theta)^2 + \mu(z(x(q(m))) - \xi)^2\right]. \tag{4.50}$$

Die erste Ableitung ist:

$$\begin{aligned}\frac{dL}{dm} &= \underbrace{\frac{\partial L}{\partial p}}_{p}\cdot\left[\underbrace{\frac{\partial p}{\partial q}}_{1}\cdot\underbrace{\frac{\partial q}{\partial m}}_{1}+\underbrace{\frac{\partial p}{\partial z}}_{\beta}\cdot\underbrace{\frac{\partial z}{\partial x}}_{\delta}\cdot\underbrace{\frac{\partial x}{\partial q}}_{\gamma}\cdot\underbrace{\frac{\partial q}{\partial m}}_{1}\right]+\frac{\partial L}{\partial x}\cdot\underbrace{\frac{\partial x}{\partial q}}_{\gamma}\cdot\underbrace{\frac{\partial q}{\partial m}}_{1}+\frac{\partial L}{\partial z}\cdot\frac{\partial z}{\partial x}\cdot\frac{\partial x}{\partial q}\cdot\underbrace{\frac{\partial q}{\partial m}}_{1}\\ &= p + p\beta\delta\gamma + \lambda(x-\theta)\gamma + \mu(z-\xi)\delta\gamma\\ &= p + p\beta\delta\gamma + (\lambda x - \lambda\theta)\gamma + (\mu z - \mu\xi)\delta\gamma.\end{aligned} \tag{4.51}$$

Unter Berücksichtigung der Erwartungswerte $E(\theta)=0$ und $E(\xi)=0$ ergibt sich:

$$\frac{dL}{dm} = p(\tau,\omega) + \lambda\gamma x(\tau,\omega) + p\beta\delta\gamma + \mu z\delta\gamma. \tag{4.52}$$

Die Verlustfunktion der Insider-Zentralbank lautet

$$L^* = \tfrac{1}{2}\left[p^{*2} + \lambda(x^* - \theta^*)^2 + \mu(-z-\xi^*)^2\right]. \tag{4.53}$$

Die erste Ableitung dieser Verlustfunktion ist:

$$\begin{aligned}\frac{dL^*}{dm} &= \frac{\partial L^*}{\partial p^*}\cdot\left[\frac{\partial p^*}{\partial q^*}\cdot\underbrace{\frac{\partial q^*}{\partial m}}_{0}+\frac{\partial p^*}{\partial z}\cdot\frac{\partial z}{\partial x}\cdot\frac{\partial x}{\partial q}\cdot\frac{\partial q}{\partial m}\right]+\frac{\partial L^*}{\partial x^*}\cdot\underbrace{\frac{\partial x^*}{\partial q}}_{0}\cdot\frac{\partial q}{\partial m}+\frac{\partial L^*}{\partial z}\frac{\partial z}{\partial x}\frac{\partial x}{\partial q}\frac{\partial q}{\partial m}\\ &= -p^*\beta\delta\gamma - \mu(-z-\xi^*)\delta\gamma.\end{aligned} \tag{4.54}$$

Unter Berücksichtigung des Erwartungswertes $E(\xi^*)=0$ entsteht:

$$\frac{dL^*}{dm} = -p^*(\tau,\omega)\beta\delta\gamma + \mu z(\tau,\omega)\delta\gamma. \tag{4.55}$$

Die Zusammenfassung von (4.52) und (4.55) ergibt:

$$\frac{\partial(L+L^*)}{\partial m} = p + \lambda\gamma x + 2\mu\gamma\delta z + \delta\beta\gamma\left[p - p^*\right] = 0. \tag{4.56}$$

A 2. Herleitung der optimalen Geldpolitik bei der Commitment-Lösung

Um die optimale Geldpolitik $m(\tau,\omega) = c^{\varepsilon}\varepsilon - \upsilon + c^{\varepsilon\varepsilon^*}(\varepsilon - \varepsilon^*) - c^{\phi}\phi$ herzuleiten, muß zuerst die gemeinsame Verlustfunktion nach m* hergeleitet werden.

$$
\begin{aligned}
\frac{\partial(L+L^*)}{\partial m^*} &= \frac{\partial \frac{1}{2}\left[p^2 + \lambda(x-\theta)^2 + \mu(z-\xi)^2 + p^{*2}\lambda(x^*-\theta^*)^2 + \mu(-z-\xi^*)^2\right]}{\partial m^*} \\
&= \frac{\partial \frac{1}{2}p^2}{\partial p}\cdot\frac{\partial p}{\partial z}\cdot\frac{\partial z}{\partial x^*}\cdot\frac{\partial x^*}{\partial q^*}\cdot\frac{\partial q^*}{\partial m^*} + \frac{\partial \frac{1}{2}\mu(z-\xi)^2}{\partial z}\cdot\underbrace{\frac{\partial z}{\partial x^*}}_{-\delta}\cdot\underbrace{\frac{\partial x^*}{\partial q^*}}_{\gamma}\cdot\underbrace{\frac{\partial q^*}{\partial m^*}}_{1} \\
&\quad \frac{\partial \frac{1}{2}p^{*2}}{\partial p}\left[\frac{\partial p^*}{\partial q^*}\cdot\frac{\partial q^*}{\partial m^*} + \frac{\partial(-\beta z)}{\partial z}\frac{\partial z}{\partial x^*}\frac{\partial x^*}{\partial q^*}\frac{\partial q^*}{\partial m^*}\right] \\
&\quad + \frac{\partial \frac{1}{2}\lambda(x^*-\theta^*)^2}{\partial x^*}\cdot\frac{\partial x^*}{\partial q^*}\cdot\frac{\partial q^*}{\partial m^*} \\
&\quad + \frac{\partial \frac{1}{2}\mu(-z-\xi^*)^2}{\partial z}\cdot\frac{\partial z}{\partial x^*}\cdot\frac{\partial z}{\partial x^*}\cdot\frac{\partial x^*}{\partial q^*}\cdot\frac{\partial q^*}{\partial m^*} \qquad (4.57) \\
&= p\beta(-\delta)\gamma + \mu(z-\xi)(-\delta)\gamma + p^*\left(1\cdot 1 + (-\beta)(-\delta)\gamma\right) \\
&\quad + \lambda(x^*-\theta^*)\gamma + (-\mu)(-z-\xi^*)(-\delta)\gamma \\
&= -p\beta\delta\gamma - \mu(z-\xi)\delta\gamma + p^*(1+\beta\delta\gamma) + \lambda\gamma(x^*-\theta^*) \\
&\quad - \mu(-z-\xi^*)(-\delta)\gamma.
\end{aligned}
$$

Mit E(ξ)=0, E(ξ*)=0 und E(θ)=0 ergibt sich:

$$
\frac{\partial(L+L^*)}{\partial m^*} = p^* + \lambda\gamma x^* - 2\mu\gamma\delta z - \delta\beta\gamma(p-p^*) = 0. \qquad (4.58)
$$

Unter Zuhilfenahme der Gleichungen (4.13) bis (4.18) im Text ergibt sich:

$$
\begin{aligned}
\frac{\partial(L+L^*)}{\partial m^*} &= m^* + \nu^* - \beta(\delta(x-x^*)+\phi) + \lambda\gamma x^* - 2\mu\gamma\delta(\delta(x-x^*)+\phi) \\
&\quad - \delta\beta\gamma(q-q^e) - \varepsilon + 2\beta(\delta(x-x^*)+\phi) = 0. \qquad (4.59)
\end{aligned}
$$

Bei rationalen Erwartungen muß $E(q-q^e) = 0$ sein. Man erhält durch weiteres Umformen dann:

$$
\begin{aligned}
\frac{\partial(L+L^*)}{\partial m^*} &= m^* + \nu^* + \left[-\beta\delta - 2\mu\gamma\delta^2 - 2\delta^2\beta^2\gamma\right]\cdot(\varepsilon-\varepsilon^*) \\
&\quad + \left[-\beta - 2\mu\gamma\delta - 2\delta\beta^2\gamma\right]\cdot\phi + \lambda\gamma\varepsilon^* \qquad (4.60) \\
&\quad - \delta\beta\gamma(m+\nu) + \delta\beta\gamma(m^*+\nu^*) = 0.
\end{aligned}
$$

In Anhang A 1 ist schon gezeigt worden, daß gilt:

$$\frac{\partial(L+L^*)}{\partial m} = p + \lambda\gamma x + 2\mu\gamma\delta z + \delta\beta\gamma[p - p^*] = 0. \tag{4.56}$$

Unter Zuhilfenahme der Gleichungen (1)-(6) im Text ergibt sich:

$$\begin{aligned}\frac{\partial(L+L^*)}{\partial m} &= m + \nu - \beta(\delta(x-x^*)+\phi) + \lambda\gamma x - 2\mu\gamma\delta(\delta(x-x^*)+\phi) \\ &\quad -\delta\beta\gamma(q^* - q^{*e}) - \varepsilon^* + 2\beta(\delta(x-x^*)+\phi) = 0.\end{aligned} \tag{4.61}$$

Auch hier muß bei rationalen Erwartungen gelten, daß $E(q\text{-}q^e) = 0$. Man erhält durch weiteres Umformen dann:

$$\begin{aligned}\frac{\partial(L+L^*)}{\partial m} &= m + \nu + \left[\beta\delta + 2\mu\gamma\delta^2 + 2\delta^2\beta^2\gamma\right]\cdot(\varepsilon-\varepsilon^*) + \left[\beta + 2\mu\gamma\delta + 2\delta\beta^2\gamma\right]\cdot\phi \\ &\quad +\lambda\gamma\varepsilon + \delta\beta\gamma(m+\nu) - \delta\beta\gamma(m^*+\nu^*) = 0.\end{aligned} \tag{4.62}$$

Ersetze $\left[\beta\delta + 2\mu\gamma\delta^2 + 2\delta^2\beta^2\gamma\right]$ mit a_1 und $\left[\beta + 2\mu\gamma\delta + 2\delta\beta^2\gamma\right]$ mit a_2 in Gleichung (4.62):

$$\begin{aligned}\frac{\partial(L+L^*)}{\partial m} &= m + \nu + a_1(\varepsilon-\varepsilon^*) + a_2\cdot\phi + \lambda\gamma\varepsilon + \delta\beta\gamma(m+\nu) \\ &\quad -\delta\beta\gamma(m^*+\nu^*) = 0\end{aligned}. \tag{4.63}$$

Ersetze $-\left[\beta\delta + 2\mu\gamma\delta^2 + 2\delta^2\beta^2\gamma\right]$ mit $-a_1$ und $-\left[\beta + 2\mu\gamma\delta + 2\delta\beta^2\gamma\right]$ mit $-a_2$ in Gleichung (4.60):

$$\begin{aligned}\frac{\partial(L+L^*)}{\partial m^*} &= m^* + \nu^* - a_1(\varepsilon-\varepsilon^*) - a_2\phi + \lambda\gamma\varepsilon^* - \delta\beta\gamma(m+\nu) \\ &\quad +\delta\beta\gamma(m^*+\nu^*) = 0\end{aligned}. \tag{4.64}$$

Die Gleichungen (4.63) und (4.64) werden in Matrixschreibweise dargestellt:

$$\begin{pmatrix} 1+\delta\beta\gamma & -\delta\beta\gamma \\ -\delta\beta\gamma & 1+\delta\beta\gamma \end{pmatrix}\begin{pmatrix} m+\upsilon \\ m^*+\upsilon^* \end{pmatrix} = \begin{pmatrix} \lambda\gamma\varepsilon + a_1(\varepsilon-\varepsilon^*) - a_2\phi \\ \lambda\gamma\varepsilon^* - a_1(\varepsilon-\varepsilon^*) + a_2\phi \end{pmatrix}$$

$$\begin{pmatrix} m+\upsilon \\ m^*+\upsilon^* \end{pmatrix} = \frac{1}{1+2\delta\beta\gamma}\cdot\begin{pmatrix} 1+\delta\beta\gamma & \delta\beta\gamma \\ \delta\beta\gamma & 1+\delta\beta\gamma \end{pmatrix}\cdot\begin{pmatrix} \lambda\gamma\varepsilon + a_1(\varepsilon-\varepsilon^*) - a_2\phi \\ \lambda\gamma\varepsilon^* - a_1(\varepsilon-\varepsilon^*) + a_2\phi \end{pmatrix} \tag{4.65}$$

$$\begin{pmatrix} m+\upsilon \\ m^*+\upsilon^* \end{pmatrix} = \begin{pmatrix} \dfrac{\lambda\gamma}{1+2\delta\beta\gamma}\cdot\varepsilon + \dfrac{a_1+\delta\beta\gamma^2\lambda}{1+2\delta\beta\gamma}\cdot(\varepsilon-\varepsilon^*) + \dfrac{a_2}{1+2\delta\beta\gamma}\cdot\phi \\ \dfrac{\lambda\gamma}{1+2\delta\beta\gamma}\cdot\varepsilon^* - \dfrac{a_1-\delta\beta\gamma^2\lambda}{1+2\delta\beta\gamma}\cdot(\varepsilon-\varepsilon^*) + \dfrac{a_2}{1+2\delta\beta\gamma}\cdot\phi \end{pmatrix}$$

$$\text{mit:}\quad a_1 = \beta\delta + 2\mu\gamma\delta^2 + 2\delta^2\beta^2\gamma$$

$$a_2 = \beta + 2\mu\gamma\delta + 2\delta\beta^2\gamma$$

Es ergibt sich als Gleichung (4.23) im Text:

$$m(\tau,\omega) = c^{\varepsilon}\varepsilon - \upsilon + c^{\varepsilon\varepsilon^*}(\varepsilon - \varepsilon^*) - c^{\phi}\phi . \tag{4.66}$$

$$\text{mit:} \quad c^{\varepsilon} = \frac{\lambda\gamma}{1+2\delta\beta\gamma},$$

$$c^{\varepsilon\varepsilon^*} = \frac{a_1}{1+2\delta\beta\gamma},$$

$$c^{\phi} = \frac{a_2}{1+2\delta\beta\gamma}.$$

Die optimale Geldpolitik der Insider bei einem Commitment lautet analog:

$$m(\tau,\omega) = c^{\varepsilon}\varepsilon - \upsilon^* - c^{\varepsilon\varepsilon^*}(\varepsilon - \varepsilon^*) + c^{\phi}\phi .$$

A 3. Die Ableitung der marginalen Strafe sowie des vollständigen Kontraktes

Die Strafe der Pre-Ins lautet:

$$T = t(\tau,\omega)p(\tau,\omega). \tag{4.67}$$

Die marginale Strafe ergibt:

$$\begin{aligned} \frac{dT}{dm} &= \frac{d(t(\tau,\omega)\cdot p(\tau,\omega))}{dm} \\ &= t(\tau,\omega)\cdot\left[\underbrace{\frac{\partial p}{\partial q}}_{1}\underbrace{\frac{\partial q}{\partial m}}_{1} + \frac{\partial p}{\partial z}\cdot\frac{\partial z}{\partial x}\cdot\frac{\partial x}{\partial q}\cdot\underbrace{\frac{\partial q}{\partial m}}_{1}\right] \\ &= t(\tau,\omega)\left(1+\beta\delta\gamma\right). \end{aligned} \tag{4.68}$$

Die Verlustfunktion (4.25) wird um die Strafe (4.68) erweitert:

$$\frac{d(L+T)}{dm} = p + p\beta\sigma\gamma + \lambda x\gamma - \lambda\theta\gamma + \mu z\sigma\gamma - \mu\xi\sigma\gamma + t(\tau,\omega)\left(1+\beta\delta\gamma\right) = 0 \tag{4.69}$$

Stellt man diesen Ausdruck so um wie für Gleichung (4.26) ergibt sich

$$\begin{aligned} &p(\tau,\ \omega) + \lambda\gamma x(\tau,\omega) + 2\mu\gamma\delta z(\tau,\ \omega) + \delta\beta\gamma\left[p(\tau,\ \omega) - p^*(\tau,\ \omega)\right] = \\ &\lambda\gamma\theta + \mu\gamma\delta\xi + \mu\gamma\delta z(\tau,\ \omega) - \beta\delta\gamma p^*(\tau,\ \omega) - \left(1+\beta\delta\gamma\right)t(\tau,\omega). \end{aligned} \tag{4.70}$$

Damit die rechte Seite dieser Gleichung gleich null wird, muß t die folgende Höhe haben:

$$t(\tau,\ \omega) = \frac{\left[\lambda\gamma\theta + \mu\gamma\delta\xi + \mu\gamma\delta z(\tau,\ \omega) - \beta\delta\gamma p^*(\tau,\ \omega)\right]}{(1+\beta\delta\gamma)}.$$

Für die Insider lautet die Strafe

$$T^* = t^*(\tau,\omega)p^*(\tau,\omega). \tag{4.71}$$

$$\frac{dT^*}{dm^*} = \frac{d(t^*(\tau,\omega)\cdot p^*(\tau,\omega))}{dm^*}$$

$$= t^*(\tau,\omega)\cdot\left[\underbrace{\frac{\partial p^*}{\partial q^*}}_{1}\underbrace{\frac{\partial q^*}{\partial m^*}}_{1}+\underbrace{\frac{\partial p^*}{\partial z}}_{-\beta}\cdot\underbrace{\frac{\partial z}{\partial x^*}}_{-\delta}\cdot\underbrace{\frac{\partial x^*}{\partial q^*}}_{\gamma}\cdot\underbrace{\frac{\partial q^*}{\partial m^*}}_{1}\right] \tag{4.72}$$

$$= t^*+(\tau,\omega)\left(1+\beta\delta\gamma\right).$$

Die Verlustfunktion (4.25) wird um die Strafe (4.68) erweitert:

$$\frac{d\left(L+T\right)}{dm} = p^*-p^*\beta\sigma\gamma+\lambda\gamma x^*-\lambda\theta\gamma-\mu z\sigma\gamma-\mu\xi\sigma\gamma+t(\tau,\omega)\left(1+\beta\delta\gamma\right)=0. \tag{4.73}$$

Stellt man diesen Ausdruck so um wie für Gleichung (4.26) ergibt sich

$$\begin{aligned}&p(\tau,\ \omega)+\lambda\gamma x(\tau,\omega)+2\mu\gamma\delta z(\tau,\ \omega)+\delta\beta\gamma\left[p(\tau,\ \omega)-p^*(\tau,\ \omega)\right]=\\&\lambda\gamma\theta+\mu\gamma\delta\xi+\mu\gamma\delta z(\tau,\ \omega)-\beta\delta\gamma p^*(\tau,\ \omega)-\left(1+\beta\delta\gamma\right)t(\tau,\omega).\end{aligned} \tag{4.74}$$

Damit die rechte Seite dieser Gleichung gleich null wird, muß t die folgende Höhe haben:

$$t(\tau,\ \omega)=\frac{\left[\lambda\gamma\theta+\mu\gamma\delta\xi+\mu\gamma\delta z(\tau,\ \omega)-\beta\delta\gamma p^*(\tau,\ \omega)\right]}{(1+\beta\delta\gamma)}. \tag{4.75}$$

Um die marginale Strafe mit Hilfe der strukturellen Schocks auszudrücken, zieht man von der ersten Ableitung der Verlustfunktion der Pre-Ins bei Commitment (4.52) die erste Ableitung der Verlustfunktion bei diskretionärer Geldpolitik plus Strafe ab. Es ergibt sich:

$$\begin{aligned}t\left(1+\beta\delta\gamma\right)&=\left(\beta\delta+\mu\delta^2\gamma\right)x^*+\left(\beta^2\delta^2\gamma+\mu\delta^2\gamma\right)\left(x-x^*\right)\\&\quad+\left(\beta^2\delta\gamma+\mu\delta\gamma\right)\phi+\lambda\gamma\theta+\mu\delta\gamma\\&=-\left(\beta\delta+\mu\delta^2\gamma\right)\varepsilon^*-\left(\beta^2\delta^2\gamma+\mu\delta^2\gamma\right)\left(\varepsilon-\varepsilon^*\right)\\&\quad+\left(\beta^2\delta\gamma+\mu\delta\gamma\right)\phi+\lambda\gamma\theta+\mu\delta\gamma.\end{aligned} \tag{4.76}$$

Eine entsprechende Vorgehensweise ergibt für die Insider:

$$\begin{aligned}t\left(1+\beta\delta\gamma\right)&=-\left(\beta\delta+\mu\delta^2\gamma\right)\varepsilon+\left(\beta^2\delta^2\gamma+\mu\delta^2\gamma\right)\left(\varepsilon-\varepsilon^*\right)\\&\quad-\left(\beta^2\delta\gamma+\mu\delta\gamma\right)\phi+\lambda\gamma\theta^*+\mu\delta\gamma\xi^*\end{aligned}. \tag{4.77}$$

Da die weiteren Herleitungen der Gleichungen im Text analoge Rechenschritt implizieren, wird von einer ausführlichen Ableitung an dieser Stelle abgesehen.

5 *Die Theorie optimaler Währungsräume*

5.1 Einführung

Die vorangegangenen Kapitel haben gezeigt, daß die Diskussion um den Beitritt in die Europäische Währungsunion im Kern auf die Abwägung zwischen einem System fixer und einem System flexibler Wechselkurse hinausläuft. Anders ausgedrückt stellt sich die Frage, wann und unter welchen Umständen sich die Einführung einer Gemeinschaftswährung gegenüber der Beibehaltung von Einzelwährungen lohnt. Zur Beantwortung dieser Frage dient die Theorie optimaler Währungsräume. Sie untersucht in einer ökonomischen Kosten-Nutzen-Analyse, unter welchen Umständen es sich gesamtwirtschaftlich lohnt, eine Währungsunion zu bilden. In einem optimalen Währungsraum ist folglich der Nutzen größer als die Kosten einer Gemeinschaftswährung. Kosten entstehen einem Land durch die Aufgabe der autonomen nationalen Geldpolitik und dem Wegfall des Wechselkursmechanismus, die beide andernfalls zur Abdämpfung von Schocks verwendet werden können. Weil die Kosten auf der makroökonomischen Ebene anfallen, sind sie oft schwieriger zu quantifizieren. Nutzen entsteht auf der mikroökonomischen Ebene in erster Linie durch den Wegfall der mit der Existenz des Wechselkurses verbundenen Transaktionskosten sowie durch Effizienzsteigerungen bei Unternehmen.

Um die Diskussion der Kosten und Nutzen zu verdeutlichen, soll kurz auf die Entwicklung der Theorie optimaler Währungsräume eingegangen werden (vgl. z.B. TAVLAS, 1993; WILLMS, 1998). Erstmalig wurde die „Theorie des optimalen Währungsraumes" von Robert A. MUNDELL (1961) erwähnt. In jüngerer Zeit hat sich die Unterscheidung in die traditionelle Theorie der sechziger und siebziger Jahre und die neuere Theorie der achtziger und vor allem der neunziger Jahre eingebürgert. Die traditionelle Theorie untersucht in erster Linie die makroökonomischen Kosten der Aufgabe des Wechselkursmechanismus in einer keynesianisch geprägten Welt mit Preis- und Lohnrigiditäten sowie eingeschränkter Arbeitskräftemobilität. Ausgangspunkt für die Entwicklung dieser Theorie bildete die damalige Diskussion über feste versus flexible Wechselkurse, deren Kern die Frage war, welches Währungssystem für eine bestimmte Nation das beste ist. MUNDELL (1961) kehrte diese Fragestellung insofern um, als daß er fragte: Welches Währungsgebiet ist für fixe Wechselkurse das geeignete? Hat man diese Frage geklärt, dann gilt nach MUNDELL im Umkehrschluß, für welche anderen Gebiete flexible Wechselkurse am geeignetsten sind. Ein Gebiet, für das eine Fixierung des Wechselkurses die optimale Strategie zur Anpassung an Stabilisierungskrisen ist, ist folglich nach diesem Verständnis ein optimaler Währungsraum. Der optimale Währungsraum muß dabei nicht mit einem Staatsgebiet übereinstimmen (MUNDELL, 1961, S. 657). Während MUNDELL in seinem Aufsatz an Stelle einer einheitlichen Währung fixierte Wechselkurse voraussetzt, bildete sich später das Verständnis heraus, daß in einem optimalen Währungsraum eine gemeinsame Währung mit einer einheitlichen Geldpolitik gilt. Diese Annahme liegt auch der hier vorliegenden Arbeit zugrunde.[93]

Die neuere Theorie ist eine kritische Weiterentwicklung der grundlegenden Argumente der traditionellen Theorie. „Neu" bezieht sich dabei darauf, daß dieser Zweig der Theorie der Außenwirtschaft unter dem Eindruck des Entstehens der europäischen monetären Integration Anfang der neunziger Jahre „wiederentdeckt" wurde, nachdem über fast zwanzig Jahre kaum wissenschaftliche Beiträge in diesem Bereich publiziert wurden. Die neuere Theorie greift in vielen Teilen die allgemeine monetaristische Kritik an der keynesianischen Theorie auf und erweitert sie insbesondere um die Elemente der Glaubwürdigkeit und zeitlichen Inkonsistenz der Geldpolitik. Darüber hinaus ist es gerade der neueren Theorie zu verdanken, daß auch die (mikroökonomischen) Nutzen stärker berücksichtigt werden. Federführend bei der mikroökonomischen Nutzenanalyse war vor allem die im Auftrag der EU-KOMMISSION (1990) erstellte Untersuchung „Ein Markt, eine Währung", die die Kosten und Nutzen der Bildung der EWU untersucht und gegenübergestellt hat.

Ziel des vorliegenden Kapitels ist es, die verschiedenen Argumente der beiden Theoriezweige zusammenzuführen. Deshalb werden in Abschnitt 5.2 die Kosten- und Nutzenarten gemeinsam dargestellt. In der Zusammenführung der Argumente wird dann der Bogen noch einmal kurz zurück auf das Kapitel 3.4.1, in dem verschiedene strukturelle Indikatoren für die Wahl des Wechselkurssystems besprochen wurden, gespannt. Im Anschluß daran werden die Kosten und Nutzen einer Währungsunion im Rahmen eines einfachen güterwirtschaftlichen Gesamtmodells zueinander ins Verhältnis gesetzt. Den Abschluß des Kapitels stellt die Schlußfolgerungen dar.

5.2 Die Kosten und Nutzen einer Währungsunion

5.2.1 Die Kosten einer Währungsunion

MUNDELL (1961) zeigt, daß Länder, die durch einen asymmetrischen Schock[94] getroffen werden, beim Versagen anderer Anpassungsmechanismen auf den Wechselkurs als Ausgleichsmechanismus zurückgreifen müssen. Ein asymmetrischer Schock ist dabei ein Schock, der sich in Größe und Wirkung in verschiedenen Ländern unterschiedlich auswirkt (z.B. Nachfrageverlagerung von Land A zu

---

93 Es wurde schon in Fußnote 2 erwähnt, daß die EU-KOMMISSION in Abweichung von dieser gängigen Auslegung die gesamte EU als Währungsunion bezeichnet, in der es Mitglieder mit dem Euro als Währung und Mitglieder mit einer Ausnahmeregelung gibt (EU-KOMMISSION, 1999a, S. 28).

94 Die Bezeichnung „asymmetrischer Schock" hat sich im Laufe der Theorieentwicklung gegen die von MUNDELL verwendete Bezeichnung „asymmetrischer Nachfrageschock" (MUNDELL, 1961, S. 658) durchgesetzt.

B). Wird Land A von einem negativen Nachfrageschock getroffen, so führt dies in A zu einem Sinken des Preisniveaus und der Produktion bzw. des Einkommens. Das hat zur Folge, daß dort die Arbeitslosigkeit steigt. Gleichzeitig verschlechtert sich aber auch der Saldo der Leistungsbilanz, wenn Konsum und Investitionen nicht dem gesunkenen Einkommen angepaßt werden.[95] Es kommt also zu dem Problem eines Leistungsbilanzdefizites bei Unterbeschäftigung. Eine Abwertung der Währung kann das entstandene Leistungsbilanzdefizit in Land A wieder ausgleichen, weil bei einer normalen Reaktion der Leistungsbilanz die Abwertung zu einer Verbesserung des Exportwertes und zu einer Verschlechterung des Importwertes führt. Zudem wird durch die Mehrnachfrage des Auslands nach Exporten und durch die gegebenenfalls einsetzende Substitution der verteuerten ausländischen Importgüter durch heimische Güter die Unterbeschäftigung abgebaut. Wenn der Wechselkurs innerhalb einer Währungsunion unwiderruflich fixiert ist und daher nicht mehr angepaßt werden kann, müssen nach einem asymmetrischen Schock andere Größen für diesen Ausgleichsmechanismus sorgen, wie z.B. Lohn- und Preisflexibilität oder eine restriktive Geld- und Fiskalpolitik. Eine restriktive Geldpolitik im betroffenen Land scheidet jedoch innerhalb der Währungsunion aus, da diese vereinheitlicht ist.

Der Verlust der autonomen Geldpolitik führt neben dem Verlust eines wirtschaftspolitischen Anpassungsinstrumentes dazu, daß ein Land eine präferierte Inflationsrate zugunsten einer vereinheitlichten aufgeben muß. Viele der keynesianisch geprägten Autoren glaubten an einen stabilen Trade-Off zwischen Inflation und Arbeitslosigkeit, ausgedrückt in der fallenden Phillips-Kurve. Da es in einer Währungsunion nur noch eine gemeinsame Geldpolitik gibt, sind Länder, deren präferierte Inflationsrate nicht mit der neuen übereinstimmt, schlechter gestellt. Dies ist u.a. der Grund dafür, warum FLEMING (1971) die Ähnlichkeiten der Inflationsrate als Voraussetzung für den Eintritt in eine Währungsunion nennt.

Dieses Argument wird jedoch von der neueren Theorie entkräftet, weil erstens ein langfristiger Trade-Off zwischen Inflation und Arbeitslosigkeit nicht möglich ist (die langfristige Phillips-Kurve ist senkrecht), und weil zweitens Erwartungen der Wirtschaftssubjekte, mangelnde Glaubwürdigkeit der Regierung und zeitliche Inkonsistenz der Geldpolitik zur Unwirksamkeit eines temporären Inflationsanstiegs mit dem Ziel der Beschäftigungserhöhung führen.

Kosten der Währungsunion entstehen aber auch dadurch, weil Länder unterschiedliche Präferenzen bei der Finanzierung ihres Staatshaushaltes haben. Nach der Theorie der optimalen Finanzierung des Staatshaushaltes wird eine rational handelnde Regierung die verschiedenen Einnahmequellen so einsetzen, daß die marginalen Kosten jeder zuletzt eingenommenen Einheit aus den verschiedenen Quellen gleich sind. Der Verlust von Seignorageeinnahmen auf nationaler Ebene ist insbesondere bei Ländern mit einem unterentwickelten Steuersystem bedeutend

---

95 Da X-M=Y-C-I, muß bei einem Sinken des Einkommens und Konstanz von C und I, X-M ebenfalls sinken (vgl. hierzu auch die Erläuterungen in Kapitel 3.4.2 auf S. 60ff.)

(ARTIS, 1991, S. 319). Dies liegt daran, weil je weniger gut ausgebildet das Fiskalsystem ist, um so höher sind die marginalen Kosten zur Erhöhung der Staatseinnahmen mittels einer Anhebung von Steuern. Umgekehrt sind dafür bei einem weniger gut ausgebildeten Fiskalsystem die marginalen Kosten zur Erhöhung der Staatseinnahmen mittels eines Anstiegs der Inflation zur Generierung höher Seignorageeinnahmen um so niedriger (DE GRAUWE, 1997, S. 17-19). Der Verlust einer eigenständigen Geldpolitik bedeutet folglich auch die Aufgabe einer präferierten Finanzierung des Staatshaushaltes.

Eine weitere Kostenart entsteht, wenn symmetrische Schocks asymmetrisch in den Ländern verarbeitet werden und so der Einsatz des Wechselkursinstrumentes oder der Geldpolitik beim Versagen anderer Ausgleichsmechanismen nötig wird. Die asymmetrische Verarbeitung symmetrischer Schocks kann verschiedene Ursachen haben, wobei Unterschiede in den Arbeitsmarktstrukturen beim Auftreten von symmetrischen Angebotsschocks besonders wichtig sind (DE GRAUWE, 1997, S. 14-16).[96] Auf diesen Punkt wird bei den Kriterien für optimale Währungsräume noch eingegangen.

5.2.2 Kriterien für optimale Währungsräume

MUNDELLS (1961) Verdienst liegt darin, die Aufmerksamkeit auf die für eine Währungsintegration notwendigen Bedingungen zu lenken. Mit anderen Worten stellt er die Frage, unter welchen Bedingungen ein Land auf seine eigenständige Währungs- und Geldpolitik verzichten sollte. Die Autoren nach MUNDELL haben es sich deshalb im wesentlichen zur Aufgabe gemacht, diese Kriterien oder Bedingungen zu vervollständigen. Die hier gewählte Darstellung baut darauf auf, daß die genannten Kennzeichen alle auf die Variabilität des (realen) Wechselkurses einwirken, da sie direkt oder indirekt das relative Preisverhältnis zwischen zwei Ländern beeinflussen (VAUBEL, 1976 und 1978). Folglich bedingt die Variabilität des Wechselkurses die Kosten der Aufgabe des Wechselkursinstrument: Ist diese relativ hoch, verläßt sich ein Land offensichtlich stark auf diesen Wechselkursmechanismus und kann deshalb weniger gut auf dieses Instrument verzichten.

Preis- und Lohnflexibilität

Flexible Preise und Löhne passen sich nach einem Schock automatisch an. Bei einem negativen Nachfrageschock auf dem Gütermarkt würden also die Preise und Löhne sinken, und die Anpassung des Wechselkurses wäre nicht notwendig, um das Problem von Unterbeschäftigung und Leistungsbilanzdefizit zu lösen. Ist also die Lohn- und Preisflexibilität eines Landes hoch, ist die Schwankung des (realen) Wechselkurses niedrig, und somit sind die Kosten des Beitritts in eine Währungsunion ebenfalls relativ gering (FRIEDMAN, 1953).

---

96 MÉLITZ (1991, S. 321) nennt hier neben den Unterschieden in den Arbeitsmarktstrukturen auch Unterschiede in der Preis- und Lohnflexibilität sowie in den Handels- und Fiskalstrukturen. Auf diese Punkte werden wir in Abschnitt 5.2.2 noch eingehen.

Grad der Faktormobilität

Sind die Preise und Löhne starr, wäre eine andere Lösung des Problems von Unterbeschäftigung und Leistungsbilanzdefizit, daß Arbeitskräfte zwischen den betroffenen Ländern A und B aus dem zu Beginn dieses Abschnitts erwähnten Beispiel wandern. Die Arbeitskräfte aus der Unterbeschäftigungsregion A würden nach einem asymmetrischen Schock nach Land B abwandern, wo wegen der Nachfrageverschiebung von A nach B eine höhere Nachfrage nach Arbeit besteht. Eine ausreichend hohe Arbeitsmobilität führt also ebenfalls dazu, daß Wechselkursanpassungen zwischen Ländern nicht notwendig sind (MUNDELL, 1961).

Kapitalmobilität kann auch stabilisierend wirken, wenn die Richtung der Kapitalbewegungen derjenigen der Arbeitskräftemobilität entgegengesetzt ist. So könnte z.B. das Leistungsbilanzdefizit in dem vom Nachfrageschock betroffenen Land bei sehr hoher Kapitalmobilität kurzfristig durch das Ausland finanziert werden, und die Anpassung im realen Sektor könnte damit zunächst unterbleiben. Langfristige Kapitalbewegungen, z.B. in Form von Direktinvestitionen, erhöhen das zukünftige Produktionspotential und können die Ursachen des Ungleichgewichtes beseitigen. Allerdings haben die Währungskrisen der Vergangenheit gezeigt, daß gerade kurzfristig sehr mobile Kapitalströme eher destabilisierend wirken. Wenn es aufgrund der oben angenommenen Nachfrageverlagerung zu einem Rentabilitätsgefälle zwischen den Regionen kommt, dann kommt es in dem Land mit dem Leistungsbilanzdefizit zu Kapitalexporten, die das Ungleichgewicht in der Leistungsbilanz durch die Kapitalbilanzen noch verstärken (FLEMING, 1971, S. 472-475).

Ähnlichkeit in den Arbeitsmarktinstitutionen

Verbunden mit den Kriterien Lohnflexibilität und Arbeitskräftemobilität ist das Kriterium der Ähnlichkeit in den Arbeitsmarktinstitutionen. Hiermit ist die Art des Lohnsetzung gemeint, nämlich ob die Lohnverhandlungen zwischen Arbeitnehmern und Arbeitgebern zentralisiert oder dezentralisiert ist. „Dezentralisiert" heißt in diesem Zusammenhang, daß die Löhne auf der Ebene des Unternehmens ausgehandelt werden, „zentralisiert" bedeutet dagegen, daß die Löhne von allen Arbeitnehmervertretern gemeinsam ausgehandelt werden und eine Gewerkschaft allein keinen Lohn setzen kann. CALMFORS/DRIFFILL (1988) zeigen, daß insbesondere Länder im mittleren Spektrum zwischen dezentralisierten und zentralisierten Lohnverhandlungen Schwierigkeiten haben, nach einem symmetrischen Angebotsschock wie der Ölkrise in 1979-80 die Inflation ohne Arbeitslosigkeit zu reduzieren. Dies liegt daran, weil in einem zentralisierten System, die Gewerkschaften die Auswirkungen einer Lohnerhöhung auf die Inflation in die Verhandlungen einbeziehen. Im dezentralisierten System ist für beide Verhandlungspartner, also Arbeitgeber und Arbeitnehmer, der Einfluß zu hoher Löhne auf die Wettbewerbsposition des Unternehmens transparent, so daß dies mäßigend wirkt. In einem Mischsystem ist dagegen das „free-rider"-Verhalten wesentlich höher, denn eine einzelne Gewerkschaft ist eher versucht, auf Kosten höherer Inflation für alle für ihre eigene Klientel einen höheren Lohnabschluß zu erzielen. Da alle Gewerkschaften in diesem Land diesen Anreiz haben, wird die Inflationsrate in einem Mischsystem deshalb höher sein. Zusammenfassend kann man also sagen, daß Unterschiede in den Arbeitsmarktstrukturen in einer Währungsunion fortbestehen und sich nur langsam angleichen, so daß unterschiedliche Lohnveränderungen in zwei Ländern nach dem gleichen Schock zu einer erhöhten Variabilität des realen Wechselkurses führen und somit die Kosten der Währungsunion steigen.[97]

Grad der fiskalpolitischen Integration

Alternativ zum Wechselkursinstrument können auch Fiskaltransfers für einen Ausgleich der Schocks sorgen (KENEN, 1969, S. 46-47). Je höher dabei die fiskalpolitische Integration ist, um so eher kann erwartet werden, daß das Land mit einem Leistungsbilanzdefizit von dem Land mit einem Überschuß Ausgleichszahlungen bekommt. Dieser Fiskaltransfer, wie er innerhalb Deutschlands oder der USA zwischen den Regionen besteht, sorgt dafür, daß der (reale) Wechselkurs nicht schwankt und folglich die zukünftigen Mitgliedsländer relativ geringe Kosten bei einem Beitritt in die Währungsunion zu tragen haben.

Grad der Offenheit

Mit einer Abwertung sind durch den Inflationsimport Kosten verbunden. Dieser Inflationsimport hängt von der Offenheit[98] eines Landes ab (MCKINNON, 1963). Ist ein Land offener, so ist die importierte Inflation aufgrund einer Abwertung größer und der reale Wechselkurs würde aufgrund der Erhöhung des Preisniveaus stärker schwanken. Dadurch erhöhen sich die Kosten der Abwertung und der Wechselkursmechanismus als Mittel zur Schockbekämpfung stiftet weniger Nutzen. Folglich gilt, daß je offener das Land ist, um so eher wird es von einer Währungsunion profitieren.

Größe des Landes

Eng mit dem Argument der „Offenheit" ist das Kriterium „Größe" verknüpft, da im allgemeinen ein negativer Zusammenhang zwischen Größe und Offenheit besteht.[99] Je kleiner ein Land ist, um so offener ist es, folglich sind die Kosten des Beitritts gering und um so eher ist es für den Beitritt in eine Währungsunion geeignet.

---

97 Für weitere Ausführungen sei an dieser Stelle auf DE GRAUWE, 1997, S. 25-27 verwiesen.

98 Während MCKINNON (1963) Offenheit als Anteil der handelbaren zu den nicht-handelbaren Gütern definierte, wird im folgenden unter Offenheit allgemein die Integration eines Landes mit dem Ausland, insbesondere durch Handel und Investitionen, verstanden.

99 Die Ergebnisse dieser Arbeit unterstützen diese Aussage (vgl. Anhang A 1 in Kapitel 3 sowie Anhang A 1 in Kapitel 7).

Ähnlichkeit der Produktionsstruktur zwischen zwei Ländern

Entscheidend für das Auftreten asymmetrischer Schocks ist die Divergenz der Produktionsstruktur der Länder (MUNDELL, 1969, S. 659-660; FLEMING, 1971, S. 475). Sind Länder in ihrer Produktionsstruktur ähnlich, also konvergent, so führen sektorspezifische Schocks nicht zu asymmetrischen sondern symmetrischen Schocks, da beide Länder in gleicher Weise betroffen sind. Sind Schocks aber symmetrisch, sind mit der Aufgabe der nationalen Geldpolitik und des Wechselkursmechanismus keine Kosten verbunden: Der Wechselkursmechanismus zwischen den Ländern ist nicht anwendbar – alle Länder würden gleichzeitig abwerten wollen – und die geldpolitische Reaktion der Länder auf den Schock wäre gleich und könnte somit von der gemeinsamen Geldpolitik für alle Länder simultan betrieben werden.

Grad der Diversifikation der Produktionsstruktur innerhalb eines Landes

Eng verknüpft mit dem Argument der Ähnlichkeit der Produktionsstruktur ist das Kriterium der diversifizierten Produktionsstruktur innerhalb eines Landes, das KENEN (1969) hervorhebt.[100] In einer Volkswirtschaft mit einem hohen Grad an industrieller Diversifikation und breit diversifizierten Exporten werden sich die Terms of Trade nicht so oft verändern, wie in einem Land, das seine Produktion in wenigen oder gar einem Sektor konzentriert. KENEN (1969) nimmt dabei an, daß Nachfrageveränderungen für einzelne Exportprodukte in Form statistisch unabhängiger, exogener Schocks auftreten. In einer hochdiversifizierten Volkswirtschaft bewirkt das Gesetz der großen Zahlen über die Portfoliodiversifikation, daß sich die Schocks in unterschiedlichen Industrien ausgleichen und zur Aufrechterhaltung des volkswirtschaftlichen Gleichgewichts keine Anpassung der Terms of Trade nötig ist. In einer sektoral konzentrierten Volkswirtschaft hingegen tritt dieser Diversifikationseffekt nicht ein, so daß ein Nachfragerückgang bei einem bestimmten Exportprodukt signifikante Auswirkungen auf die Gesamtnachfrage hat.

Fügt man die beiden Argumente der Ähnlichkeit und der Diversifikation der Produktionsstruktur zusammen, erkennt man, daß für Länder, die wenig diversifiziert und voneinander verschieden sind, die Kosten einer Gemeinschaftswährung hoch sind, da sie einerseits sektorale Schocks nicht intern auffangen können und andererseits der Wechselkursmechanismus als „shock absorber" ausfällt. Sind Länder hingegen entweder diversifiziert oder unterscheiden sie sich kaum von anderen, so haben sie geringe Kosten durch die Aufgabe der nationalen Geldpolitik. Entweder können sektorale Schocks intern aufgefangen werden, oder es entstehen keine Kosten, da die Länder symmetrisch sind und sie deshalb ohnehin den gleichen Schock erfahren.

---

100 KENEN (1969) spricht im Original von „Produktdiversifikation".

Ähnlichkeit der Inflationsrate

Wenn die Inflationsraten zwischen den Mitgliedsländern ähnlich sind, ist ein ausgeglichener Fluß von Leistungsbilanztransaktionen innerhalb der Währungsunion wahrscheinlicher als im Fall von unterschiedlichen Inflationsraten (FLEMING, 1971). Besteht zwischen zwei Ländern eine hohe Inflationsdifferenz sollte das weniger inflationierende Land einen deutlichen bilateralen Leistungsbilanzüberschuß aufweisen, da dort die Produkte vergleichsweise billig sind. Liegen dagegen keine Inflationsdifferenzen vor, so ist eine ungleichgewichtige Leistungsbilanz zwischen zwei Ländern auf Präferenzen für bestimmte Produkte oder aber qualitative Unterschiede zurückzuführen.

Politischer Wille

Die Kosten der Bildung einer Währungsunion werden letztendlich vom politischen Willen beeinflußt. So fragte HABERLER schon 1970: „The question may be asked why we hear so little of balance of payment difficulties between regions of the same country, while they are so common between countries." (HABERLER, 1970, S. 121). Seine Antwort auf diese Frage ist, daß die Regionen untereinander durch den politischen Willen gebunden sind. Sie haben eine völlig harmonisierte Geld-, und Fiskalpolitik, ihre politischen Ziele und ihre jeweilige Gewichtung sind stark verwandt und auch die Lohnsetzung ist in der Regel zwischen Regionen ähnlicher als zwischen Ländern.[101] In jüngerer Zeit belegt z.B. COHEN (1993), daß bei der Bildung von Währungsunionen in der Regel der politische Wille die ökonomischen Faktoren dominiert, wie eine empirische Studie zu sechs Währungsunionen in der Vergangenheit zeigt. Der politische Wille beeinflußt daher direkt den Beschluß zur Aufgabe des Wechselkursinstruments und zur Einführung einer gemeinsamen Währung.

5.2.3 Die Nutzen einer Währungsunion

Die wesentlichen, von der Theorie optimaler Währungsräume genannten Vorteile einer Währungsunion sind die folgenden vier:

Einsparung von Transaktionskosten[102]

Der Wegfall von Transaktionskosten bedingt unmittelbare und langfristige Einsparungen. Direkte Einsparungen durch Transaktionskosten können an zwei Stellen realisiert werden. Einerseits fallen Gebühren für den Währungsumtausch weg. Diese sind zwar teilweise auch Gewinne der Finanzinstitute, verursachen aber als

---

[101] HABERLER (1970): „In my opinion, the decisive circumstances are ... that policy objectives, the weight given to full employment and growth, on the one hand, and to price stability, on the other, are the same as between regions, while they differ significantly between countries."

[102] Die ausführlichste Erörterung der Nutzen aus Einsparung von Transaktionskosten findet sich bei EU-KOMMISSION, 1990, S. 85-93 und S. 277-296.

ganzes Wohlfahrtsverluste, denn sie wirken wie eine Steuer, für die der Konsument nichts erhält, so daß deren Einsparung das Realeinkommen erhöht (DE GRAUWE, 1997, S. 53; GRUBEL, 1981, S. 504-505). Andererseits können Transaktionskosten direkt in unternehmensinternen Prozessen international agierender Unternehmen eingespart werden.

Zudem argumentiert die EU-KOMMISSION (1990) mit Bezug auf BALDWIN (1989) mit dynamischen Effekten: Durch die Einsparung von direkten Transaktionskosten kommt es zu einer Steigerung der Produktivität. Diese erhöht den Kapitalstock und führt in der Folge zu höheren Produktivitätssteigerungen im Vergleich zu einer Situation ohne Währungsunion.

Verringerung der Unsicherheit

Fixe Wechselkurse verringern die Unsicherheit der Wirtschaftssubjekte und bewirken somit, daß der Außenhandel, die Investition und damit das Wachstum stimuliert werden (TOWER/WILLET, 1976). Diese wachstumsstimulierende Wirkung ist allerdings umstritten. Ein Zusammenhang zwischen Unsicherheit und Handel kann weder theoretisch noch empirisch nachgewiesen werden und ein Zusammenhang zwischen Unsicherheit und Investitionen existiert, wenn überhaupt, nur schwach.[103] Neoklassisch läßt sich zwar argumentieren, daß weniger Unsicherheit über eine geringere Diskontierung des zukünftigen Konsums höheres Wachstum stiftet (EU-KOMMISSION, 1990), allerdings behandeln die meisten Autoren dieses Argument sehr vorsichtig: „Folgerichtig spielen die Vorteile einer Währungsunion durch den Wegfall von Wechselkursrisiken eine untergeordnete Rolle.“(WILLMS, 1998, S. 47).

Erhöhte Transparenz

Der Wegfall der Wechselkurse bedingt, daß Konsumenten direkt Preise miteinander vergleichen können. Die regionale Diskriminierung der Preise entfällt, was zu mehr Wettbewerb führt. Verstärkt wird dieser Effekt durch den Markteintritt ausländischer Anbieter, denn dieser wird durch den Wegfall von Transaktionskosten günstiger. Durch die steigende Konkurrenz fallen die Preise für die Konsumenten, und es gibt ferner eine größere Auswahl an Produktvarianten. Da die Schaffung der Währungsunion zu einem größeren Absatzmarkt führt, können Skalenerträge, die durch einen L-förmigen Verlauf der Durchschnittskostenfunktion charakteri-

---

[103] Eine Übersicht der Literatur zu diesem Thema findet sich bei CÔTÉ (1994). Zu den Untersuchungen, die einen Zusammenhang zwischen Unsicherheit und Investiotnen sehen, gehört ein Arbeitspapier von BACHETTA/VAN WINCOOP (1998), die in einem gesamtwirtschaftlichen Modell mit Abweichungen von Kaufkraftparitäten beweisen, daß es in Festkurssystemen höhere Investitionen gibt.

siert sind, auf Unternehmens-, Industrie- und Landesebene genutzt werden (OBSTFELD, 1990, S. 166-167).[104]

Erhöhung der Glaubwürdigkeit und Verbesserung der Effizienz der Geldpolitik

Das Problem der zeitlichen Inkonsistenz geldpolitischer Maßnahmen beeinflußte auch die Theorie optimaler Währungsräume.[105] Ausgangspunkt dieser Überlegungen bildet die Tatsache, daß die negative Beziehung zwischen Inflation und Arbeitslosigkeit allenfalls kurzfristig und bei Geldillusion der Arbeitnehmer gilt. Die Arbeitslosenquote ist langfristig unabhängig von der Preisstabilität, was im wesentlichen auf die Existenz von rationalen Erwartungen zurückzuführen ist. Daraus kann man für die Theorie optimaler Währungsräume folgern, daß der Wechselkurs langfristig als Instrument der Bekämpfung von Arbeitslosigkeit kaum eingesetzt werden kann und somit ein schwaches Argument gegen die Bildung einer Währungsunion ist. Letztlich ermöglicht der Wechselkurs somit nur die Festlegung einer vom Ausland unterschiedlichen Inflationsrate bei gegebener Arbeitslosigkeit (ARTIS, 1991, S. 316). Die durch die traditionelle Annahme eines negativen Trade-Offs zwischen Inflation und Arbeitslosigkeit geprägte Ansicht, daß die Gleichheit der Inflationsraten in den Mitgliedsländern zu Wohlfahrtsverlusten führt, weil diese nicht eine präferierte Inflationsrate frei wählen können, kann somit nicht aufrecht erhalten werden. Die neue Annahme, daß die Wirtschaftssubjekte ihre Dispositionen insbesondere an Erwartungen ausrichten, liefert somit ein wichtiges Argument für eine Währungsunion im Vergleich zu einem System fixer Wechselkurse.

Der Erfolg stabilitätsorientierter Geldpolitik hängt bei Einbeziehung der Erwartungen davon ab, ob die Wirtschaftssubjekte das von der Notenbank verkündete Ziel der Geldwertstabilität für glaubhaft halten. In einem Land mit Inflationstradition werden die Zweifel an einem derartigen Paradigmenwechsel entsprechen groß sein. Folglich ist die Realisierung der neuen Geldpolitik mit hohen Anpassungskosten nach dem bekannten Mechanismus des Barro-Gordon-Modells verbunden. Ein Land hingegen, das in der Vergangenheit durch Geldwertstabilität gekennzeichnet war, bleibt mit der Ankündigung eines niedrigeren Inflationsziels in seiner Tradition. Wiederum auf Grundlage des Barro-Gordon-Modells läßt sich damit zeigen, daß in diesem Fall die Anpassungskosten in Form von Arbeitslosigkeit und reduzierter gesamtwirtschaftlicher Produktion geringer sind, da das

---

[104] OBSTFELD (1990) spricht in diesem Zusammenhang auch von „significant gains in terms of intertemporal efficiency". Wächst die Konkurrenz zwischen den Unternehmen, so kann dies durch Lerneffekte auf der mikroökonomischen Ebene zu Verschiebungen der gesamten Durchschnittskostenfunktion nach rechts führen.

[105] Auf eine ausführliche Darstellung des Barro-Gordon-Modells sei im Rahmen dieser Arbeit verzichtet (BARRO/GORDON, 1983a). BOFINGER/FRENKEL (1991) stellen darüber hinaus das Barro-Gordon-Modell leicht verständlich dar.

Problem einer zeitlich inkonsistenten Geldpolitik aufgrund der Stabilität der kurzfristigen Phillips-Kurve abgemildert oder sogar behoben ist.

Eine Währungsunion zwischen zwei Ländern mit und ohne Inflationstradition kann dem Weichwährungsland zu der Glaubwürdigkeit verhelfen, die es benötigt, um die Stabilisierungskrise auf dem Weg zur Preisstabilität zu minimieren. Es kann dann von der Reputation des Hartwährungslands profitieren, wenn dieses (genauer: das Inflationsziel des Hartwährungslandes) als „Anker" in der Beziehung fungiert.[106] Der Gewinn an Glaubwürdigkeit kommt dadurch zustande, daß die Anreize des Landes mit der stabilitätsorientierten Geldpolitik, dieser Währungsunion beizutreten, nur dann umgesetzt werden können, wenn sich die neue gemeinsame Zentralbank im wesentlichen an dessen geldpolitischen Kurs angleicht. Eine Abkehr von dieser Stabilitätsotientierung wäre für das Ankerland inakzeptabel. Die Anreize des Hartwährungslandes in die Währungsunion einzutreten sind häufig politischer Natur wie z.B. die Ausweitung der monetären Führungsposition (TAVLAS, 1993, S. 675).

5.2.4 Zusammenführung der Argumente

Eine Zusammenführung der Argumente erfolgt am besten über eine schematische Darstellung, die versucht, die Vielzahl der Argumente in einen verständlichen Zusammenhang zu bringen. Die Abbildung 5.1 zeigt, daß alle in dieser Arbeit besprochenen Kriterien die Variabilität des (realen) Wechselkurses beeinflussen. Seine Variabilität bestimmt letztlich, wie hoch die Kosten sind, die aus der Aufgabe einer eigenständigen Geld- und Währungspolitik erwachsen. Ist die Variabilität des realen Wechselkurses hoch, so benötigt das Land eher den nominalen Wechselkurs, um diese Schwankungen auszugleichen. Ist sie niedrig, kann man aus ökonomischer Sicht leichter auf die Geld- und Währungspolitik als Ausgleichsmechanismus verzichten. Die Entscheidung darüber, ob es zu einer Aufgabe der autonomen Geld- und Währungspolitik kommt, wird jedoch entscheidend vom politischen Willen der Akteure bestimmt. Man kann sogar festhalten, daß unter Umständen allein der politische Wille ausreicht, damit es zur

[106] In der Literatur spricht man hier auch von „the advantage of tying one's hands" (GIAVAZZI/PAGANO, 1988), womit gemeint ist, daß das Weichwährungsland mit dem Wunsch, in eine Währungsunion einzutreten, sich selbst die Hände bindet und damit auch für die Öffentlichkeit eine höhere Glaubwürdigkeit erreicht. Dies ist genau die Situation, die man im EWS I vorfand: Die D-Mark hatte hier die Rolle der Ankerwährung, während Länder wie Italien, Spanien oder Portugal durch den Eintritt in das EWS I quasi die Notenbankpolitik der Bundesbank importierten. Dies führte einerseits zu einer starken Konvergenz der Zinsen und der Inflationsraten in der EU. Andererseits kam es durch inkonsistente Wirtschaftspolitiken in anderen Bereichen letztlich zur EWS-Krise der Jahr 1992 und 1993 (vgl. hierzu auch die Ausführungen im Kapitel 4.1, S. 79f.) GIAVAZZI/PAGANO's Argument ist im Grunde ein ähnliches, wie das in Kapitel 3.4.1 auf S. 55 erwähnte Argument der „hard budget constraint", bei dem sich Länder selbst mit Hilfe eines fixen Wechselkurses an eine beschleunigte Reform der Wirtschaftsstrukturen binden.

Bildung einer Währungsunion kommt. Daß dies von der makroökonomischen Kostenseite her mittelfristig fatal wäre, ist aus ökonomischer Sicht unstrittig.[107]

Aus der Aufgabe des Wechselkursinstruments und der eigenständigen Geldpolitik erwachsen jedoch direkt die Nutzen einer Währungsunion. Weil es keinen Wechselkurs gegenüber den Partnerländern der Währungsunion gibt, kommt es zur Einsparung von Transaktionskosten und die Unsicherheit verringert sich. Gleichzeitig wird dadurch die Transparenz der Marktpreisbildung über die Landesgrenzen hinaus erhöht und der Konkurrenzdruck wächst. Die Aufgabe der eigenen Geldpolitik ermöglicht es dagegen Schwachwährungsländern, eine höhere Glaubwürdigkeit zu erzielen.

An dieser Stelle ist es sinnvoll, noch einmal auf die Analyse des Kapitels 3.4.1 zurückzukommen. Dort haben wir die Frage gestellt, ob verschiedene strukturelle Charakteristika der Länder, die Wahl des Wechselkurssystems erklären. Die gewählten Kriterien können mit umgekehrten Vorzeichen auch für die Anwendung der Theorie optimaler Währungsräume verwendet werden.

Dabei ist noch einmal deutlich der Unterschied zwischen den beiden Arten der Analyse herauszustellen: In Kapitel 3.4.1 ging es um die Wahl des aktuellen Währungsarrangements in den mittel- und osteuropäischen Ländern. Die Diskussion fixer versus flexibler Wechselkursregime stand hier im Vordergrund. Wenn diese Analyse hier wiederaufgegriffen wird, so geht es darum, ob die Kriterien für die Theorie optimaler Währungsräume den Beitritt der mittel- und osteuropäischen Länder in die Währungsunion unterstützten. Ohne alle strukturellen Kriterien bis ins Detail noch einmal zu wiederholen, wird die Analyse des Kapitels 3.4.1 auf die Theorie optimaler Währungsräume übertragen. Dazu wird Bezug auf die Tabelle des Anhangs A 2 des Kapitels 3 auf der S. 74 genommen.

Hinsichtlich der **Größe** und der **Offenheit** der Länder haben wir festgestellt, daß es sich bei allen mittel- und osteuropäischen Beitrittsländern im Vergleich zur EWU um kleine und sehr offene Volkswirtschaften handelt, so daß dies nach der Theorie optimaler Währungsräume für einen Beitritt in die Währungsunion spricht. Bei der **Ähnlichkeit der Produktionsstruktur** haben wir festgestellt, daß alle mittel- und osteuropäischen Länder einen höheren Agraranteil als die EU aufweisen. Dabei ist nach der Drei-Sektoren-Hypothese der Strukturwandel in der ersten Gruppe von Beitrittsländern weiter fortgeschritten als in der zweiten Gruppe. Da unterschiedliche Produktionsstrukturen die Gefahr asymetrischer Schocks erhöhen, spricht dieses Kriterium derzeit gegen einen Eintritt in die Wäh-

107 Mit anderen Worten könnte man auch sagen, daß das Argument, daß letztlich der politische Wille die Bildung der Währungsunion beschließt, nicht bedeutet, man solle diese Feld einzig den Politikern überlassen. Denn es gilt: „If the political will is the engine, than the costs are the brake.“ (Zitat verkürzt übernommen von BALDWIN/FRANCOIS/PORTES, 1997, S. 128).

rungsunion, wobei die Länder der zweiten Gruppe größere Anpassungsprobleme als die Länder der ersten Gruppe vor sich haben.[108]

Abbildung 5.1: Kosten- und Nutzenanalyse im Rahmen der Theorie optimaler Währungsräume

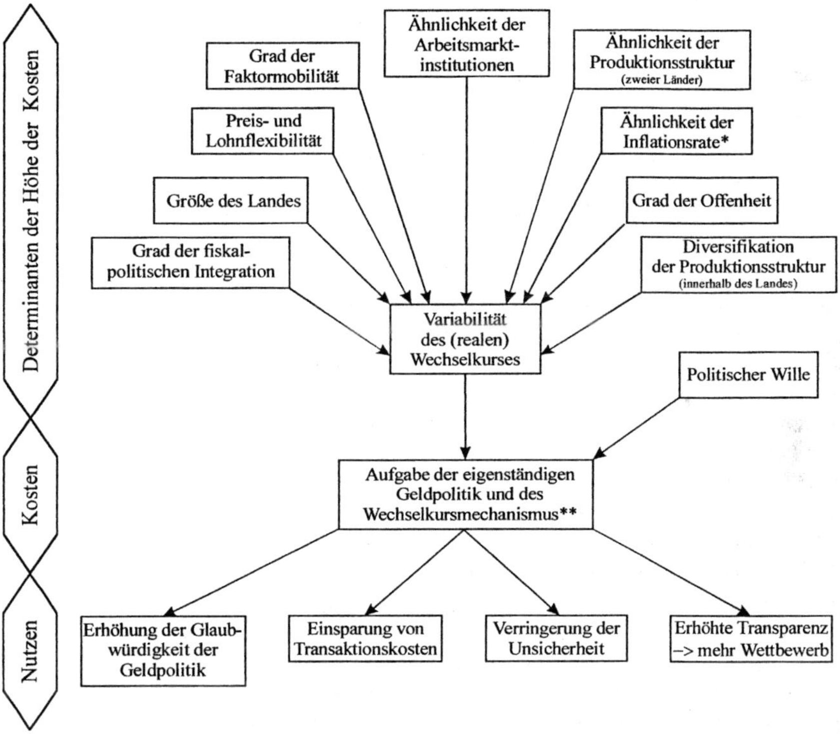

* Wird von der neueren Theorie außer Kraft gesetzt

** Schließt die daraus entstehenden Kosten wie die Aufgabe von Ausgleichsmechanismen bei asymmetrischen Schocks oder bei asymmetrisch verarbeiteten symmetrischen Schocks, die Aufgabe einer präferierten Inflationsrate sowie die Aufgabe eines Instruments zur Finanzierung des Staatshaushaltes mit ein.

Quelle: Eigene Darstellung.

---

108 Es wurde schon erwähnt, daß die Drei-Sektoren-Hypothese von ihrer Aussagekraft her umstritten ist, da es in der Vergangenheit auch bei den heutigen entwickelten Industriestaaten immer wieder zu Abweichungen vom prognostizierten Verlaufsmuster kam (vgl. S. 56).

Den Grad der **Ähnlichkeit der Produktionsstruktur** kann man z.B. anhand des Anteils am intraindustriellen Handel mit der EWU messen. Je mehr die mittel- und osteuropäischen Länder der EU gleichen, um so höher ist ihr Anteil am intraindustriellen Handel. In diesem Sinne weisen zur Zeit Estland (44 % Anteils am intraindustriellen Handel mit der EWU), Polen (47 %), Bulgarien (47 %), Lettland (31 %), Litauen (33 %) und Rumänien (38 %) relativ geringe Werte auf, so daß dies für eine verschiedenartige Produktionsstruktur spricht. Folglich spricht dieses Kriterium nur bei Slowenien, Tschechien und Ungarn für einen derzeitigen Beitritt in die EWU. Die Tatsache, daß selbst einige Länder der ersten Gruppe noch erhebliche Restrukturierungsmaßnahmen zu bewältigen haben (Polen, Tschechien und Slowenien), verstärkt dieses ablehnende Argument noch. Der **Grad der Faktormobilität** ist in den mittel- und osteuropäischen Ländern im Schnitt wesentlich höher als in der EU. Dies kann als ein Ausgleichsmechanismus beim Auftreten asymmetrischer Schocks und fixen Wechselkursen wirken. Dieses Kriterium spricht eher für einen Beitritt in die Währungsunion. Allerdings muß hier kritisch angemerkt werden, daß die Umstrukturierungsmaßnahmen noch erhebliche Ungleichgewichte in den Ländern produzieren können, die bei einem gleichzeitig fixierten Wechselkurs sehr starke Belastungen der Arbeitsmärkte erwarten lassen. Aus diesem Grund wird die Faktormobilität vermutlich allein bei Ungarn so hoch sein, daß die Fixierung des Wechselkurses weniger schädlich ist. Der **politische Wille** zu einem möglichst zügigen Eintritt in die Währungsunion ist zumindest bei allen Ländern der ersten Gruppe relativ groß. Für die zweite Gruppe ist es noch zu früh, eine eindeutige Aussage zu treffen.

Zum Abschluß dieser Diskussion kann man sagen, daß es für ein endgültiges Urteil in dieser Arbeit noch zu früh ist, denn noch haben wir die genannten Kriterien zwar besprochen, doch wie sie gegeneinander abzuwägen sind, ist letztlich eine empirische Frage, der wir uns in den Kapiteln 6 und 7 zuwenden werden. Überdies ist anzumerken, daß die gezeigten Kriterien nur die derzeitige Situation abbilden, der Eintritt in die Währungsunion für die Länder aber frühestens im Jahr 2003 (und dann nur unter Aufweichung des Konvergenzkriteriums „Einhaltung der normalen Bandbreiten im EWS für mindestens zwei Jahre“) möglich ist. Bis dahin schreitet der Transformationsprozeß jedoch weiter voran, so daß das Ergebnis einer solchen Analyse optimistischer ausfallen kann. Dieser Frage wenden wir uns explizit in Kapitel 7 zu. Bevor wir allerdings zur empirischen Umsetzung der Theorie optimaler Währungsräume übergehen, bleiben wir im folgenden Abschnitt noch auf der Ebene der theoretischen Analyse.

5.3 Ein güterwirtschaftliches Gesamtmodell

Ein Vorwurf an die Theorie optimaler Währungsräume ist, daß sie zu wenig mikroökonomisch-fundiert arbeitet und im Grunde rein verbal-ökonomisch argumentiert. Ein weiterer Kritikpunkt ist, daß sie zwar die Kosten und Nutzen einer Währungsunion zusammenträgt, diese aber im Grunde nicht eindeutig einzelnen Ländern zuzuordnen sind. Aus diesen Gründen widmet sich dieser Abschnitt ihrer formalen Analyse. Im folgenden wird ein allgemeines, komparativ-statisches Gleichgewichtsmodell von BAYOUMI (1994) diskutiert, das auf den Grundideen der Theorie optimaler Währungsräume aufbaut und sie mikroökonomisch begründet. Es ist eines der bekannteren Modelle, das die verschiedenen Aussagen der Theorie optimaler Währungsräume theoretisch erfaßt und deshalb das vorliegende Kapitel abrundet.

5.3.1 Die Modellstruktur

Das Modell geht von nach unten rigiden Löhnen aus und betrachtet – je nach Fragestellung – zwei oder drei Länder. Ferner wird von Staatseingriffen sowie von Finanzmärkten (insbesondere Kapitalströme) abstrahiert, und es wird angenommen, daß sich jedes Land voll auf die Produktion eines Gutes spezialisiert.

Die Produktionsfunktion

In die Produktionsfunktion geht nur der Faktor Arbeit ein. Arbeitskräftemobilität besteht lediglich innerhalb eines Landes aber nicht zwischen den Ländern. Jedes Land i erstellt ein Outputgut auf der Grundlage der folgenden Produktionsfunktion

$$Y_i = X_i^{\alpha} e^{\varepsilon_i}. \qquad (5.1)$$

Y_i ist der Output des Landes i; X_i ist der Arbeitskräfteeinsatz im Land i; der Produktionsparameter K ist kleiner als eins und drückt die abnehmende Grenzproduktivität des Faktors Arbeit aus; ε_i steht für eine exogene standardnormalverteilte Produktivitätsstörung ($\varepsilon \sim N(0,\sigma_i)$) wie z.B. eine Effizienzsteigerung bzw. -verminderung. Exogene Schocks werden folglich als Angebotsschocks modelliert. Gleichung (5.1) läßt sich in logarithmierter Form[109] zu

$$y_i = \alpha x_i + \varepsilon_i \qquad (5.2)$$

überführen. Die maximal verfügbare Menge an Arbeit pro Land ist 1, so daß $X_i \leq 1$ ($x_i \leq 0$). In Land 1 gilt $\varepsilon_1=0$, so daß bei Vollbeschäftigung $Y_1=1$ ($y_1=0$) ist.[110] Der Preis des Outputs von Land 1 (P_1) wird als Numeraire verwendet, so daß $P_1=1$ ist.

Der Arbeitsmarkt

Auf dem Arbeitsmarkt ergibt sich durch das Zusammenspiel von Arbeitsangebot und -nachfrage der Nominallohn. Der Nominallohn in Land i ist das Produkt des Lohns in heimischer Währung (W_i) und des bilateralen Wechselkurses (E_i) von

---

109 Zur Vereinfachung der Notation werden wie in Kapitel 4 Kleinbuchstaben für den natürlichen Logarithmus einer Variablen verwendet z.B. x=ln(X).

110 Das natürliche Niveau des Outputs (synonym auch Vollbeschäftigungsniveau) ist in nicht-logarithmierter Form in allen Ländern auf eins normiert, so daß dies mit der maximal verfügbaren Menge an Arbeit pro Region (X_i=1) korrespondiert.

Land i mit Land 1. Unter der Annahme vollständiger Konkurrenz produziert jedes Land dort, wo der Grenzertrag, also der Marktpreis P_i für das Gut X_i, gleich den Grenzkosten ist. Aus dieser Annahme würde sich insofern ein Widerspruch ergeben, als daß einerseits vollkommene Konkurrenz angenommen wird, andererseits aber jedes Land nur ein Produkt herstellt, woraus ein monopolistischer Preissetzungsspielraum entstände. Um diesen Einwand zu umgehen, wird angenommen, daß innerhalb eines Landes die Bedingungen vollständigen Wettbewerbs erfüllt sind. Der Nominallohn kann unter der Annahme vollständigen Wettbewerbs wie folgt beschrieben werden[111]:

$$w_i + e_i = \ln\alpha - (1-\alpha)x_i + \varepsilon_i + p_i \,. \tag{5.3}$$

Eine Normierung des Wechselkurses auf e_i=1 führt dazu, daß das „normale" Nominallohnniveau (ω), also das Lohnniveau das bei Vollbeschäftigung (x_i=0)[112] und bei Ausbleiben von Produktivitätsschocks (ε_i=0), bei $\omega = \alpha P_i$ liegt sowie dem Produkt aus der Grenzproduktivität und dem inländischen Preisniveau entspricht. Bei diesem Lohnniveau herrscht das langfristige Gleichgewicht. Wird dieses Gleichgewicht gestört, führt der nach unten starre Lohn zu einer Asymmetrie, insofern als bei einer Überschußnachfrage nach Arbeit der Nominallohn so lange steigt, bis sich ein neues Gleichgewicht auf einem neuen, höheren Vollbeschäftigungsniveau einstellt. Wenn jedoch ein Überschußangebot an Arbeit herrscht, bleibt der Nominallohn W_i auf dem Anfangsniveau ω, so daß Arbeitslosigkeit entsteht.

Die Bestimmung der Wechselkurse

Jedes Land kann sein Wechselkurssystem gegenüber den anderen Ländern frei bestimmen. Falls Land i eine von j unterschiedliche Währung hat, ist das bilaterale Wechselkursverhältnis E_i/E_j. Beim Währungsumtausch fallen Transaktionskosten T an. Modelliert werden diese Kosten nach dem „Eisberg-Modell" des Handels, wonach aus j stammende Güter bei Ankunft in Land i um einen Faktor (1-T_j) „schmelzen", wobei T für alle Länder gleich sein soll und alle potentiellen Transaktionskosten beinhaltet. Feste Wechselkurse würden eine Fixierung des bilateralen Wechselkurses E_i/E_j auf eins implizieren, denn der Wechselkurs darf nicht mehr schwanken: e_i=0. Außerdem fallen die Transaktionskosten des Währungsumtauschs zwischen i und j weg.

Für eine Währungsunion ergibt sich der Wechselkurs innerhalb der Union als geometrisches Mittel der einzelnen flexiblen Wechselkurse der Mitgliedsländer. Diese Annahme bewirkt, daß jeweils die Hälfte der Länder von positiven bzw. negativen Schocks getroffen wird.

---

111 Siehe die Herleitung im Anhang zu Kapitel 5 (A 1) auf S. 144.

112 Dies folgt aus der Normierung der maximal verfügbaren Menge an Arbeit von X_i=1 (vgl. die Erklärung zu Gleichung (5.2).

Wechselkurssystem und Arbeitsmarkt

Die Gestaltung des Modells impliziert, daß Produktivitätsschocks je nach Wechselkurssystem unterschiedliche Auswirkungen auf makroökonomische Variablen haben. Zunächst wird der Fall *flexibler Wechselkurse* betrachtet.

Wenn im Ausgangsgleichgewicht die Nominallöhne auf ihrem Normalniveau sind (W_i=ω) und Vollbeschäftigung (x_i=0) herrscht[113], gilt:

$$\ln(\omega) + e_i = \ln\alpha + \varepsilon_i + p_i\,. \tag{5.4}$$

Mit $\ln(\omega) = \ln\alpha + p_i$ (nicht logarithmiert: $\omega = \alpha P_i$) gilt dann:

$$e_i = \varepsilon_i\,. \tag{5.5}$$

Jede Produktiviätserhöhung schlägt voll auf den Wechselkurs durch und läßt das Beschäftigungsniveau unbeeinflußt. Ein positiver Produktivitätsschock führt zu einer nominalen Abwertung, ein negativer Produktivitätsschock zu einer nominalen Aufwertung der Währung eines Landes. Die Anpassung an den Schock erfolgt also über den Wechselkurs.

Für den Fall *fixer Wechselkurse* (e_i=0) muß der Fall des positiven vom negativen Produktivitätsschock genauer abgegrenzt werden. Im Fall eines positiven Schocks auf dem Gütermarkt bleibt der Zustand der Vollbeschäftigung erhalten, und der Ausgleich für die daraufhin gestiegene Nachfrage nach Arbeit erfolgt über einen Nominallohnanstieg, denn der Wechselkurs kann in diesem Fall nicht mehr als Stabilisator dienen.

$$w_i = \ln\alpha + \varepsilon_i + p_i\,. \tag{5.6}$$

Dieser Ausdruck ist um das Ausmaß der Produktivitätsstörung ε_i größer als der Nominallohn auf seinem Normalniveau: $w_i = \ln\alpha + p_i$.

Im Falle eines negativen Produktivitätsschocks bleibt der Nominallohn auf seinem Normalniveau, denn die Löhne sind annahmegemäß nach unten rigide. Weil der Wechselkurs politisch fixiert ist, erfolgt der Ausgleich über eine Anpassung der Beschäftigung auf dem Arbeitsmarkt. Die Beschäftigungsmenge im neuen Gleichgewicht erhält man durch Auflösen der Gleichung (5.3) nach x_i:

$$(1-\alpha)x_i = \ln\alpha + \varepsilon_i + p_i - w_i + e_i \quad \text{mit } e_i = 0\,. \tag{5.7}$$

Berücksichtigt man, daß $w_i = \ln\alpha + p_i$ gilt, dann ist

$$x_i = \frac{\varepsilon_i + e_i}{1-\alpha} = \frac{\varepsilon_i}{1-\alpha} < 0 \quad \text{mit } \varepsilon_i < 0\,. \tag{5.8}$$

---

113 Dies folgt aus der Normierung der maximal verfügbaren Menge an Arbeit von X_i=1 (vgl. die Erklärung zu Gleichung (5.2)).

Da im Ausgangszustand $x_i=0$, $e_i=0$ und $\varepsilon_i=0$ gilt, reduziert ein negativer Schock das Beschäftigungsniveau im Vergleich zur Ausgangssituation.

Das Fazit dieser Betrachtung ist: Im Fall flexibler Wechselkurse werden Wechselkursanpassungen jegliche Produktivitätsschocks ausgleichen, so daß es weder zu Unterbeschäftigung noch zu Abweichungen vom vorgegebenen Normallohnniveau kommt. Bei fixen Wechselkursen führen positive Produktivitätsschocks ($\varepsilon_i>0$) auf dem Arbeitsmarkt zu steigenden Löhnen und negative Produktivitätsschocks ($\varepsilon_i<0$) zu Arbeitslosigkeit.

Die Nachfrageseite

Das Volkseinkommen eines Landes ist das Produkt aus Güterproduktion und Preisniveau Y_iP_i. Der Nutzen der Haushalte in Land j wird durch folgende Cobb-Douglas-Nutzenfunktion beschrieben:

$$U_j = \sum_{i=1}^{N} \beta_{ji} \ln(C_{ji}) - \phi = \sum_{i=1}^{N} \beta_{ji} c_{ji} - \phi . \tag{5.9}$$

C_{ij} bezeichnet den Konsum von Gütern aus Land i in Land j, wobei $\ln(C_{ji})$ nach der hier verwendeten Notation c_{ij} entspricht. β_{ji} kann als Nutzenelastizität bezüglich des Konsums interpretiert werden und zeigt, wie sich der Nutzen in Land j prozentual verändert, wenn der Konsum von Gut i um ein Prozent ansteigt.[114] ϕ ist eine Konstante mit dem Wert $\phi = \sum_{i=1}^{N} \beta_{ji} \ln(\beta_{ji})$, die keinerlei ökonomische Bedeutung hat, aber eine einfachere Darstellung der Gleichgewichtsbedingungen erlaubt. Die Koeffizienten β_{ji} unterliegen folgenden zwei Kriterien:

- Es sei $\sum_{i=1}^{N} \beta_{ji} = 1$ für alle j. Durch diese Annahme steht β_{ji} für den Einkommensanteil, den Konsumenten aus dem Land j für Güter aus des Landes i ausgeben.
- Es sei $\sum_{j=1}^{M} \beta_{ji} = 1$ für alle i. Hiermit wird sichergestellt, daß die Nachfrage nach Produkten aus einem Land gleich groß ist und somit alle Länder das gleiche Volkseinkommen erzielen.

Die reale Nachfrage der Konsumenten in j nach Gütern aus i ist der nominale Anteil des Volkseinkommens in j, der für Güterkäufe in i aufgewendet wird, dividiert durch den Preis der Güter aus i:

$$Y_{ji} = \beta_{ji} P_j Y_j / P_i . \tag{5.10}$$

114 Siehe Anhang zu Kapitel 5 (A 2) auf S. 144 zur Bedeutung der Nutzenelastizität.

Formuliert man (5.10) um, erkennt man, daß es sich hierbei um die Budgetrestriktion der Haushalte in Land j handelt:

$$Y_{ij}P_i = \beta_{ij}P_jY_j. \tag{5.11}$$

Die linke Seite der Gleichung beschreibt dabei die Ausgaben in Land j, die für den Konsum von i aufgewendet werden. Die rechte Seite beschreibt, welcher Teil des Volkseinkommens von j für den Verzehr des Gutes i verwendet wird.

Unter den bisher gemachten Annahmen kann gezeigt werden, daß das Volkseinkommen Y_iP_i für jedes Land i gleich 1 ist[115]

$$Y_iP_i = \sum_{j=1}^{M}\beta_{ji} = 1. \tag{5.12}$$

Da in flexiblen Wechselkurssystemen der Konsum in Land j um die Transaktionskosten kleiner ist als die Nachfrage am Produktionsstandort in Land i, gilt

$$C_{ji} = \beta_{ji}P_jY_j(1-T_j)/P_i = \beta_{ji}(1-T_j)/P_i. \tag{5.13}$$

Aus Gründen der Vereinfachung ist T_j im weiteren gleich T für Transaktionskosten zwischen der Währungsunion und anderen Ländern; T (ohne Subskript) ist gleich Null beim Güterhandel innerhalb der Währungsunion.

5.3.2 Gleichgewichte bei verschiedenen Wechselkurssystemen

Keine Währungsunion

Bei flexiblen Wechselkursen liegt der Nominallohn W_i für alle Länder auf dem Normalniveau $\omega = \alpha P_i$. In Gleichung (5.5) wurde bereits gezeigt, daß bei flexiblen Wechselkursen und Vollbeschäftigung $e_i = \varepsilon_i$. Weiterhin gilt, daß $y_i = -p_i = \varepsilon_i$[116]. Produktivitätsschocks wirken sich somit gleichgerichtet auf Wechselkurse und Output, aber entgegengerichtet auf das Preisniveau aus. Aus Gleichung (5.13) läßt sich unter Verwendung dieses Zusammenhangs folgende Konsumfunktion in logarithmierter Form ableiten:

$$c_{ji} = \ln(\beta_{ji}) + \ln(1-T_j) + \varepsilon_i. \tag{5.14}$$

Das Einsetzen der Konsumfunktion in die Nutzenfunktion (5.9) führt zu folgendem Gesamtnutzen in Land j[117]:

---

[115] Siehe die Herleitung im Anhang zu Kapitel 5 (A 3) auf S. 146.

[116] Vollbeschäftigung in einem System flexibler Wechselkurse impliziert, daß $x_i = 0$ ist. Eingesetzt in die Produktionsfunktion resultiert daraus: $y_i = \varepsilon_i$. Außerdem gilt: $Y_iP_i = 1$ (also logarithmiert: $y_i + p_i = 0$), woraus sich die Bedingung: $y_i = -p_i = \varepsilon_i$ ergibt.

[117] Siehe die Herleitung im Anhang zu Kapitel 5 (A 4) auf S. 146.

$$U_j = \sum_{i=1}^{N} \beta_{ji}\varepsilon_i + \sum_{i \neq j} \beta_{ji}\tau \quad \text{mit } \tau = \ln(1-T). \tag{5.15}$$

Der erste Term der Gleichung beschreibt, welche Wirkung Produktivitätsschocks auf den Nutzen haben. Positive Schocks in Land i erlauben Konsumenten in j einen Mehrkonsum von i Gütern und stiften somit Nutzen. Der zweite Term ist negativ, da $\tau<0$ und $0<1-T<1$ ist. Er stellt den Nutzenverlust durch Transaktionskosten dar. Je größer der Anteil ausländischer Güter am Konsum in j ist, desto, größer sind die Kosten, die durch den Währungsumtausch entstehen. Der Laufindex i kann den Wert j nicht annehmen, da beim Konsum von Gütern aus j durch Konsumenten des Landes j keine Transaktionskosten anfallen, weil kein Währungsumtausch notwendig ist. Wie bereits gezeigt, sichern flexible Wechselkurse Vollbeschäftigung.

Währungsunion zwischen zwei Ländern

Im folgenden werden die Gleichgewichte unter der Annahme berechnet, daß j und k eine Währungsunion bilden. Der logarithmierte Wert des Wechselkurses von j und k ergibt nach einigen Umformungen[118]

$$e_{jk} = (\varepsilon_j + \varepsilon_k)/2. \tag{5.16}$$

Der Wechselkurs der Währungsunion gegenüber den restlichen Ländern hängt also von den Produktivitätsschocks in den Mitgliedsländern j und k ab.

Es sei im folgenden angenommen, daß Land j Produktivitätssteigerungen ($\varepsilon_j>0$) und Land k Produktivitätseinbußen ($\varepsilon_k<0$) verzeichnet. In der Ausgangssituation herrscht in beiden Ländern das normale Lohnniveau bei Vollbeschäftigung ($\omega = \alpha P_i$). Als Reaktion auf den Schock steigt in j die Outputmenge, in k dagegen sinkt sie. Die Preise in inländischer Währung verhalten sich in beiden Ländern entgegengesetzt: In j sinken die Preise, in k steigen sie. Das Fehlen des Wechselkursinstruments verhindert eine Anpassung der Güterpreise in Fremdwährung, so daß es zu einer Überschußnachfrage nach Gütern aus j und zu einer Nachfragelücke bei Gütern aus k kommt. Diese Nachfrageeffekte schlagen auf den Arbeitsmarkt durch.

In dem Land mit dem positiven Produktivitätsschock bleibt die Vollbeschäftigung auf dem Arbeitsmarkt ($x_j=0$) erhalten. Für die Outputänderung y_j ergibt sich durch Einsetzen in die Produktionsfunktion in Gleichung (5.2) das schon bekannte Ergebnis aus Fußnote 116:

$$y_j=\varepsilon_j. \tag{5.17}$$

Für das Lohnniveau in Land j ergibt sich basierend auf der Gleichung (5.3) und der Vollbeschäftigungsbedingung $x_j=0$:

---

[118] Siehe die Herleitung im Anhang zu Kapitel 5 (A 5) auf S. 147.

$$w_j = \ln\alpha + \varepsilon_j + p_j + e_{jk}. \tag{5.18}$$

In Kombination mit der Gleichung (5.16) und unter Berücksichtigung von $\ln(\omega) = \ln(\alpha) + p_j$ erhält man:

$$w_j = \ln(\omega) + \varepsilon_j - \frac{1}{2}(\varepsilon_j + \varepsilon_k) = \ln(\omega) + \frac{1}{2}(\varepsilon_j + \varepsilon_k). \tag{5.19}$$

Im neuen Gleichgewicht ist die Outputmenge wie auch das Nominallohnniveau in Land j gestiegen.

In Land k, das von einem negativen Produktivitätsschock getroffen wurde, gilt die Beziehung $y_k=\varepsilon_k$ nicht, da durch die Nominallohnrigidität keine Vollbeschäftigung mehr herrscht. Zunächst muß daher das neue Unterbeschäftigungsgleichgewicht auf dem Arbeitsmarkt bestimmt werden, bevor man Aussagen zu der Outputänderung treffen kann. Der Nominallohn in Land k bleibt auf dem Niveau

$$w_k = \ln(\omega) = \ln(\alpha) + p_k. \tag{5.20}$$

Zusammen mit Gleichung (5.3) ergibt sich für Land k:

$$e_{jk} = -(1-\alpha)x_k + \varepsilon_k. \tag{5.21}$$

Der Term $-(1-\alpha)x_k$ fällt hier nicht weg, da in dem Land k mit negativem Produktivitätsschock und Nominallohnrigidität bereits vor Auflösung der Gleichungen intuitiv einleuchtend ist, daß $x_k>0$ ist. In Kombination mit Gleichung (5.16) ergibt sich folgende Gleichung:

$$\frac{1}{2}(\varepsilon_j + \varepsilon_k) = -(1-\alpha)x_k + \varepsilon_k. \tag{5.22}$$

Ferner erhält man durch Auflösen von (5.22) nach x_k:

$$x_k = \frac{\varepsilon_k - \varepsilon_j}{2(1-\alpha)} < 0. \tag{5.23}$$

Wenn $\varepsilon_k < \varepsilon_j$ gilt, ist die Beschäftigung in Land k zurückgegangen, da $x_k < 0$. Die Outputänderung kann man berechnen, indem Gleichung (5.23) in die Produktionsfunktion eingesetzt wird:

$$y_k = \varepsilon_k + \alpha\frac{\varepsilon_k + \varepsilon_j}{2(1-\alpha)} = \varepsilon_k - \alpha\frac{\varepsilon_j - \varepsilon_k}{2(1-\alpha)}. \tag{5.24}$$

In Land k ist zwar das Normallohnniveau ($w_k = \ln(\omega)$) erhalten geblieben, doch hat sich die Outputmenge verringert, da die Nominallohnrigidität und das Fehlen des Wechselkursinstruments eine Anpassung des Lohns an den exogenen Schock unmöglich gemacht hat.

Im folgenden seien die Ergebnisse aus den Gleichungen (5.17), (5.19), (5.20) und (5.24)für die Outputmengen und Löhne in den beiden Ländern noch einmal übersichtlich dargestellt:

	Output	*Lohn*
Land j	$y_j = \varepsilon_j$	$w_j = \ln(\omega) + (\varepsilon_j - \varepsilon_k)/2$
Land k	$y_k = \varepsilon_k - \alpha(\varepsilon_j - \varepsilon_k)/[2(1-\alpha)]$	$w_k = \ln(\omega)$

(5.25)

Nachfolgend soll die Vorteilhaftigkeit der Währungsunion dadurch beurteilt werden, daß das Nutzenniveau im neuen Gleichgewicht mit demjenigen im Ausgangsgleichgewicht bei flexiblen Wechselkursen (Gleichung (5.15)) verglichen wird.

Das Nutzenniveau der Haushalte in Land j innerhalb der Währungsunion wird mit U_j^* bezeichnet. Zunächst müssen etwaige Änderungen des Konsums der Haushalte in j betrachtet werden. Für alle $i \neq k$ gilt nach wie vor die logarithmierte Konsumfunktion (5.14). Der Konsum von Gütern aus Land k durch Konsumenten in j wird jedoch durch den Produktionsrückgang in Land k beeinflußt. Zur Ableitung des neuen Konsums von k-Gütern kann der Zusammenhang $y_k = \varepsilon_k$ (siehe Fußnote 116) mit Gleichung (5.14) kombiniert werden:

$$c_{jk} = \ln(\beta_{jk}) + \ln(1 - T_j) + y_k \,. \tag{5.26}$$

In Verbindung mit Gleichung (5.24) ergibt sich dann:

$$c_{jk} = \ln(\beta_{jk}) + \ln(1 - T_j) + \varepsilon_k - \alpha \frac{\varepsilon_j - \varepsilon_k}{2(1-\alpha)} . \tag{5.27}$$

Der Gesamtkonsum in Land j ist somit:

$$\begin{aligned} c_j^* = & \sum_{i \neq j,k} \left[\ln\left(\beta_{ji}\right) + \ln\left(1 - T_j\right) + \varepsilon_i \right] + \left[\ln\left(\beta_{jj}\right) + \varepsilon_j \right] \\ & - \left[\ln\left(\beta_{jk}\right) + \varepsilon_k - \alpha \frac{\varepsilon_j - \varepsilon_k}{2(1-\alpha)} \right]. \end{aligned} \tag{5.28}$$

Der erste Term beschreibt den Konsum aller Länder außerhalb der Währungsunion. Der zweite Term steht für den Konsum aus Land j selbst, für den keine Transaktionskosten anfallen. Im dritten Term steht der Konsum aus Land k, der proportional zum dortigen Produktionsrückgang sinkt. Das neue Nutzenniveau von Land j ergibt sich durch Einsetzen von (5.28) in die Nutzenfunktion (5.9) sowie durch weitere Vereinfachungen:

$$U_j^* = \sum_{i=1}^{N} \beta_{ji} \ln(\beta_{ji}) + \sum_{i \neq k} \beta_{ji}\varepsilon_i + \beta_{jk}\left(\varepsilon_k - \alpha\frac{\varepsilon_j - \varepsilon_k}{2(1-\alpha)}\right) + \sum_{i \neq j,k} \beta_{jk} \ln(1 - T_j) - \phi . \tag{5.29}$$

Unter Berücksichtigung von $\phi = \sum_{i=1}^{N} \beta_{ji} \ln(\beta_{ji})$ erhält man schließlich:

$$U_j^* = \sum_{i \neq k} \beta_{ji}\varepsilon_i + \beta_{jk}\left(\varepsilon_k - \alpha\frac{\varepsilon_j - \varepsilon_k}{2(1-\alpha)}\right) + \sum_{i \neq j,k} \beta_{jk} \ln(1 - T_j) . \tag{5.30}$$

Die Änderung des Nutzenniveaus des Landes j durch den Übergang von einem System flexibler Wechselkurse zu einer Währungsunion mit Land k kann durch Bildung der Differenz zwischen (5.30) und (5.15) bestimmt werden:

$$\Delta U_j = U_j^* - U_j = \sum_{i \neq k} \beta_{ji}\varepsilon_i + \beta_{jk}\left(\varepsilon_k - \alpha\frac{\varepsilon_j - \varepsilon_k}{2(1-\alpha)}\right) + \sum_{i \neq j,k} \beta_{jk}\tau - \sum_{i=1}^{N} \beta_{ji}\varepsilon_i + \sum_{i \neq j} \beta_{ji}\tau \quad \text{mit } \tau = \ln(1-T). \tag{5.31}$$

Eine Zusammenfassung der Terme führt schließlich zu:

$$\Delta U_j = \beta_{jk}\left(\varepsilon_k - \alpha\frac{\varepsilon_j - \varepsilon_k}{2(1-\alpha)}\right) - \beta_{jk}\varepsilon_k - \beta_{jk}\tau = -\beta_{jk}\tau - \beta_{jk}\,\alpha\frac{\varepsilon_j - \varepsilon_k}{2(1-\alpha)} . \tag{5.32}$$

Für das Land k wird die Nutzenänderung analog abgeleitet. Deshalb sei hier auf diese Darstellung verzichtet. Zusätzlich wird noch ein Land m außerhalb der Währungsunion, also ein Outsider, betrachtet; für diese werden die Umformungen ebenfalls entsprechend der oben gezeigten Vorgehensweise hergeleitet. Im Unterschied zu den Ländern j und k kommt es allerdings bei Land m zu keiner Nutzenverbesserung durch den Wegfall der Transaktionskosten.

Zusammenfassend kann man also folgende Nutzenänderungen sowohl für die an der Währungsunion beteiligten Länder j und k als auch für das andere Land m festhalten:

$$\begin{aligned} \Delta U_j &= -\beta_{jk}\tau - \beta_{jk}\alpha(\varepsilon_j - \varepsilon_k)/[2(1-\alpha)] \\ \Delta U_k &= -\beta_{kj}\tau - \beta_{kk}\alpha(\varepsilon_j - \varepsilon_k)/[2(1-\alpha)] \\ \Delta U_m &= -\beta_{mk}\alpha(\varepsilon_j - \varepsilon_k)/[2(1-\alpha)]. \end{aligned} \tag{5.33}$$

Die Nutzenänderung für Land j ergibt sich aus zwei Komponenten. Der erste Term (wegen $\tau<0$ ist $-\tau\beta_{jk}>0$) beschreibt den Nutzenzuwachs durch den Wegfall der

Transaktionskosten. Der zweite Term (ε_j-ε_k>0) gibt die Nutzenminderung durch das geringere Outputniveau in Land k an. Sowohl die Haushalte in j als auch in k müssen einen Rückgang im Konsum von k-Gütern hinnehmen, der proportional zum Rückgang der Produktion in k ist.

Die Nutzenänderung in Land k ist analog zu Land j zu interpretieren. Intuitiv erscheint es anfänglich wenig plausibel, daß Land k, in dem jetzt weniger produziert wird als zuvor, einen ebenso großen Nutzenverlust aufweist wie Land j (unter Vernachlässigung der Tatsache daß $\beta_{jk} \neq \beta_{kk}$), in dem nach wie vor Vollbeschäftigung herrscht (mit $Y_k<Y_j$). Der Outputrückgang in k müßte bei gleichem Normallohnniveau und geringerer Beschäftigung eigentlich ceteris paribus einen proportionalen Rückgang des Volkseinkommens zur Folge haben. Die Haushalte aus Land k könnten dann nicht nur weniger von ihrer eigenen Produktion, sondern auch von den Gütern aller anderen Länder konsumieren, und der Nutzenverlust wäre größer als in Gleichung (5.33). Diese ceteris paribus-Betrachtung vernachlässigt jedoch, daß der Outputrückgang in k gegenläufige Preiseffekte auslöst ($y_k = -p_k$). Die Güterpreise in k steigen durch den Angebotsrückgang also so an, daß wieder ein Volkseinkommen von $Y_k P_k = 1$ erzielt wird.

Der Nutzenverlust eines repräsentativen Landes m außerhalb der Währungsunion beschränkt sich auf den Minderkonsum von Gütern aus k und ist damit dem Nutzenverlust in j und k ähnlich. Solche Länder verlieren somit ausschließlich, da ihren Output- und Konsumverlusten keine Gewinne in Form reduzierter Transaktionskosten gegenüberstehen.

Die Auswirkungen stochastischer Schocks

Innerhalb einer Währungsunion wird jedes Land mit einer fünfzigprozentigen Wahrscheinlichkeit von einem positiven oder einem negativen Produktivitätsschock getroffen. Bisher ist nur der Fall betrachtet worden, daß es in j zu Produktivitätssteigerungen (ε_j>0) und in Land k zu Produktivitätseinbußen (ε_k<0) kam. Der umgekehrte Fall ist jedoch gleich wahrscheinlich. Deshalb ist in Entscheidungssituationen die *erwartete* Nutzenänderung von j durch seinen Eintritt in die Währungsunion relevant. Um dies herzuleiten, werden zunächst einige allgemeine Ausführungen zur Berechnung von Erwartungswerten dargestellt.

Die Varianz der Differenz zweier Zufallsvariablen (A-B) läßt sich wie folgt berechnen

$$\mathrm{Var}(A-B) = \sigma_A^2 - 2\rho_{AB}\sigma_A\sigma_B + \sigma_B^2 . \qquad (5.34)$$

Der erste Term ist die Varianz von A, der letzte Term die Varianz von B. Der mittlere Term kennzeichnet das Produkt aus dem Korrelationskoeffizienten zwischen A und B sowie den Standardabweichungen von jeweils A und B. Für eine Korrelation von Eins wird die Varianz der Differenz der beiden Zufallsvariablen minimiert. Die Standardabweichung ergibt sich entsprechend als

$$\sigma_{A-B} = \sqrt{\sigma_A^2 - 2\rho_{AB}\sigma_A\sigma_B + \sigma_B^2}. \tag{5.35}$$

Falls beide Zufallsvariablen standardnormalverteilt sind (d.h. $A, B \sim N(0,\sigma^2)$), dann ist auch ihre Differenz standardnormalverteilt. Ist ihre Differenz größer als X, so ergibt sich der Erwartungswert ihrer Differenz als:

$$E(A-B) = \sigma_{A-B}\frac{\phi(X)}{\Phi(X)} = \sqrt{\sigma_A^2 - 2\rho_{AB}\sigma_A\sigma_B + \sigma_B^2}\,\frac{\phi(X)}{\Phi(X)}. \tag{5.36}$$

wobei hier $\phi(X)$ für die Dichtefunktion an der Stelle X und $\Phi(X)$ für die Verteilungsfunktion an der Stelle X steht.

Diese Einführung kann auf den Fall der Währungsunion übertragen werden. Die Zufallsvariablen A und B werden durch die Produktivitätsschocks ε_j und ε_k repräsentiert.

Zwei unterschiedliche Fälle können auftreten:

- $\varepsilon_j < \varepsilon_k$, so daß es zu einem Outputrückgang in Land j und einem Lohnanstieg in Land k kommt;
- $\varepsilon_j > \varepsilon_k$, so daß es zu einem Lohnanstieg in Land j und einem Outputrückgang in Land k kommt.

X ist in diesem Zusammenhang gleich Null, weil die beiden Schocks standardnormalverteilt sind. Es gilt, daß in diesem Fall die kumulierte Standardnormalverteilung den Wert 0,5 annimmt:

$$\Phi(X) = \Phi(0) = 0{,}5. \tag{5.37}$$

Der Term $\phi(X) = \phi(0)$ bezeichnet die Dichtefunktion der Standardnormalverteilung an der Stelle Null. Es ergibt sich auf Basis der allgemeinen Gleichung (5.36) der Erwartungswert der Differenz von ε_j und ε_k als

$$E(\varepsilon_j - \varepsilon_k) = 2\phi(0)\sqrt{\sigma_j^2 - 2\sigma_{jk} + \sigma_k^2}. \tag{5.38}$$

σ_j bzw. σ_k steht für die Varianz des Produktivitätsschocks in j bzw. k. Hierbei ist σ_{jk} eine vereinfachende Schreibweise für $\rho_{jk}\sigma_j\sigma_k$. Durch Kombination von Gleichung (5.38) mit Gleichung (5.33) ergibt sich:

$$\begin{aligned} E(\Delta U_j) = {} & -\beta_{jk}\tau - \gamma\beta_{jj}2\phi(0)\sqrt{\sigma_j^2 - 2\sigma_{jk} + \sigma_k^2}\,\frac{1}{2} \\ & -\gamma\beta_{jk}2\phi(0)\sqrt{\sigma_j^2 - 2\sigma_{jk} + \sigma_k^2}\,\frac{1}{2} \\ & \text{mit } \gamma = \frac{\alpha}{2(1-\alpha)}. \end{aligned} \tag{5.39}$$

Der erste Term beschreibt den Nutzengewinn durch den Wegfall von Währungsumtauschkosten zwischen den Mitgliedsländern der Währungsunion. Der Nutzen einer Währungsunion hängt somit sowohl von der Höhe der Transaktionskosten als auch vom Anteil der Güter aus k im Warenkorb der Haushalte in j ab. Der zweite und dritte Term beschreibt den erwarteten Nutzenverlust durch asymmetrische Produktivitätsschocks in den beiden Ländern. Für den zweiten Term ist der erste der oben angeführten Fälle relevant, also die Outputreduktion in Land j und der Lohnanstieg in Land k. Da dieses Ergebnis nur mit 50 %-Wahrscheinlichkeit eintritt, wird er entsprechend mit 0,5 multipliziert. Diese Argumentation gilt analog für den dritten Term von Gleichung (5.39).

Der zweite und dritte Term lassen sich zusammenfassen, so daß man schließlich als Nutzendifferenz die Gleichung (5.40) erhält:

$$E\left(\Delta U_j\right) = -\beta_{jk}\tau - \gamma(\beta_{jj} + \beta_{jk})\phi(0)\sqrt{\sigma_j^2 - 2\sigma_{jk} + \sigma_k^2}. \qquad (5.40)$$

Entsprechend Gleichung (5.40) kann der erwartete Nutzenverlust eines Landes m außerhalb der Währungsunion ausgedrückt werden als

$$E(\Delta U_m) = -\gamma(\beta_{mj} + \beta_{mk})\phi(0)\sqrt{\sigma_j^2 - 2\sigma_{jk} + \sigma_k^2}. \qquad (5.41)$$

Für Land m ist der erwartete Nutzenverlust einer Währungsunion zwischen j und k um so größer, je bedeutender die Importe aus diesen Ländern sind. Länder, die nicht an der Bildung einer Währungsunion beteiligt sind, verzeichnen somit ausschließlich einen Nutzenverlust.

Währungsunion mit mehr als zwei Ländern

Im folgenden wird die Nutzenänderung durch das beitretende Land hergeleitet. Dafür muß zuerst errechnet werden, wie hoch die Nutzenänderung für n unter der Annahme wäre, daß dieses Land direkt an der Errichtung einer Währungsunion mit j und k beteiligt ist (also von Beginn an eine Währungsunion mit drei Ländern vorliegt. Hiervon muß man die Nutzenänderung abziehen, die sich für n ergibt, wenn j und k zunächst alleine eine Währungsunion bilden (vgl. Gleichung (5.41)). Das Ergebnis dieser Subtraktion entspricht genau der Nutzenänderung, die durch die betrachtete Marginalentscheidung des Beitritts zu einer existierenden Währungsunion verursacht wird.

Falls alle drei Länder j, k und n gemeinsam eine Währungsunion bilden, ergibt sich folgende Nutzenänderung für Land n:

$$E(\Delta U_n) = -\sum_{i=j,k}\beta_{ni}\tau - \sum_{i=j,k,n}\beta_{ni}\phi(0)\sqrt{\sigma_n^2 - 2\rho_{i(jk+n)}\sigma_i\sigma_{jk+n} + \sigma_{jk+n}^2}. \qquad (5.42)$$

Der erste Term steht für den Nutzengewinn durch die entfallenen Transaktionskosten mit den Ländern j und k. Der zweite Term repräsentiert den Nutzenverlust durch Outputreduktion in allen an der Währungsunion beteiligten Ländern. $\rho_{i(jk+l)}$ ist der Korrelationskoeffizient zwischen einem Schock in Land i und dem Mittelwert der Schocks in den Ländern j, k und n. $\rho_{i(jk+n)}\sigma_i\sigma_{jk+n}$ steht für die Kovarianz der Produktivitätsstörung in einem beliebigen Land i der Währungsunion (in diesem Beispiel könnte dies jeweils nur j, k oder n sein) mit dem Mittelwert der Schocks in den Ländern j, k und n insgesamt.

Falls Land n nicht an einer Währungsunion zwischen j und k beteiligt ist, ergibt sich die Nutzenänderung analog zu Gleichung (5.41) als

$$E(\Delta U_n) = -\gamma(\beta_{nj} + \beta_{nk})\phi(0)\sqrt{\sigma_j^2 - 2\sigma_{jk} + \sigma_k^2}. \tag{5.43}$$

Die Subtraktion der Gleichung (5.43) von Gleichung (5.42) ergibt die marginale Nutzenänderung für Land n bei einem Beitritt zur Währungsunion:

$$\begin{aligned} E(\Delta U_n) &= -\sum_{i=j,k} \beta_{ni}\tau - \sum_{i=j,k,n} \beta_{ni}\phi(0)\sqrt{\sigma_i^2 - 2\rho_{i(jk+n)}\sigma_i\sigma_{jk+n} + \sigma_{jk+n}^2} \\ &\quad + \gamma(\beta_{nj} + \beta_{nk})\phi(0)\sqrt{\sigma_j^2 - 2\sigma_{jk} + \sigma_k^2} \\ &= -\sum_{i=j,k} \beta_{ni}\tau - \gamma\beta_{nn}\phi(0)\sqrt{\sigma_n^2 - 2\rho_{n(jk+n)}\sigma_n\sigma_{jk+n} + \sigma_{jk+n}^2} \\ &\quad - \sum_{i=j,k} \gamma\beta_{ni}\phi(0)\sqrt{\sigma_i^2 - 2\rho_{i(jk+n)}\sigma_i\sigma_{jk+n} + \sigma_{jk+n}^2} \\ &\quad + \sum_{i=j,k} \gamma\beta_{ni}\phi(0)\sqrt{\sigma_j^2 - 2\sigma_{jk} + \sigma_k^2}. \end{aligned} \tag{5.44}$$

Dies entspricht vereinfacht:

$$\begin{aligned} E(\Delta U_n) &= -\sum_{i=j,k} \beta_{ni}\tau - \gamma\beta_{nn}\phi(0)\sqrt{\sigma_n^2 - 2\rho_{n(jk+n)}\sigma_n\sigma_{jk+n} + \sigma_{jk+n}^2} \\ &\quad - \sum_{i=j,k} \beta_{ni}\phi(0)\left(\sqrt{\sigma_i^2 - 2\rho_{i(jk+n)}\sigma_i\sigma_{jk+n} + \sigma_{jk+n}^2} - \sqrt{\sigma_j^2 - 2\sigma_{jk} + \sigma_k^2}\right). \end{aligned} \tag{5.45}$$

Der erste Term der Gleichung ist demjenigen in Gleichung (5.40) ähnlich, doch der Nutzen für das beitretende Land n ist höher, da Transaktionskosten im Handel mit j und k wegfallen. Der zweite Term beschreibt den Nutzenverlust durch asymmetrische Schocks, die durch das beitretende Land n verursacht werden. Im Unterschied zu den Gleichungen (5.40) und (5.41) bezieht sich die Nutzenänderung nur auf das beitretende Land n, da j und k bereits zur Währungsunion gehören und Schocks in diesen Ländern in der Marginalbetrachtung für das zusätzlich eintretende Land n irrelevant sind. Der dritte Term beschreibt die Nutzenänderung in n durch Outputverluste in j und k. Dieser Nutzenverlust resultiert aus der Änderung der Korrelation zwischen den Produktivitätsschocks der Mitglieder der Währungsunion durch Beitritt von n, was durch die Differenz der beiden Wurzelterme zum Ausdruck kommt.

Der Vergleich von Gleichung (5.40) mit Gleichung (5.45) zeigt, daß der Nutzengewinn durch den Beitritt zu einer existierenden Währungsunion für das betreffende Land immer größer ist als der Nutzenzuwachs, welcher sich durch direkte Beteiligung an der Errichtung der Währungsunion ergibt. Abgesehen vom bereits erläuterten Unterschied bei den Transaktionen, liegt die Divergenz in den asymmetrischen Produktivitätsschocks. Da ein Land n, das bei der Errichtung einer Währungsunion zwischen j und k zunächst ausgeschlossen bleibt, durch die Outputreduktion in j und k sowieso Nutzenverluste zu tragen hat (vgl. Gleichung (5.41)), gehen diese in das Entscheidungskalkül nicht mehr ein. Ausschlaggebend ist ausschließlich der Nutzenverlust durch weitergehende Outputminderung in einer vergrößerten Währungsunion einschließlich des Landes n. Der für n relativ größere Nutzengewinn (erster Term in Gleichung (5.45)) und die geringeren Nutzenverluste (zweiter und dritter Term in (5.45)) erhöhen die Wahrscheinlichkeit, daß die gesamte Nutzenänderung positiv wird. Somit besteht für Länder, die zunächst nicht Mitglied einer Währungsunion sind, ein Anreiz dieser beizutreten.

Die Anreize der Mitgliedsländer in einer bestehenden Währungsunion ändern sich jedoch nicht. Für das Land j ergibt sich folgende Nutzenänderung durch den Beitritt von n zur Währungsunion[119]:

$$\begin{aligned} E(\Delta U_j) = & -\beta_{jn}\tau - \gamma\beta_{jn}\phi(0)\sqrt{\sigma_n^2 - 2\rho_{n(jk+n)}\sigma_n\sigma_{jk+n} + \sigma_{jk+n}^2} \\ & - \sum_{i=j,k}\beta_{ji}\phi(0)\left(\sqrt{\sigma_i^2 - 2\rho_{i(jk+n)}\sigma_i\sigma_{jk+n} + \sigma_{jk+n}^2} - \sqrt{\sigma_j^2 - 2\sigma_{jk} + \sigma_k^2}\right). \end{aligned} \quad (5.46)$$

Der Nutzenverlust von Land j durch Beitritt von n (zweiter und dritter Term in Gleichung (5.46)) ist dem entsprechenden Nutzenverlust von Land n aus Gleichung (5.45) sehr ähnlich. Jedoch spart Land j nur die Transaktionskosten mit Land n ein, während Land n durch den Beitritt die Währungsumtauschkosten mit allen anderen Mitgliedsländern eliminieren kann. Diese Diskrepanz zwischen dem Nutzen des Neumitglieds und dem Nutzen einen Mitglieds wird um so größer, je mehr Mitglieder in der Währungsunion sind. Je größer also die Währungsunion ist, um so geringer ist der Anreiz für die Mitglieder ein neues Land aufzunehmen, aber um so größer ist der Anreiz für einen Outsider, endlich Mitglied zu werden.

Währungsunion mit Arbeitskräftemobilität[120]

Bisher wurde angenommen, daß der Faktor Arbeit immobil ist. Wenn diese Annahme jedoch gelockert wird, so daß Arbeitskräftemobilität möglich ist, fallen die Kosten einer Währungsunion geringer aus. Ein vereinfachter Prozeß der interregionalen Faktormobilität soll diese Bewegung von Arbeitskräften beschreiben. Ohne Faktormobilität würde für $\varepsilon_k<\varepsilon_j$ in Land k das Beschäftigungsniveau bei (1-Z) liegen, wobei Z hier die Unterbeschäftigung ausdrückt. In Land j hingegen herrsche Vollbeschäftigung. Im neuen Gleichgewicht bei Faktormobilität sind die

---

119 Siehe die Herleitung im Anhang zu Kapitel 5 (A 6) auf S. 147.

120 Vgl. zu dem Komplex Unsicherheit, Arbeitskräftemobilität und Währungsunion auch BERTOLA, 1989.

Beschäftigungsniveaus in Land k und j jeweils (1+δZ) und (1-δZ), wobei δ für den Mobilitätsgrad steht und zwischen null und eins liegt. Ist δ=1, so bedeutet dies, daß die Arbeitnehmer praktisch unendlich mobil sind. Ist δ=0, so sind die Arbeitnehmer völlig immobil, und man erhält die Gleichgewichte aus Gleichung (5.25). Je höher δ ist, je größer ist die Differenz zwischen momentanem und erwartetem zukünftigen Einkommen und je geringer sind die Umzugskosten.

Die Herleitung der Gleichgewichtsbedingungen für Land k unterscheiden sich prinzipiell nicht von dem Fall ohne Arbeitskräftemobilität, der schon diskutiert wurde. Für Land k gilt also nach wie vor

$$x_k = \frac{\varepsilon_k + \varepsilon_j}{2(1-\alpha)} < 0. \tag{5.47}$$

Es wird folgende Näherung, die nur für kleine Z gilt, für die Bestimmung des neuen Gleichgewichts in Land j verwendet:

$$\ln(1+Z) \approx Z \quad \text{und dementsprechend} \quad \ln(1-Z) \approx -Z. \tag{5.48}$$

Z steht für die Unterbeschäftigung in einem Land. Zur Bestimmung von Z kann das unveränderte Arbeitsmarktgleichgewicht aus Gleichung (5.47) verwendet werden. Für die Unterbeschäftigung in k gilt:

$$X_k = 1-Z \quad \text{und dementsprechend} \quad x_k = \ln(1-Z). \tag{5.49}$$

Die Verbindung von (5.47) mit (5.48) führt zu

$$\frac{\varepsilon_k - \varepsilon_j}{2(1-\alpha)} = -Z \quad \Rightarrow \quad Z = \frac{\varepsilon_j - \varepsilon_k}{2(1-\alpha)}. \tag{5.50}$$

Ein bestimmter Prozentsatz δ der Arbeitslosen aus Land k wandert nach Land j ab. Dadurch ergibt sich in Land j das vollständig nachgefragte Arbeitskräftepotential

$$X_j = 1+\delta Z \quad \text{bzw.} \quad x_j = \ln(1+\delta Z). \tag{5.51}$$

Durch die Verbindung von (5.50) und (5.51) gemeinsam mit der Näherungsformel (5.48) erhält man das neue Arbeitsmarktgleichgewicht in Land j:

$$x_j = \delta \frac{\varepsilon_j - \varepsilon_k}{2(1-\alpha)}. \tag{5.52}$$

In Land j herrscht daraufhin nicht mehr das alte Vollbeschäftigungsgleichgewicht wegen $x_j>0$. Das Einsetzen von Gleichung (5.52) in die Lohngleichung (5.3) ergibt:

$$w_j = \ln\alpha - (1-\alpha)\delta \frac{\varepsilon_j - \varepsilon_k}{2(1-\alpha)} + \varepsilon_j + p_j - e_{jk}. \tag{5.53}$$

Die Verwendung von Gleichung (5.16) und eine Vereinfachung der Terme unter Berücksichtigung von $\ln(\omega) = \ln(\alpha) + p_i$ führt zu:

$$w_j = \ln\omega - \delta\frac{\varepsilon_j - \varepsilon_k}{2} + \varepsilon_j - \frac{1}{2}(\varepsilon_j + \varepsilon_k). \tag{5.54}$$

Vereinfacht bedeutet dies:

$$w_j = \ln\omega - \delta\frac{\varepsilon_j - \varepsilon_k}{2} + \frac{1}{2}(\varepsilon_j + \varepsilon_k) = \ln\omega + (1-\delta)\frac{\varepsilon_j - \varepsilon_k}{2}. \tag{5.55}$$

Der Anstieg des Lohnniveaus in j bei Arbeitskräftemobiliät sinkt im Vergleich mit der Situation ohne Arbeitskräftemobilität um den Mobilitätsfaktor $(1-\delta)$ (siehe Gleichung (5.25)). Die Mobiltät des Faktors Arbeit dämpft folglich den Lohnanstieg. Für das neue Ouputniveau von Land j muß lediglich Gleichung (5.52) in die Produktionsfunktion (5.2) eingesetzt werden

$$y_j = \alpha\delta\frac{\varepsilon_j - \varepsilon_k}{2(1-\alpha)} + \varepsilon_j. \tag{5.56}$$

Die Faktormobilität führt somit zu einem stärkeren Anstieg der Produktionsmenge in Land j als bei Immobilität des Faktors Arbeit. Zusammenfassend ergeben sich also folgende neuen Gleichgewichtsbedingungen bei einer Währungsunion mit Arbeitskräftemobilität zwischen j und k:

	Output	*Lohn*
Land j	$y_j = \varepsilon_j - \alpha\delta(\varepsilon_j - \varepsilon_k)/[2(1-\alpha)]$	$w_j = \ln(\omega) + (1-\delta)(\varepsilon_j - \varepsilon_k)/2$
Land k	$y_k = \varepsilon_k - \alpha(\varepsilon_j - \varepsilon_k)/[2(1-\alpha)]$	$w_k = \ln(\omega)$

(5.57)

Das Gleichgewicht in k ist identisch mit der Situation ohne Faktormobilität in Gleichung (5.25). Das Outputniveau in j, wo eine Übernachfrage nach Arbeit besteht, ist durch die Zuwanderung von Arbeitskräften gestiegen. Im Vergleich zu (5.25) ist der Nominallohn weniger stark gewachsen. Arbeitskräftemobilität bewirkt also eine Reduktion des Produktionsverlusts durch asymmetrische Schocks in einer Währungsunion und senkt somit die volkswirtschaftlichen Kosten. Für den Grenzfall $\delta=1$ entsteht sogar kein Rückgang des Gesamtoutputs, da dann der Produktionsverlust in k durch eine gleich große Steigerung in j ausgeglichen wird.

Der partielle Ausgleich asymmetrischer Schocks durch Arbeitskräftewanderung wirkt sich auch auf den Nutzenunterschied zwischen einem System flexibler Wechselkurse und eine Währungsunion zwischen j und k aus. Die Erwartungswerte der Nutzenänderung für ein Land j innerhalb und ein Land m außerhalb der Währungsunion ergeben sich als[121]:

---

[121] Siehe die Herleitung im Anhang zu Kapitel 5 (A 7) auf S. 148.

$$E(\Delta U_j) = -\beta_{jk}\tau - \gamma(\beta_{jj} + \beta_{jk})(1-\delta)\phi(0)\sqrt{\sigma_j^2 - 2\sigma_{jk} + \sigma_k^2};$$
$$E(\Delta U_m) = -\gamma(\beta_{mj} + \beta_{mk})(1-\delta)\phi(0)\sqrt{\sigma_j^2 - 2\sigma_{jk} + \sigma_k^2}. \qquad (5.58)$$

Während der Nutzenzuwachs aus der Bildung einer Währungsunion weiterhin unverändert gleich den weggefallenen Transaktionskosten ist, hat sich der Nutzenverlust aufgrund der Verringerung des Outputs um den Mobilitätsfaktor (1-δ) verringert. Gleichung (5.58) verdeutlicht, daß bei vollständiger Arbeitskräftemobilität (δ=1) die Bildung einer Währungsunion keinen Nutzenverlust erwarten läßt, und zwar weder für die Insider noch für die Outsider einer Währungsunion.

5.3.3 Neuinterpretation der Kriterien für optimale Währungsräume

Die Ergebnisse der modelltheoretischen Gleichgewichtsbetrachtung können zur Neutinterpretation der traditionellen Optimalitätskriterien herangezogen werden. Es wurde gezeigt, daß Arbeitskräftemobilität den erwarteten Nutzenverlust durch asymmetrische Schocks in einer Währungsunion verringert, was MUNDELLS Theorie von 1961 bestätigt.

Der Offenheitsgrad einer Volkswirtschaft beeinflußt sowohl den Nutzen als auch die Kosten einer Währungsunion. Während der Nutzengewinn eines Landes vom Ausmaß der Importe von anderen Partnern in der Währungsunion abhängt, werden die Verluste von der Bedeutung des Konsums von Produkten aller Mitgliedsländer der Währungsunion beeinflußt. Je stärker in einem Land j die Nachfrage nach Produkten aus Land k ist, desto vorteilhafter ist es für j, mit k eine Währungsunion zu bilden. Es ist zu beachten, daß BAYOUMIS (1994) Argumentationslinie hinsichtlich des Offenheitsgrades leicht von derjenigen von MCKINNON (1963) abweicht, denn letzterer definiert den Offenheitsgrad als das Verhältnis von handelbaren zu nicht handelbaren Gütern.

Das Ausmaß der industriellen Diversifikation bedingt schließlich die Stärke der Produktivitätsschocks in den Mitgliedsländern einer Währungsunion. BAYOUMI (1994) argumentiert, daß durch einen hohen Diversifikationsgrad zwischen den Outputniveaus der Mitgliedsländer einer Währungsunion die Produktivitätsschocks weniger stark korreliert seien, so daß die Varianz des gemeinsamen Wechselkurses geringer sei. KENEN (1969) führt jedoch an, daß die Vorteilhaftigkeit einer Währungsunion wächst, wenn die Länder in sich selbst stark diversifiziert sind. Diese unterschiedliche Argumentation ist in erster Linie auf die BAYOUMIS Prämisse zurückzuführen, daß jedes Land nur ein homogenes Gut produziert.

5.4 Schlußfolgerungen

Das fünfte Kapitel beschäftigte sich mit der Theorie optimaler Währungsräume. Diese erklärt, unter welchen Bedingungen die Bildung einer Währungsunion im Vergleich zu Beibehaltung von flexiblen Wechselkursen vorteilhaft ist. Dazu werden die Kosten der Bildung einer Währungsunion ihrem Nutzen gegenübergestellt. Insbesondere die „alte“ Theorie beschäftigte sich damit, welche Kriterien die Höhe der Kosten bestimmen. Diese Kriterien sind der Grad der fiskalpolitischen Integration, die Größe und die Offenheit des Landes, Preis- und Lohnflexibilität, der Grad der Faktormobilität, die Ähnlichkeit der Produktionsstruktur zwischen den Ländern und der Grad der Diversifikation der Produktionsstruktur innerhalb des Landes. Diese Kriterien bestimmen unmittelbar die Variabilität des realen Wechselkurses. Ist diese niedrig, und besteht ein ausreichendes Maß an politischem Willen, so sind die Kosten der Währungsunion vergleichsweise gering. Die Kosten bestehen aus der Aufgabe der eigenständigen Geldpolitik und des Wechselkursmechanismus. Beide Instrumente können als Ausgleichsmechanismus bei asymmetrischen Schocks verwendet werden. Dies ist in einer Währungsunion nicht mehr möglich, und die Opportunitätskosten des entgangenen Politikinstrumentes sind die makroökonomischen Kosten. Diesen müssen die Nutzen gegenübergestellt werden. Die Nutzenkomponenten der Währungsunion sind die Erhöhung der Glaubwürdigkeit der Geldpolitik (insbesondere im Fall von sog. „Schwachwährungsländern“), die Einsparung von Transaktionskosten, die Verringerung der Unsicherheit sowie eine erhöhte Markttransparenz, die langfristig zu mehr Wettbewerb führt.

Ein Vorwurf an die Theorie optimaler Währungsräume ist, daß sie zu wenig mikro-fundiert arbeitet und im Grunde nur rein verbal-ökonomisch argumentiert. Die modelltheoretische Analyse in Abschnitt 5.3 hat jedoch gezeigt, daß die Grundaussagen der Theorie optimaler Währungsräume auch bei Mikrofundierung erhalten bleiben. Erstens führt wie bei jeder ökonomischen Entscheidung erst die Abwägung von Kosten und Nutzen zu einer effizienten Entscheidung. Das Modell war in der Lage, dies auf theoretischer Ebene zu quantifizieren. Zweitens wurde deutlich, daß eine Währungsunion beim Vorliegen asymmetrischer Schocks über andere Mechanismen als den Wechselkurs oder die Geldpolitik verfügen muß, um für einen Ausgleich der Zahlungsbilanzen bzw. der Beschäftigung zu sorgen. Zu diesen anderen Instrumenten gehört drittens die Arbeitskräftemobilität. Ist diese hoch, so dämpft dies die Kosten der Bildung einer Währungsunion. Viertens zeigt das Modell, daß Drittländer bei der Bildung einer Währungsunion durch zwei Handelspartner ausschließlich verlieren. Dieses Ergebnis verwundert insofern nicht, da es im Grunde analog zu dem Ergebnis ist, daß man schon aus der Handelstheorie bei der Bildung eine Zollunion kennt (vgl. z.B. HEALEY, 1995; KRUGMAN/OBSTFELD, 1997). Das Modell leistet es schließlich, daß Kosten und Nutzen eindeutig den Ländern zuzuordnen sind. Schon Mundell gibt in seinem Modell keine Antwort darauf, „ob es für die beiden betrachteten Länder vorteilhaft ist, eine Währungsunion zu bilden oder ob es für das einzelne Land vorteilhaft ist, einer Währungsunion beizutreten.“ (WILLMS, 1998, S. 52) Mit Hilfe der modelltheoretischen Analyse konnte dieses Problem jedoch behoben werden.

Ein weiterer Vorwurf insbesondere an die alte Theorie optimaler Währungsräume ist, daß es an ihrer empirischen Umsetzbarkeit mangelt. Gerade aber die Vertreter der neueren Theorie haben bewiesen, daß man durchaus auch bestimmte Teile empirisch umsetzen kann. Einen Literaturüberblick über empirische Arbeiten insbesondere im Vorfeld zur Europäischen Währungsunion gibt z.B. RICCI (1997, S. 7-9). Der Fragestellung, ob mittel- und osteuropäische Länder der EWU beitreten sollten, wird in jüngster Zeit relativ häufig diskutiert. Zu diesen Arbeiten gehören u.a. MAJCEN (1999), BOONE/MAUREL (1998 und 1999), DE-GRAUWE/AKSOY (1999) und MORTENSEN/RICHTER (2000), wobei sich diese Untersuchungen in der Regel auf die Länder, mit denen sei 1998 verhandelt wird, beschränken. Die folgenden zwei Kapitel werden sich deshalb auch mit der empirischen Untersuchung der Theorie optimaler Währungsräume angewendet auf die mittel- und osteuropäischen Länder beschäftigen. Im Gegensatz zu diesen Untersuchungen ist zum einen die Gruppe der betrachteten Länder größer. Zum anderen erlauben die hier verwendeten Methoden nicht nur eine Trennung der Schocks in Angebots- und Nachfrageschocks sowie ihre Verarbeitung in den Ländern (Kapitel 6), sondern es wird ferner auch eine umfassende Analyse verschiedener Kriterien der Theorie optimaler Währungsräume möglich (Kapitel 7).

5.5 Anhang zu Kapitel 5

A 1. Herleitung der Gleichung (5.3)

Bei vollständiger Konkurrenz ist der Gewinn aus dem Verkauf der Produktion von Land i gleich der Differenz zwischen Erlös und Kosten:

Erlös in Land i: $R_i = P_i X_i^{\alpha} e^{\varepsilon_i}$. (5.59)

Kosten in Land i: $K_i = W_i E_i X_i$. (5.60)

Gewinn in Land i: $\pi = P_i X_i^{\alpha} e^{\varepsilon_i} - W_i E_i X_i$. (5.61)

Die Ableitung der Gewinnfunktion nach X_i ergibt:

$$\frac{d\pi_i}{dX_i} = P_i \alpha X_i^{\alpha-1} e^{\varepsilon_i} - W_i E_i . \qquad (5.62)$$

Der Gewinn wird dort maximiert, wo die Differenz aus Grenzerlös und Grenzkosten gleich Null ist bzw. Grenzerlöse gleich Grenzkosten sind:

$$P_i \alpha X_i^{\alpha-1} e^{\varepsilon_i} = W_i E_i . \qquad (5.63)$$

Eine Logarithmierung dieser Gleichung ergibt

$$\ln P_i + \ln \alpha + (\alpha - 1) \ln X_i + \varepsilon_i = \ln W_i + \ln E_i , \qquad (5.64)$$

oder

$$p_i + \ln \alpha + (\alpha - 1) x_i + \varepsilon_i = w_i + e_i . \qquad (5.65)$$

Kleinere Umformungen führen schließlich zu Gleichung (5.3).

A 2. Die Bedeutung der Nutzenelastizität

Um die Bedeutung der Nutzenelastizität β_{ji} und die Zusammensetzung von ϕ zu verdeutlichen, kann man die Nutzenfunktion (5.9) $U_j = \sum_{i=1}^{N} \beta_{ji} \ln(C_{ji}) - \phi$ umformen zu:

$$U_j = \sum_{i=1}^{N} \beta_{ji} \ln(C_{ji}) - \sum_{i=1}^{N} \beta_{ji} \ln(\beta_{ji})$$

$$U_j = \sum_{i=1}^{N} \left[\beta_{ji} \ln(C_{ji}) - \beta_{ji} \ln(\beta_{ji}) \right]$$

$$U_j = \sum_{i=1}^{N} \ln \left(\frac{C_{ji}}{\beta_{ji}} \right)^{\beta_{ji}}$$

$$U_j = \ln \prod_{i=1}^{N} \left(\frac{C_{ji}}{\beta_{ji}} \right)^{\beta_{ji}} . \qquad (5.66)$$

In Gleichung (5.66) ist es leicht erkennbar, warum die Nutzenfunktion eine Cobb-Douglas-Funktion ist. Um die Bedeutung des Parameters β_{ji} zu erklären, müssen noch einige Umformungen vorgenommen werden. Die Division von C_{ji} durch β_{ji} hat keinen ökonomischen Hintergrund, sondern vereinfacht nur die Rechnung. Deshalb wird eine neue Variable C^*_{ji} kreiert, um diese technische Umformung rückgängig zu machen:

$$C^*_{ji} = \frac{C_{ji}}{\beta_{ji}}. \qquad (5.67)$$

Da die Logarithmierung der rechten Seite der Gleichung ebenfalls nur der Rechenvereinfachung dient, ergibt die Entlogarithmierung:

$$e^{U_j} = \prod_{i=1}^{N} C^{*\,\beta_{ji}}_{ji} . \qquad (5.68)$$

Im folgenden sei $e^{U_j} = U^*_j$, so daß sich die Gleichung (5.68) zu

$$U^*_{ji} = \prod_{i=1}^{N} C^{*\,\beta_{ji}}_{ji} . \qquad (5.69)$$

vereinfacht. Der „Einzelnutzen“ aus dem Konsum eines bestimmten Gutes aus Land i ist dann

$$U^*_{ji} = C^{*\,\beta_{ji}}_{ji} . \qquad (5.70)$$

Die Nutzenelastizität des Konsums des Gutes i in der Land j ergibt sich als:

$$\varphi_{ji} = \frac{\dfrac{dU^*_{ji}}{U^*_{ji}}}{\dfrac{dC^*_{ji}}{C^*_{ji}}} = \frac{dU^*_{ji}}{dC^*_{ji}} \cdot \frac{C^*_{ji}}{U^*_{ji}} . \qquad (5.71)$$

Eine Ableitung der modifizierten Nutzenfunktion $U^*_j = C^{*\,\beta_{ji}}_{ji}$ nach C^*_{ji} ergibt für die Betrachtung nur eines Gutes i:

$$\frac{dU^*_{ji}}{dC^*_{ji}} = \beta_{ji} C^{*\,\beta_{ji}-1}_{ji} . \qquad (5.72)$$

Die Nutzenelastizität des Konsums ergibt sich damit als

$$\varphi_{ji} = \beta_{ji} C_{ji}^{*\,\beta_{ji}-1} \cdot \frac{C_{ji}^*}{U_{ji}^*} = \beta_{ji} C_{ji}^{*\,\beta_{ji}-1} \cdot \frac{C_{ji}^*}{C_{ji}^{*\,\beta_{ji}}} = \beta_{ji} \tag{5.73}$$

und zeigt, wie sich der Nutzen in Land j prozentual verändert, wenn ein Prozent mehr des Gutes i konsumiert wird.

A 3. Herleitung der Gleichung (5.12)

Das Volkseinkommen in Land i gleicht der Summe der nominalen Nachfrage aller Länder j (einschließlich des Landes i selbst)

$$Y_i P_i = \sum_{j=1}^{M} Y_{ji} P_j = \sum_{j=1}^{M} \beta_{ji} Y_j P_j \,. \tag{5.74}$$

Da $\sum_{i=1}^{M} \beta_{ij} = 1$ für alle i gilt, muß das Volkseinkommen in allen Ländern gleich groß sein, also $Y_i P_i = Y_1 P_1 = \ldots = Y_n P_n$. Weil jedoch für Land 1 definitionsgemäß gilt, daß $Y_1 = 1$ (weil $\varepsilon_1=0$) und $P_1=1$, muß $Y_i P_i = 1$ gelten. Daraus folgt:

$$Y_i = 1/P_i \qquad \text{für alle i.} \tag{5.75}$$

A 4. Herleitung der Gleichung (5.15)

Einsetzen der Konsumfunktion (5.14) in die Nutzenfunktion (5.9) ergibt:

$$U_j = \sum_{i=j}^{N} \beta_{ji} \left[\ln \beta_{ji} + \ln(1-T_j) + \varepsilon_i \right] - \phi \,. \tag{5.76}$$

Zur Umformung des Klammerausdrucks müssen folgende Beziehungen beachtet werden:

$$\phi = \sum_{i=1}^{N} \beta_{ji} \ln(\beta_{ji}) \qquad \text{sowie}$$

$$\sum_{i \neq j}^{N} \beta_{ji} \ln(1-T_j) = \sum_{i=1}^{N} \beta_{ji} \tau - \beta_{jj} \tau = \sum_{i \neq j}^{N} \beta_{ji} \tau \quad \text{mit } \tau = \ln(1-T)\,.$$

Der Laufindex i kann, wie im Text angedeutet, den Wert j nicht annehmen, da beim Konsum von Gütern aus j durch Konsumenten des Landes j keine Transaktionskosten anfallen, weil kein Währungsumtausch notwendig ist. Unter Berücksichtigung dieser beiden Beziehungen wird aus der umgeformten Nutzenfunktion (5.76):

$$U_j = \phi + \sum_{i \neq j}^{N} \beta_{ji} \tau + \sum_{i=1}^{N} \beta_{ji} \varepsilon_i - \phi = \sum_{i=1}^{N} \beta_{ji} \varepsilon_i + \sum_{i \neq j}^{N} \beta_{ji} \tau \,. \tag{5.15}$$

A 5. Herleitung der Gleichung (5.16)

Der Wechselkurs der Währungsunion ergibt sich als geometrisches Mittel der Wechselkurse von k und j. Wie bereits angesprochen, liegt dieser Formel keine ökonomische Annahme zugrunde:

$$E_{jk} = \sqrt{E_j E_k}\,. \tag{5.77}$$

In logarithmierter Form wird die Gleichung zu

$$\ln(E_{jk}) = \frac{1}{2}\left[\ln(E_j) + \ln(E_k)\right] \quad \Leftrightarrow \quad e_{jk} = \frac{1}{2}\left(e_j + e_k\right). \tag{5.78}$$

Gemäß der Gleichung (5.5) gilt $e_i = \varepsilon_i$, so daß sich (5.78) schreiben läßt als:

$$e_{jk} = (\varepsilon_j + \varepsilon_k)/2\,.$$

A 6. Herleitung der Gleichung (5.46)

Die Betrachtung der Nutzenänderung durch den Beitritt von Land n zur Währungsunion läßt sich ebenfalls aus Sicht eines Insiders, z.B. Land j, anstellen. Um diese zu berechnen, muß man die Nutzenänderung bei Bildung einer Währungsunion mit drei Mitgliedern von der Nutzenänderung bei der Bildung einer Währungsunion mit nur zwei Mitgliedern abziehen.

Wenn alle drei Länder j, k und n gemeinsam eine Währungsunion bilden, ergibt sich analog zu (5.42) folgende Nutzenänderung für das Land j:

$$E(\Delta U_j) = -\sum_{i=k,l} \beta_{ji}\tau - \sum_{i=j,k,l} \beta_{ji}\phi(0)\sqrt{\sigma_i^2 - 2\rho_{i(jk+l)}\sigma_i\sigma_{jk+l} + \sigma_{jk+l}^2}\,. \tag{5.79}$$

Falls nur j und k eine Währungsunion bilden, ergibt sich die Nutzenänderung analog zu (5.40)

$$E(\Delta U_j) = -\beta_{jk}\tau - \gamma(\beta_{jj} + \beta_{jk})\phi(0)\sqrt{\sigma_j^2 - 2\sigma_{jk} + \sigma_k^2}\,. \tag{5.80}$$

Die Subtraktion von Gleichung (5.80) von Gleichung (5.79) führt zu

$$
\begin{aligned}
E(\Delta U_j) &= -\sum_{i=j,k} \beta_{ji}\tau - \sum_{i=j,k,l} \beta_{ji}\phi(0)\sqrt{\sigma_i^2 - 2\rho_{i(jk+l)}\sigma_i\sigma_{jk+l} + \sigma_{jk+l}^2} \\
&\quad + \beta_{jk}\tau + \gamma(\beta_{jj} + \beta_{jk})\phi(0)\sqrt{\sigma_j^2 - 2\sigma_{jk} + \sigma_k^2} \\
&= -\sum_{i=j,k} \beta_{ji}\tau + \beta_{jk}\tau - \gamma\beta_{jl}\phi(0)\sqrt{\sigma_l^2 - 2\rho_{l(jk+l)}\sigma_l\sigma_{jk+l} + \sigma_{jk+l}^2} \\
&\quad - \sum_{i=j,k} \gamma\beta_{ji}\phi(0)\sqrt{\sigma_i^2 - 2\rho_{i(jk+l)}\sigma_i\sigma_{jk+l} + \sigma_{jk+l}^2} \\
&\quad + \sum_{i=j,k} \gamma\beta_{ji}\phi(0)\sqrt{\sigma_j^2 - 2\sigma_{jk} + \sigma_k^2} \\
&= -\beta_{jl}\tau - \gamma\beta_{jl}\phi(0)\sqrt{\sigma_l^2 - 2\rho_{l(jk+l)}\sigma_l\sigma_{jk+l} + \sigma_{jk+l}^2} \\
&\quad - \sum_{i=j,k} \beta_{ji}\phi(0)\left(\sqrt{\sigma_i^2 - 2\rho_{i(jk+l)}\sigma_i\sigma_{jk+l} + \sigma_{jk+l}^2} - \sqrt{\sigma_j^2 - 2\sigma_{jk} + \sigma_k^2}\right).
\end{aligned}
\tag{5.81}
$$

A 7. Herleitung der Gleichung (5.58)

Bei Faktormobilität zwischen den Ländern j und k würde unter Berücksichtigung von Gleichung (5.43) bis (5.45) die Nutzenänderung von j genauso hergeleitet werden, wie es in Gleichung (5.26) bis (5.31) für den Fall ohne Faktormobilität getan wurde. Analog zu Gleichung (5.32) ergibt sich also für den Fall mit Faktormobilität die Nutzenänderung von j als:

$$\Delta U_j = -\beta_{jk}\tau - \beta_{jk}\alpha(1-\delta)\frac{\varepsilon_j - \varepsilon_k}{2(1-\alpha)}. \tag{5.82}$$

Durch die Verbindung von Gleichung (5.82) mit Gleichung (5.38) erhält man (ähnlich wie für Gleichung (5.40)) die erwartete Nutzenänderung als:

$$E(\Delta U_j) = -\beta_{jk}\tau - \gamma(\beta_{jj} + \beta_{jk})(1-\delta)\phi(0)\sqrt{\sigma_j^2 - 2\sigma_{jk} + \sigma_k^2}. \tag{5.83}$$

6 Die Verarbeitung von Schocks in der EU und in mittel- und osteuropäischen Ländern

6.1 Motivation und Fragestellung

Wie bereits im voranstehenden Kapitel erläutert, hängt die Entscheidung, ob ein Land Mitglied der Währungsunion werden soll, von den Nutzen im Vergleich zu den Kosten eines Beitritts ab. Der Nutzen besteht in der Verringerung der Transaktionskosten, der Reduktion der Unsicherheit, der Erhöhung der Glaubwürdigkeit sowie der gestiegenen Transparenz. Die Kosten leiten sich dagegen aus schwerer bestimmbaren makroökonomischen Effekten ab, die die Folge der Aufgabe des Wechselkursinstruments und der eigenständigen Geldpolitik sind.

Da Länder in einer Währungsunion symmetrische und asymmetrische Schocks verarbeiten müssen, ohne auf den Wechselkursmechanismus bzw. die Geldpolitik zurückgreifen zu können, stellt sich die Frage, wie hoch die aus der Aufgabe zweier Stabilisierungsinstrumente entstehenden Kosten sind. Einer der Faktoren ist, wie oft die Länder in der Vergangenheit zur Stabilisierung ihrer Volkswirtschaft auf das Wechselkursinstrument bzw. die Geldpolitik zurückgreifen mußten. Länder, die häufiger von asymmetrischen Schocks getroffen wurden, stützten sich ceteris paribus eher auf diese Instrumente, als Länder, die seltener asymmetrischen Schocks entgegenzuwirken hatten. Beim häufigen Auftreten von divergierenden Schocks muß es deshalb andere Mittel als das Wechselkursinstrument geben, um die negativen Effekte auszugleichen. Zu diesen gehören neben anderen die bereits erwähnten Kriterien Faktormobilität, Lohn- und Preisflexibilität und die Diversifikation der Produktionsstruktur.

Vor diesem Hintergrund wird deutlich, daß Schocks den Ausgangspunkt für alle Argumente der Kostenseite bilden. In diesem Kapitel werden deshalb grundsätzlich die Schocks in der EU sowie in mittel- und osteuropäischen Ländern untersucht. Die Fragestellung lautet demzufolge, wie sich die Angebots- und Nachfrageschocks in ihrer Größe aber auch in ihrer Verarbeitung in den EWU-Beitrittsländern im Vergleich zu den heutigen Mitgliedsländern der Währungsunion unterscheiden. Die folgende Analyse soll dazu dienen, zumindest eine relative Aussage über die Höhe der Beitrittskosten treffen zu können. Hierfür wird auf das empirische Verfahren der strukturellen Vektorautoregression zurückgegriffen. Um dieses Verfahren sinnvoll anzuwenden, muß zunächst das Modell dargestellt werden. Danach erfolgt die Beschreibung der Schätzmethode sowie die Präsentation der empirischen Ergebnisse.

6.2 Theoretische Überlegungen

Für die gewählte Fragestellung – das gesamtwirtschaftliche Verhalten von Angebots- und Nachfrageschocks – wird auf das allgemeine Modell der Makroökonomik zurückgegriffen, das sich in einem Preis-Mengen-Diagramm durch eine mit negativer Steigung verlaufende aggregierte Nachfragekurve, eine positiv ansteigende kurzfristige Angebotskurve und eine senkrechte langfristige Angebotskurve abbilden läßt (vgl. Abbildung 6.1). Da es hier nicht möglich ist, die Funktionen im einzelnen von ihrer Lage und ihrer Steigung her zu erläutern, sei auf die einschlägige makroökonomische Grundlagenliteratur verwiesen (z.B. DORNBUSCH/FISCHER/STARTZ, 1998).

Abbildung 6.1: Wirkungen von Nachfrage- und Angebotsschocks

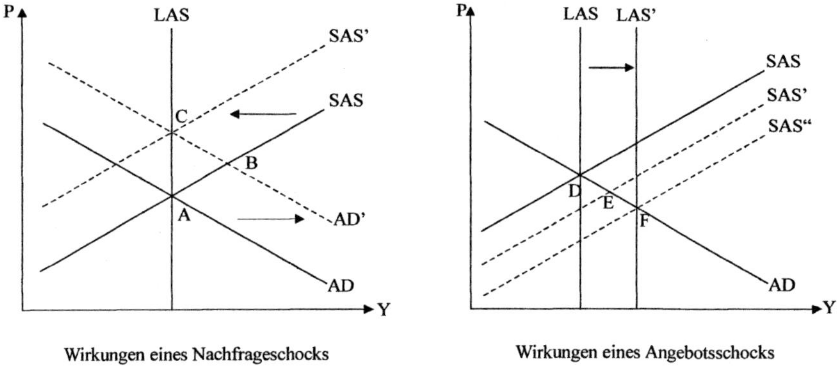

In Abbildung 6.1 liegt ein langfristiges Gleichgewicht einer Volkswirtschaft vor, wenn sich die aggregierte Nachfragefunktion (AD), die kurzfristige aggregierte Angebotsfunktion (SAS) und die langfristige aggregierte Angebotsfunktion (LAS) in einem Punkt schneiden. Genau hier entspricht das tatsächliche Preisniveau dem erwarteten, und der Output entspricht dem natürlichen Niveau.

Wird die Volkswirtschaft nun von einem positiven Nachfrageschock getroffen, so verschiebt sich die AD-Funktion nach rechts (AD → AD'), und die Volkswirtschaft befindet sich zunächst in Punkt B (s. linke Darstellung in Abbildung 6.1). Zu dauerhaften positiven Nachfrageschocks zählt man eine expansive Geldpolitik oder eine geldpolitisch akkommodierte Erhöhung staatlicher oder privater Ausgaben. Die Ausdehnung der Nachfrage verursacht sowohl einen Anstieg im Preisniveau als auch im Output. Nachdem das kurzfristige Gleichgewicht in B erreicht ist, kommt es dann zu Lohnerhöhungen, die dazu führen, daß sich die kurzfristige Angebotsfunktion nach links oben verschiebt (SAS → SAS'). Dieser Prozeß hält solange an, bis sich die Volkswirtschaft wieder im langfristigen Gleichgewicht auf der LAS-Funktion befindet (Punkt C). Als Fazit kann man festhalten: Nachfrageschocks haben langfristig nur eine Wirkung auf das Preisniveau.

Die rechte Seite von Abbildung 6.1 zeigt die Wirkung eines positiven Angebotsschocks. Darunter versteht man beispielsweise verbesserte Produktionstechnologien, verbesserte Qualität und Mobilität des Faktors Arbeit oder die vorteilhaften

Auswirkungen von Infrastrukturmaßnahmen. Eine technologische Innovation verschiebt die kurzfristige und die langfristige Angebotsfunktion nach außen (LAS → LAS' und SAS → SAS'). Im Punkt E ist das Preisniveau gesunken und der Output gestiegen. Allerdings ist er immer noch unterhalb seines langfristigen Niveaus, so daß es über (reale) Lohnsenkungen zu einer Verschiebung der kurzfristigen Angebotskurve nach unten kommt. Ein neues Gleichgewicht wird in F erreicht. Man kann also festhalten: Angebotsschocks haben langfristig sowohl eine Wirkung auf das Preisniveau als auch den Output.

6.3 Vorgehensweise der strukturellen Vektorautoregression

In den letzten Jahren beschäftigt sich die Zeitreihenanalyse immer stärker mit Mehrgleichungsmodellen. Die von SIMS (1980) für die Analyse von makroökonomischen Zeitreihen eingeführte Methode der Vektorautoregression (VAR) hat in ihrer Standardform gegenüber den traditionellen Mehrgleichungsmodellen den Vorteil, daß das Problem einer Klassifizierung nach endogenen und exogenen Größen entfällt. Mit anderen Worten modelliert die VAR alle Variablen als endogene Größen. Der Vektor der endogenen Variablen stellt in der Standardform eine autoregressive Funktion der zeitverzögerten Werte dieser Größen dar.

Dieser Standardversion der VAR wird häufig vorgeworfen, daß sie die ökonomische Theorie zu wenig berücksichtigt, denn in den seltensten Fällen ist eine Größe nur durch ihre Vergangenheitswerte bestimmt. Im folgenden wird jedoch gezeigt, daß man mit Hilfe der strukturellen VAR ökonomische Theorie mit der multiplen Zeitreihenanalyse verbinden kann. Dabei wird hier eine Methode erklärt, die zuerst von BLANCHARD/QUAH (1989) angewendet wurde. BAYOUMI/EICHENGREEN (1992) analysieren mit ihrer Hilfe die Schocks in den Mitgliedsländern der EU. Der Beitrag dieser Arbeit liegt schließlich darin, diese Methode auf mittel- und osteuropäische Länder anzuwenden.

Eine Vektorautoregression erster Ordnung in der Standardform läßt sich durch folgendes Gleichungssystem beschreiben:

$$\begin{aligned} \Delta y_t &= a_{10} + a_{11}\Delta y_{t-1} + a_{12}\Delta p_{t-1} + e_{1t} \\ \Delta p_t &= a_{20} + a_{21}\Delta y_{t-1} + a_{22}\Delta p_{t-1} + e_{2t}\ . \end{aligned} \tag{6.1}$$

e_{1t} ist ein Schock auf die Änderung des Outputs Δy_t. Entsprechend stellt e_{2t} ein Schock auf die Änderung des Preisniveaus Δp_t dar. Da die beiden zu erklärenden Variablen Δy_t und Δp_t nur durch ihre zeitverzögerten Werte einer Vorperiode Δy_{t-1} und Δp_{t-1} (und nicht auf der Basis von Werten aus mehreren Vorperioden) erklärt werden, nennt man dieses System eine VAR erster Ordnung. a_{10} bis a_{22} sind die Regressionskoeffizienten.

Dieses System ist dadurch gekennzeichnet, daß die zu erklärenden Variablen auf der linken Seite stehen und die beiden Gleichungen nicht interdependent sind. Letzteres erkennt man daran, daß die Innovation in der Produktion e_{1t} nur auf Δy_t, nicht aber auf Δp_t in der gleichen Periode wirkt. Deshalb nennt man dieses System auch rekursiv, weil alle Relationen zwischen zwei Variablen innerhalb einer Periode unilateral sind. Schematisch sei dies in Abbildung 6.2 oben gezeigt. Ein Beispiel für einen Schock e_{1t} ist eine Innovation in der Produktion wie z.B. eine neue Produktionstechnologie. In der gleichen Periode wird durch die verbesserte Herstellung der Output erhöht, aber erst in der nächsten Periode hat diese Steigerung des Output Auswirkungen auf die Preise. Ein Angebots- oder Nachfrageschock hat jedoch in der gleichen Periode sowohl Auswirkungen auf das Preisniveau als auch auf den Output. Dies kann daran liegen, daß Preise und Output sich gegenseitig beeinflussen, also ein Feedback innerhalb einer Periode zwischen den Variablen existiert. Folglich ist die VAR in der Standardform nicht das geeignete Analyseinstrument zur Beantwortung der Fragestellung, weil diese die Rückkopplung von zwei Variablen ausschließt. Ein praktischer Vorteil der VAR in der Standardform ist jedoch, daß sie von gängigen ökonometrischen Softwarepaketen wie E-Views geschätzt werden kann.

Abbildung 6.2: Schematische Darstellung von Rekursivität und Interdependenz

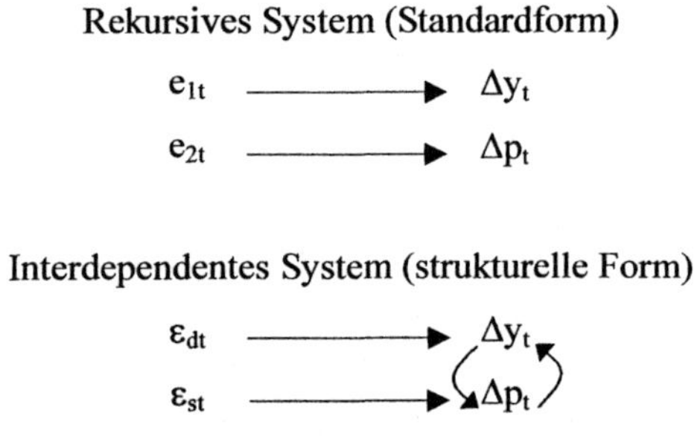

Eine strukturelle VAR erster Ordnung läßt sich durch folgendes System beschreiben:

$$\begin{aligned} \Delta y_t &= b_{10} + b_{11}\Delta p_t + b_{12}\Delta y_{t-1} + b_{13}\Delta p_{t-1} + \varepsilon_{dt} \\ \Delta p_t &= b_{20} + b_{21}\Delta y_t + b_{22}\Delta y_{t-1} + b_{23}\Delta p_{t-1} + \varepsilon_{st} \end{aligned} \qquad (6.2)$$

In diesem System stehen die zu erklärenden Variablen Δy_t und Δp_t sowohl auf der linken als auch auf der rechten Seite. ε_{dt} steht hier für einen Nachfrageschock, ε_{st} für einen Angebotsschock. An dieser Stelle ist es noch gleichgültig, ob man den Angebots- oder den Nachfrageschock in die erste Gleichung einfügt. Die Reihenfolge wird erst bei den Restriktionen wichtig. Darauf wird jedoch erst später eingegangen. Annahmegemäß seien Nachfrage- und Angebotsschocks in einer Periode nicht miteinander korreliert ($cov(\varepsilon_{dt}, \varepsilon_{st})=0$). Ökonomisch ist diese Annahme plausibel: Wenn zeitgleich eine expansive Fiskalpolitik und eine verbesserte Technologie auftreten, haben diese beiden Störungen (innerhalb einer Periode) nichts miteinander zu tun. Ferner wird angenommen, daß die verwendeten Zeitreihen stationär sind, d.h. ihr Mittelwert und ihre Varianzen bleiben über die Zeit konstant und die Kovarianzen sind unabhängig vom gewählten Zeitpunkt. Ob die Variablen in einer VAR stationär sein müssen oder nicht, wird in der Literatur diskutiert. Der Einfachheit halber wollen wir hier nicht auf diese Diskussion eingehen. Wir nehmen an, daß jede Zeitreihe durch geeignete Differenzenbildung in eine stationäre Zeitreihe überführt werden kann. Dies ist auch Grundlage der BLANCHARD/QUAH-Vorgehensweise.

Im Unterschied zur VAR in Standardform wirken die Störterme ε_{dt} und ε_{st} in der gleichen Periode sowohl auf die Änderung des Outputs als auch auf die Änderung des Preisniveaus, weil zwischen Δy_t und Δp_t eine Rückkopplung besteht. Damit handelt es sich um ein interdependentes System (siehe Abbildung 6.2 unten). Diesen zeitgleichen Effekt auf die zu erklärenden Variablen bilden die Koeffizienten b_{11} und b_{21} ab. Problematisch ist, daß interdependente Gleichungen zu inkonsistenten Schätzungen führen, denn Standardschätzmethoden setzen voraus, daß die erklärende Variable unabhängig vom Störterm ist. In der Standardform der VAR ist diese Bedingung allerdings erfüllt, so daß ihre Schätzung keine Probleme bereitet.

Aus den voranstehenden Überlegungen läßt sich festhalten: Einerseits will man die strukturelle VAR schätzen, kann dies aber nicht, weil dies zu inkonsistenten Schätzungen führt. Andererseits ist dieses Problem bei der VAR in Standardform umgangen, aber das Gleichungssystem trifft die Fragestellung nicht. Folglich muß versucht werden, aus der Schätzung der Standardform die notwendigen Parameter der strukturellen Form zu identifizieren. Dabei sei hier schon auf das nächste Problem, das erst später ausführlich erläutert wird, hingewiesen: Die Anzahl der Schätzer in den beiden Systemen stimmt nicht überein, denn die strukturelle Form hat mehr Parameter. Demnach muß man die Variablen in der strukturellen VAR beschränken. Zunächst sei die Überführung der strukturellen VAR in die Standardform gezeigt, danach wird erläutert, wie man das System restringiert.

Für die Überführung der strukturellen VAR in die Standardform werden zunächst die zu erklärenden Variablen der strukturellen VAR in Gleichung (6.2) auf die linke Seite gebracht, und das System in die handlichere Matrixschreibweise überführt:

$$\begin{pmatrix} 1 & -b_{11} \\ -b_{21} & 1 \end{pmatrix} \begin{pmatrix} \Delta y_t \\ \Delta p_t \end{pmatrix} = \begin{pmatrix} b_{10} \\ b_{20} \end{pmatrix} + \begin{pmatrix} b_{12} & b_{13} \\ b_{22} & b_{23} \end{pmatrix} \begin{pmatrix} \Delta y_{t-1} \\ \Delta p_{t-1} \end{pmatrix} + \begin{pmatrix} \varepsilon_{dt} \\ \varepsilon_{st} \end{pmatrix}. \tag{6.3}$$

Auflösen dieses Gleichungssystems nach Δy_t und Δp_t sowie eine Anpassung der Notation ergibt:

$$\begin{pmatrix} \Delta y_t \\ \Delta p_t \end{pmatrix} = \begin{pmatrix} a_{10} \\ a_{20} \end{pmatrix} + \begin{pmatrix} a_{11} & a_{12} \\ a_{21} & a_{22} \end{pmatrix} \begin{pmatrix} \Delta y_{t-1} \\ \Delta p_{t-1} \end{pmatrix} + \begin{pmatrix} e_{1t} \\ e_{2t} \end{pmatrix}. \tag{6.4}$$

Dies ist wieder die Standardform der VAR, denn e_{1t} beeinflußt nur Δy_t, und e_{2t} beeinflußt nur Δp_t. Die Koeffizienten a_{10} bis a22 ergeben sich durch die Multiplikation der B-Matrizen mit der Inversen der Matrix $\begin{pmatrix} 1 & -b_{11} \\ -b_{21} & 1 \end{pmatrix}$. Durch Iteration erhält man die Formulierung dieser Gleichung in gleitenden Durchschnitten („Vector-Moving-Average-Representation" bzw. VMA-Darstellung):

$$\begin{pmatrix} \Delta y_t \\ \Delta p_t \end{pmatrix} = \begin{pmatrix} \Delta \bar{y}_t \\ \Delta \bar{p}_t \end{pmatrix} + \sum_{i=0}^{\infty} \begin{pmatrix} a_{11} & a_{12} \\ a_{21} & a_{22} \end{pmatrix}^i \begin{pmatrix} e_{1t} \\ e_{2t} \end{pmatrix}. \tag{6.5}$$

Die Änderung von Output und Preisniveau setzt sich also zusammen aus einem Zeittrend, der mit Hilfe der Balken über y_t und p_t dargestellt wird, und den Wirkungen der Störterme e_{1t} und e_{2t} im Zeitverlauf.

Mit den voranstehenden drei Schritten wurde gezeigt, daß man aus den strukturellen Schocks ε_{dt} und ε_{st} die Störterme der Standardform e_{1t} und e_{2t} erhält. Letztere sind folglich nur eine Linearkombination von ε_{dt} und $\varepsilon_{st.}$. Schätzt man die Standardform der VAR, so erhält man automatisch e_{1t} und e_{2t}, da sie die Residuen der Schätzung darstellen. Man muß folglich nur noch einen geeigneten „Ausdruck" finden, um e_{1t} und e_{2t} in ε_{dt} und ε_{st} umzuwandeln. Die VMA-Darstellung wird jetzt so umgeformt, daß die Änderung von Output und Preisniveau in Abhängigkeit von Nachfrage- und Angebotsschocks (ε_{dt} und ε_{st}) dargestellt wird:

$$\begin{pmatrix} \Delta y_t \\ \Delta p_t \end{pmatrix} = \begin{pmatrix} \Delta \bar{y}_t \\ \Delta \bar{p}_t \end{pmatrix} + \sum_{i=0}^{\infty} \begin{pmatrix} a_{11} & a_{12} \\ a_{21} & a_{22} \end{pmatrix}^i \begin{pmatrix} c_{11} & c_{12} \\ c_{21} & c_{22} \end{pmatrix} \begin{pmatrix} \varepsilon_{dt} \\ \varepsilon_{st} \end{pmatrix}. \tag{6.6}$$

Vier Koeffizienten bestimmen die Matrix C. Dies bedeutet, man kann die Nachfrage- und Angebotsschocks identifizieren, wenn man diese Koeffizienten kennt:

$$C\varepsilon_t = e_t. \tag{6.7}$$

Die vier Gleichungen für die Elemente der Matrix C (c_{11}, c_{12}, c_{21}, c_{22}) erhält man, wenn man sich die Eigenschaften, die von beiden Seiten der Gleichung (6.7) erfüllt werden müssen, zu nutze macht. Diese Eigenschaften sind das Verhalten der Varianzen und der Kovarianz des Schockvektors e_t, das man in einer Varianz-Kovarianz-Matrix zusammenfassen kann. Die Varianz-Kovarianz-Matrix Ω ist definiert als der Erwartungswert des Schockvektors e_t multipliziert mit dem transponierten Schockvektor e_t':

$$\Omega = E\left(e_t \quad e_t'\right) = E\left(C \quad \varepsilon_t \cdot (C \quad \varepsilon_t)'\right) = C \quad E\left(\varepsilon_t \varepsilon_t'\right) \quad C' \qquad \text{mit } E(e_t) = 0. \tag{6.8}$$

Einsetzen von $C\varepsilon_t$ für e_t und Umformen nach dem Erwartungswert ergibt die Varianz-Kovarianz-Matrix der strukturellen Schocks $E(\varepsilon_t \varepsilon_t')$ multipliziert mit CC'. Wie schon erläutert, geht man davon aus, daß die Zeitreihen stationär sind. Deshalb kann man die Varianzen von ε_{dt} und ε_{st} auf eins normieren, ohne daß dies ökonomische Auswirkungen hätte. Gleichzeitig wurde schon gesagt, daß die beiden Schocks unkorreliert sind, ihre Kovarianz also null ist. Die Varianz-Kovarianz-Matrix der strukturellen Schocks Ω_ε ist somit:

$$\Omega_\varepsilon = E\left(\varepsilon_t \varepsilon_t'\right) = \begin{pmatrix} var(\varepsilon_{dt}) & 0 \\ 0 & var(\varepsilon_{st}) \end{pmatrix} = \begin{pmatrix} 1 & 0 \\ 0 & 1 \end{pmatrix}. \qquad (6.9)$$

Damit ergibt sich für die Varianz-Kovarianz-Matrix des Schockvektors e_t:

$$\Omega = CC'. \qquad (6.10)$$

In ausführlicherer Schreibweise bedeutet dies:

$$\begin{aligned} CC' &= \begin{pmatrix} c_{11} & c_{12} \\ c_{21} & c_{22} \end{pmatrix}\begin{pmatrix} c_{11} & c_{21} \\ c_{12} & c_{22} \end{pmatrix} = \begin{pmatrix} c_{11}^2 + c_{12}^2 & c_{11}c_{21} + c_{12}c_{22} \\ c_{11}c_{21} + c_{12}c_{22} & c_{21}^2 + c_{22}^2 \end{pmatrix} \\ &= \begin{pmatrix} var(e_{1t}) & cov(e_{1t}, e_{2t}) \\ cov(e_{1t}, e_{2t}) & var(e_{2t}) \end{pmatrix}. \end{aligned} \qquad (6.11)$$

Mit dieser Umformung wird ein weiteres Problem deutlich: In der Varianz-Kovarianz-Matrix stehen drei Elemente. Für die Bestimmung der Matrix C braucht man allerdings vier Ausdrücke (nämlich für c_{11}, c_{12}, c_{21}, c_{22}). Damit kommt man wieder auf das Problem zurück, daß das strukturelle System restringiert werden muß, da die strukturelle Form durch die Standardform unteridentifiziert bleibt. Darüber hinaus wird das Problem der Unteridentifikation deutlich, wenn man sich die Schätzer der beiden VAR-Versionen noch einmal ansieht. In der strukturellen Form sind es zehn Schätzer: b_{10}, b_{11}, b_{12}, b_{13}, b_{20}, b_{21}, b_{22}, b_{23}, $var(\varepsilon_{dt})$ und $var(\varepsilon_{st})$. In der Standardform nur neun Schätzer: a_{10}, a_{11}, a_{12}, a_{20}, a_{21}, a_{22}, $var(e_{1t})$, $var(e_{2t})$ und $cov(e_{1t}, e_{2t})$. Weil man aus der VAR-Schätzung der Standardform nur neun Parameter erhält, kann man die strukturelle Form nicht identifizieren. Damit muß also in der strukturellen VAR eine Variable beschränkt werden.

Unter Anwendung der Varianz-Kovarianz-Matrix erhält man drei Restriktionen:

$$c_{11}^2 + c_{12}^2 = var(e_{1t}), \qquad (6.12)$$

$$c_{21}^2 + c_{22}^2 = var(e_{2t}) \text{ und} \qquad (6.13)$$

$$c_{11}c_{21} + c_{12}c_{22} = cov(e_{1t}, e_{2t}). \qquad (6.14)$$

Die vierte Restriktion kommt aus den Überlegungen zum theoretischen Modell. Dieses impliziert, daß Nachfrageschocks langfristig keine Wirkungen auf das Outputniveau haben (siehe Abbildung 6.1). Daraus folgt:

$$\sum_{i=0}^{\infty} \begin{pmatrix} a_{11} & a_{12} \\ a_{21} & a_{22} \end{pmatrix}^i \begin{pmatrix} c_{11} & c_{12} \\ c_{21} & c_{22} \end{pmatrix} = \begin{pmatrix} 0 & ... \\ ... & ... \end{pmatrix}. \qquad (6.15)$$

Zuerst wurde diese Art der Restriktion zur Bestimmung der Varianz-Kovarianz-Matrix von BLANCHARD/QUAH (1989) angewendet. Mit Gleichung (6.15) ist darüber hinaus gewährleistet, daß die Gesamtwirkung eines Nachfrageschocks über die Zeit gleich null ist. Dies kann man auch ausdrücken als:

$$\sum_{i=0}^{\infty}\left(a_{11,i}c_{11} + a_{12,i}c_{21}\right) = 0. \qquad (6.16)$$

Für A als Matrix der Koeffizienten a_{ij} erhält man somit folgende Beziehung:

$$\sum_{i=0}^{\infty} A^i = (I-A)^{-1} = \begin{pmatrix} 1-a_{11} & -a_{12} \\ -a_{21} & 1-a_{22} \end{pmatrix}^{-1} = \frac{1}{\det(I-A)}\begin{pmatrix} 1-a_{22} & a_{12} \\ a_{21} & 1-a_{11} \end{pmatrix}, \qquad (6.17)$$

so daß die Restriktion in Gleichung (6.16) impliziert:

$$\frac{1-a_{22}}{\det(I-A)}c_{11} + \frac{a_{12}}{\det(I-A)}c_{21} = 0. \qquad (6.18)$$

Umgeformt bedeutet dies:

$$c_{21} = -\frac{1-a_{22}}{a_{12}}\, c_{11} \qquad (6.19)$$

Unter Verwendung dieser Beziehung und den Gleichungen (6.12) bis (6.14) kann man die Matrix C nach einigen Umformungen wie folgt aufstellen:

$$C = \begin{pmatrix} \sqrt{\operatorname{var}(e_{1t}) - c_{12}^2} & \sqrt{\dfrac{\left(\operatorname{cov}(e_{1t},e_{2t}) - z\operatorname{var}(e_{1t})\right)^2}{\operatorname{var}(e_{2t}) - 2z\operatorname{cov}(e_{1t},e_{2t}) + z^2\operatorname{var}(e_{1t})}} \\ zc_{11} & \dfrac{\operatorname{cov}(e_{1t},e_{2t}) - z\operatorname{var}(e_{1t}) + zc_{12}^2}{c_{12}} \end{pmatrix} \qquad (6.20)$$

mit $z = -\dfrac{1-a_{22}}{a_{12}}$.

Diese Matrix ermöglicht es, aus den Residuen der VAR in der Standardform die Nachfrage- und Angebotsschocks zu identifizieren. Außerdem kann man Simulationen durchführen, indem man das System in Gleichung (6.6) „schockt". Die vier Elemente, die sich aus $\sum_{i=0}^{\infty} A^i \cdot C$ ergeben, nennt man deshalb auch Impulsantwortfunktionen. Wenn man diese Elemente entlang der Zeitachse i, also für einzelne i's, aufzeichnet, so kann man erkennen, wie sich die Zeitreihen Δy_t und Δp_t als Reaktion auf einen normierten Nachfrage- oder Angebotsschock verhalten würden. Diese Darstellungsweise hat den Vorteil, daß man isoliert die Wirkungen von Angebots- und Nachfrageschocks betrachten kann. Außerdem ist die Vergleichbarkeit der Schocks dadurch gewährleistet, daß man sie auf eins normiert hat, wie dies in Gleichung (6.9) gezeigt ist. Tabelle 6.1 zeigt die sich ergebenden Impulsantwortfunktionen.

Tabelle 6.1: Die vier Impulsantwortfunktionen

Impulsantwort	
- des Outputs auf einen Nachfrageschock	$\sum_{i=0}^{\infty}\left(a_{11,i}c_{11} + a_{12,i}c_{21}\right)$
- der Preise auf einen Nachfrageschock	$\sum_{i=0}^{\infty}\left(a_{11,i}c_{12} + a_{12,i}c_{22}\right)$
- des Outputs auf einen Angebotsschock	$\sum_{i=0}^{\infty}\left(a_{21,i}c_{11} + a_{22,i}c_{21}\right)$
- der Preise auf einen Angebotsschock	$\sum_{i=0}^{\infty}\left(a_{21,i}c_{12} + a_{22,i}c_{22}\right)$

Damit sieht man, daß die strukturelle VAR ein geeignetes Instrument ist, um gesamtwirtschaftliche Schocks zu identifizieren und ihre Wirkungen zu analysieren. Somit kann man mit ihrer Hilfe erstens die Frage nach der Art der Schocks und zweitens die Frage nach der Verarbeitung von Schocks innerhalb einer Volkswirtschaft beantworten.

6.4 Empirische Ergebnisse

6.4.1 Datenquellen

Ein Vergleich von EU-Ländern mit Ländern aus Mittel- und Osteuropa wirft derzeit noch mehrere Probleme auf. Erstens erschweren die noch andauernden Auswirkungen des Transformationsprozesses sowie der damit verbundene rapide Strukturwandel das Auffinden stabiler Zusammenhänge zwischen den Daten. Diese sind aber für empirische Arbeiten in der hier durchgeführten Weise notwendig. Um zumindest den Strukturbruch zu Beginn des Transformationsprozesses abzumildern und somit die Zeitreihe nicht zu sehr von dem einmaligen Ereignis der Transformation beeinflussen zu lassen, erscheint es sinnvoll, die ersten zwei Jahre unmittelbar nach Beginn des Transformationsprozesses auszuschließen. Diese Entscheidung führt allerdings zu einer relativ kurzen Zeitreihe. Eine Möglichkeit, dieses Problem abzumildern, wäre, die Datenreihe für Zeitpunkte vor 1990 mit Hilfe von Statistiken aus dem ehemaligen Ostblock zu extrapolieren. Jedoch genügte die Statistik in kommunistischen Ländern vor dem Mauerfall nicht den Standards der westlichen Industrieländer. Ein Beispiel dafür ist das sog. Net Material Product (NMP), das als ein Äquivalent für das Bruttoinlandsprodukt (BIP) galt. Da jedoch das NMP entscheidende Unterschiede im Vergleich zum BIP bei der Berechnung aufweist, und es ferner keine Marktgrößen repräsentiert, wurde von der Verwendung dieser Größe hier abgesehen. Ähnliche

Argumente gelten auch für Preisdaten, da Preise administrativ festgelegt wurden und nicht marktwirtschaftlichen entsprachen.

Des weiteren führte der Transformationsprozeß auch zu einer Änderung der geographischen Grenzen, so daß viele der hier betrachteten Länder vor 1990 gar nicht existierten (z.B. Tschechien, Slowakei und Slowenien). Da später Korrelationskoeffizienten eine entscheidende Rolle bei der Interpretation der Ergebnisse spielen, ist es notwendig, daß die Daten in allen Ländern für den gleichen Zeitraum erhoben werden. Wir haben uns deshalb hier aus den genannten Gründen für das erste Quartal von 1992 als ersten Datenpunkt entschieden.

Über diese Argumente hinaus muß man beachten, daß die Datenqualität in mittel- und osteuropäischen Ländern vielfach immer noch nicht vergleichbar mit der von EU-Ländern ist. Dies gilt um so mehr, je weiter man zeitlich zurückgeht. Auch dies beeinflußt indirekt die Länge der Datenreihe.

Vor dem Hintergrund dieser Probleme stellt die hier vorgenommene Untersuchung nur einen ersten Versuch dar, die Schocks in mittel- und osteuropäischen Ländern zu beleuchten. Aus den genannten Gründen verwenden wir Output und Preisdaten für insgesamt 26 Länder für den Zeitraum von 1992, 1. Quartal bis 1998, 4. Quartal. In der Regel wurde für den Output das BIP und für die Preise der BIP Deflator verwendet.[122] Als Datenquelle diente in der Regel der INTERNATIONALE WÄHRUNGSFOND (International Financial Statics). Falls dort die Daten nicht erhältlich waren, wurde auf die Datenbank der WHARTON ECONOMETRIC FORECAST ASSOCIATES (WEFA) zurückgegriffen. Die Länder werden in vier Gruppen eingeteilt: Die erste Gruppe besteht aus den derzeitigen Mitgliedern der Europäischen Währungsunion (kurz: EWU-Länder). Die zweite Gruppe faßt diejenigen Länder zusammen, die zwar Mitglied der EU aber nicht der EWU sind (kurz: Pre-Ins). Die dritte Gruppe umfaßt die EFTA-Länder, denn obwohl Island, Norwegen und die Schweiz noch keinen offiziellen Mitgliedsantrag gestellt haben, wird ihre Mitgliedschaft immer wieder diskutiert. Ferner lebt ein solcher Ansatz immer vom Vergleich mit anderen Ländern, so daß es sinnvoll erscheint diese Gruppe miteinzubeziehen. Die vierte Gruppe umfaßt die mittel- und osteuropäischen Länder, die schon einen formellen Antrag zur EU-Mitgliedschaft gestellt haben und über deren Beitritt verhandelt wird. Zu beachten ist auch, daß manche Länder von Beginn an ausgeschlossen werden mußten, weil keine geeigneten Daten vorhanden waren. Dies gilt für Luxemburg, Liechtenstein und Rumänien.

6.4.2 Stilisierte Fakten

Um einen eher intuitiven Zugang zur Problematik von Schocks zu ermöglichen, sei hier zunächst dargestellt, wie sich die durchschnittlichen Inflations- und Wachstumsraten sowie die jeweiligen Standardabweichungen in den einzelnen Ländern verhalten. Aus des Mittelwerten kann man dann schließen, welche Länder

---

122 Die genaue Datenspezifikation finden sich in Anhang A 1 zu diesem Kapitel (S. 177).

relativ ähnlich zueinander sind. Die Standardabweichungen geben darüber Aufschluß, wie sehr die Inflationsraten bzw. die Wachstumsraten um ihren Mittelwert schwankten und geben damit auch einen Hinweis darauf, wie stark die Länder von asymmetrischen Schocks getroffen worden sind.

Der obere Teil der Abbildung 6.3 zeigt die durchschnittliche Wachstums- bzw. Inflationsrate in den einzelnen Ländern zwischen 1992 und 1998. Man sieht, daß die Gruppe der EU- und der EFTA-Länder alle relativ nah am Ursprung liegen. Die Inflationsraten liegen hier unter fünf Prozent jährlich, und die Wachstumsraten weisen zwischen zwei und vier Prozent jährlich auf. Ausnahmen bilden hier nur Irland und Griechenland, wobei ersteres eine im EU-Vergleich höhere Wachstumsrate und letzteres eine höhere Inflationsrate verzeichnet. Die mittel- und osteuropäischen Länder liegen dagegen alle außerhalb dieser zentralen Gruppe. Die Inflationsrate überstieg bei (fast) allen Ländern zehn Prozent pro Jahr. Die Wachstumsraten sind dagegen vergleichbar mit denen in der EU, doch täuschen die Durchschnittswerte darüber hinweg, daß die mittel- und osteuropäischen Länder zu Beginn der Transformation negative Wachstumsraten verzeichneten und seit Mitte der neunziger Jahre die Durchschnittswerte in der EU bei weitem überschreiten. Eine Untersuchung der Standardabweichungen belegt diese These.

Der untere Teil der Abbildung 6.3 zeigt die Standardabweichungen von Wachstums- und Inflationsrate in Prozent zwischen 1992 und 1998. Hier wiederholt sich der schon in der linken Grafik beschriebene Zusammenhang: Während die EU-Länder einschließlich der EFTA-Länder geringe Standardabweichungen in der Inflations- und der Wachstumsrate aufweisen, liegen die mittel- und osteuropäischen Länder alle über diesen Werten. Letztere Ländergruppe streut auch weiter, was darauf hindeutet, daß diese Länder auch untereinander in ihren Konjunkturschwankungen stark voneinander abweichen. Vergegenwärtigt man sich noch einmal die Darstellung der Veränderung von Preisen und Output nach verschiedenen Schocks, so kann man sogar schließen, daß Länder, die relativ geringe Standardabweichungen in Inflation und Wachstum aufweisen, auch seltener von Schocks betroffen sind. Zusammenfassend kann man sagen: Offensichtlich unterscheiden sich die mittel- und osteuropäischen Länder noch erheblich von den EU- und den EFTA-Ländern.

Dieser aus Abbildung 6.3 gewonnene Eindruck bestätigt sich bei der Betrachtung der Korrelationskoeffizienten der Wachstumsraten zwischen den einzelnen Ländern (siehe Tabelle 6.2). Während die Wachstumsrate zwischen den Pre-Ins und den EWU-Ländern eine hohe Korrelation aufweist, ist die Korrelation zwischen den EWU- und den EFTA-Ländern etwas niedriger. Das Wachstum der EFTA-Länder ist mit dem der Pre-Ins etwa genauso stark korreliert wie das Wachstum der EFTA- mit dem der EWU-Länder. Der Korrelationskoeffizient des Wachstums der mittel- und osteuropäischen Länder ist dagegen gegenüber allen anderen Ländergruppen vergleichsweise klein.

Abbildung 6.3: Wachstums- und Inflationsraten, 1992 - 1998

Mittelwerte:

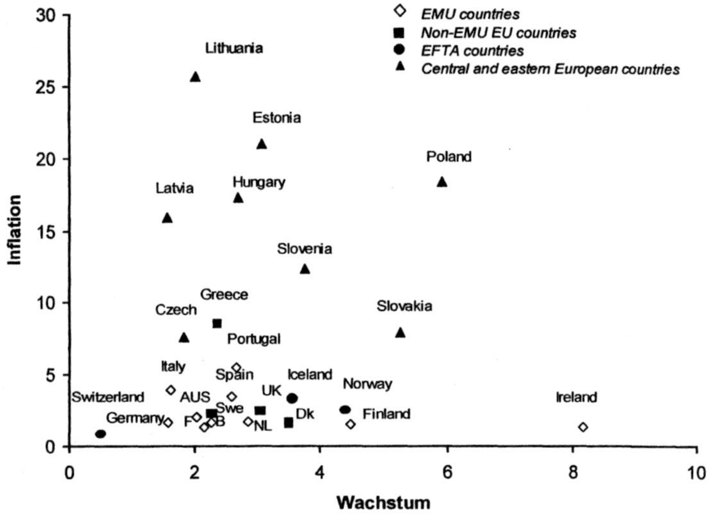

Standardabweichungen:

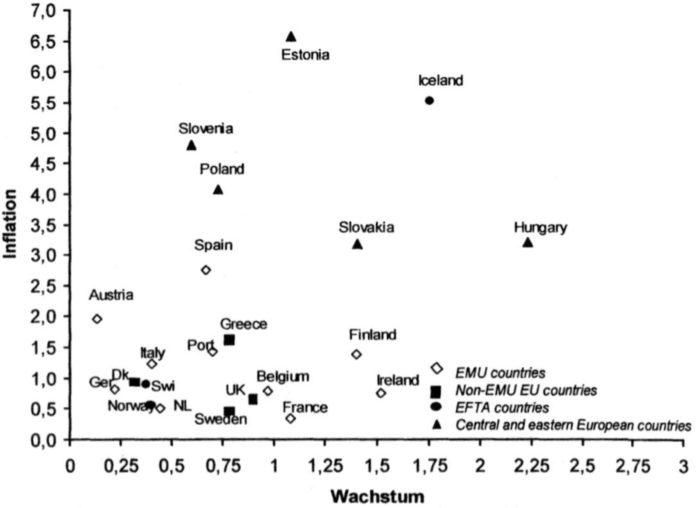

Quelle: Eigene Darstellung auf Basis der in Anhang A 1 dieses Kapitels gegebenen Datenquellen.

Tabelle 6.2: Die Korrelationskoeffizienten der Wachstumsraten zwischen den verschiedenen Ländergruppen

	EWU-Länder	Pre-Ins	EFTA-Länder	Mittel- und osteuropäische Länder
EWU-Länder	1,0000			
Pre-Ins	0,8326	1,0000		
EFTA-Länder	0,7257	0,7863	1,0000	
Mittel- und osteuropäische Länder	0,2334	0,1222	0,2479	1,0000

Quelle: Eigene Berechnungen auf Basis der in Anhang A 1 dieses Kapitels gegebenen Datenquellen.

Tabelle 6.3 zeigt die Korrelationskoeffizienten der Inflationsraten zwischen den vier Ländergruppen. Auch hier verdeutlicht sich, daß die Pre-Ins am stärksten mit den EWU-Ländern korreliert sind. Im Gegensatz dazu sind die EFTA-Länder eher gering mit den EWU-Ländern korreliert. Der Korrelationskoeffizient ist sogar negativ zwischen der Gruppe der mittel- und osteuropäischen Länder und den restlichen drei Ländergruppen.

Tabelle 6.3: Die Korrelationskoeffizienten der Inflationsraten zwischen den verschiedenen Ländergruppen

	EWU-Länder	Pre-Ins	EFTA-Länder	Mittel- und osteuropäische Länder
EWU-Länder	1,0000			
Pre-Ins	0,5233	1,0000		
EFTA-Länder	0,1457	0,1208	1,0000	
Mittel- und osteuropäische Länder	-0,2996	-0,3135	-0,2649	1,0000

Quelle: Eigene Berechnungen auf Basis der in Anhang A 1 dieses Kapitels gegebenen Datenquellen.

6.4.3 Nachfrage- und Angebotsschocks sowie Impulsantwortfunktionen

Um die Nachfrage- und Angebotsschocks in den verschiedenen Ländern zu identifizieren, schätzen wir die strukturellen VARs für alle Länder getreu der Methode, wie sie in Abschnitt 6.3 veranschaulicht wurde. Um die Methode anzuwenden, ist die Anzahl der optimalen Zeitverzögerung („Lags") für die Output- und die Preisgrößen festzulegen. In der ökonometrischen Literatur (GUJARATI, 1995; ENDERS, 1997) unterscheidet man mehrere Kriterien wie z.B. das Akaike-Informationskriterium (AIC) bzw. das Schwarz-Kriterium (SC) zur Ermittlung der Lagzahl. Beide vergleichen den Zusatznutzen jeder weiteren, durch eine weitere Zeitverzögerung bedingten Information mit den dadurch entstehenden Kosten in Form einer geringeren Anzahl an Freiheitsgraden. Es empfiehlt sich in diesem Kontext, ausgehend von einer großen Anzahl die Zahl der zeitlichen Verzögerungen systematisch zu reduzieren und dabei zu überprüfen, ob die Qualität der Schätzung signifikant zurückgeht. Auf der Grundlage dieser Vorgehensweise wurde hier das Schwarz-Kriterium

$$SC = \ln \tilde{\sigma}^2 + m \ln n \qquad (6.21)$$

zur Bestimmung der optimalen Zeitverzögerung mit $\tilde{\sigma}^2$ als dem Maximum-Likelihood-Schätzer der Varianz, der Laganzahl m sowie der Anzahl n der Beobachtungswerte verwendet. Danach ist genau diejenige Laganzahl zu wählen, die SC minimiert. Da wir vierteljährliche Daten verwenden, erwies sich die Laglänge von drei bis vier Einheiten als optimal. Wir setzten sie generell auf vier fest.

Da das VAR-System in Gleichung (6.2) ein 2 x 2 System von linearen Differenzengleichungen erster Ordnung ist, ist es dann stabil, wenn die absoluten Werte der Eigenwerte der Systemmatrizen kleiner als eins sind. In Anhang A 1 dieses Kapitels (S. 177) werden die Eigenwerte aller 26 Länder in der Studie aufgelistet. Sie zeigen, daß das System für alle Länder außer Litauen und Island stabil ist. Daraus kann geschlossen werden, daß der Anpassungsprozeß in diesen beiden Ländern nach einem Schock nicht demjenigen entspricht, wie er durch das System in Gleichung (6.2) gegeben ist und die BLANCHARD/QUAH-Dekomposition nicht anwendbar ist. Deshalb werden Litauen und Island von nun an aus der Schätzung ausgeschlossen. Darüber hinaus war die Reaktion von Portugal auf einen Nachfrageschock trotz relativ niedriger Eigenwerte nicht so, wie es das in Abbildung 6.1 gezeigte traditionelle Nachfrage- und Angebotsschema voraussagt. Aus diesem Grund wurde auch Portugal aus der Untersuchung ausgeschlossen. Auf dieser Grundlage und unter Berücksichtigung der ungenügenden Daten für einige Länder, konzentrieren wir uns auf neun EWU Länder (Deutschland, Frankreich, Italien, Österreich, Belgien, Finnland, Irland, die Niederlande und Spanien), vier Pre-Ins (Griechenland, Großbritannien, Schweden und Dänemark), zwei EFTA-Länder (Norwegen und Schweiz) und acht mittel- und osteuropäische Länder (Bulgarien, Tschechien, Estland, Ungarn, Lettland, Polen, Slowenien und die Slowakei). Wann immer Aggregate für die einzelnen Ländergruppen gebildet werden, so bedeutet dies, daß die Länder nach ihrem BIP gewichtet und dann aufaddiert werden. Die Aggregation hat den Vorteil, daß man so die Ländergruppen direkt miteinander vergleichen kann. Da 26 Länder in der Untersuchung sind, erleichtert dies eine fokussierte Darstellung erheblich. Zunächst seien die Impulsantwortfunktionen für die vier verschiedenen Ländergruppen untersucht.

Abbildung 6.4: Impulsantwortfunktionen nach einem Nachfrageschock

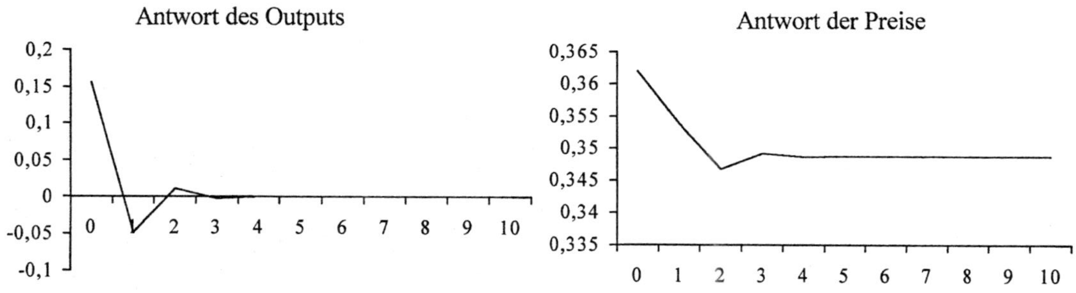

(a) EWU-Länder

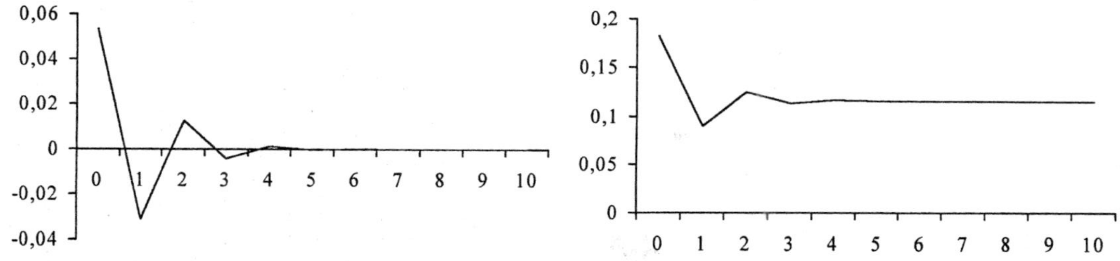

(b) Pre-Ins

Fortsetzung auf folgender Seite

Abbildung 6.4: Impulsantwortfunktionen nach einem Nachfrageschock (Fortsetzung)

Antwort des Outputs | Antwort der Preise

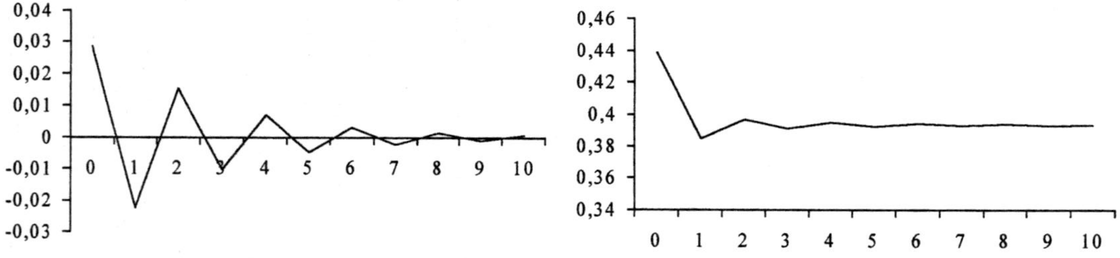

(c) EFTA-Länder

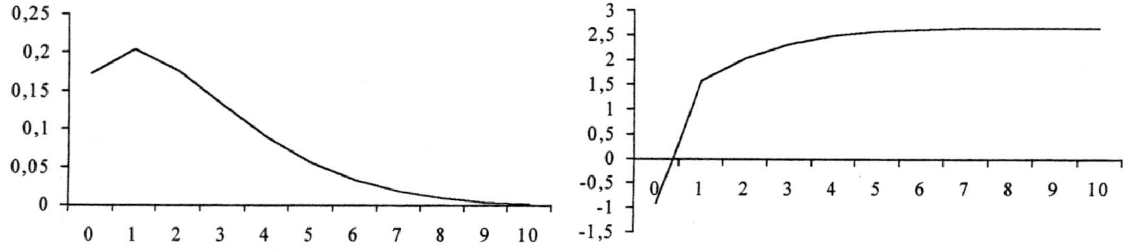

(d) Mittel- und osteuropäische Länder

Abbildung 6.4 zeigt die Reaktion des Outputs (linke Seite) und der Preise (rechte Seite) auf einen auf eins normierten Nachfrageschock. Der Output geht bei allen vier Ländergruppen nach einer gewissen Anpassungszeit auf null zurück. Die Ursache hierfür ist die Restriktion, die wir in Gleichung (6.15) eingeführt haben, nämlich daß Nachfrageschocks auf Dauer keine Wirkungen auf den Output haben.

Vergleicht man die Reaktion der Ländergruppen miteinander, so sieht man, daß sich die Größenordnungen beim Output kaum unterscheiden: Die EFTA-Länder zeigen eher eine kleinere Reaktion, während die mittel- und osteuropäischen Länder einen größeren Ausschlag haben. Etwas anders ist dies bei der Reaktion der Preise: Hier sticht die Größe der Reaktion auf den Nachfrageschock bei den mittel- und osteuropäischen Ländern eindeutig hervor. Unterschiede lassen sich auch bei der Anpassungszeit erkennen. So zeigen die mittel- und osteuropäischen Länder sowohl beim Output als auch bei den Preisen den längsten Anpassungspfad. Die Anpassungszeit unterscheidet sich dagegen bei den EWU-Ländern und den Pre-Ins wenig.

Abbildung 6.5 zeigt die Reaktion von Preisen und Output nach einem auf eins normierten Angebotsschock. Während hier die Größenordnung bei den ersten drei Ländergruppen vergleichbar ist, so ist die Reaktion in den mittel- und osteuropäischen Ländern am größten. Die Anpassungszeit ist bei EFTA- sowie den mittel- und osteuropäischen Ländern am längsten.

Abbildung 6.6 zeigt die Impulsantwortfunktionen für den Output nach einem Nachfrageschock (linke Seite) und nach einem Angebotsschock (rechte Seite) für einzelne ausgewählte Länder innerhalb der Ländergruppen. Im Anhang A 2 dieses Kapitels (S. 181) sind die jeweiligen Impulsantwortfunktionen für Preise dargestellt. Betrachtet man die Reaktionen der einzelnen Länder innerhalb einer Gruppe auf einen Nachfrageschock, so lassen sich einige interessante Charakteristika erkennen. Innerhalb der Gruppe der EWU-Länder folgen die ausgewählten vier Länder alle einem recht ähnlichen Anpassungspfad. Obwohl Frankreich zu Beginn etwas stärker reagiert, so ist doch die Anpassungszeit nicht wesentlich länger als in den anderen drei EWU-Ländern. Zu annähernd dem gleichen Ergebnis kommt man auch bei der Betrachtung der Impulsantwortfunktionen auf einen Angebotsschock, wobei hier Spanien eine wesentlich stärkere Reaktion zeigt. Die Impulsantwortfunktionen für die anderen EWU-Länder in der Untersuchung, die hier nicht einzeln dargestellt werden, unterstützen diese Aussagen.

Ein diffuseres Bild liefern dagegen die Impulsantwortfunktionen der Pre-Ins. Während Großbritannien und Dänemark vergleichbare Antworten wie die EWU-Ländern zeigen, passen sich dagegen Griechenland und Schweden sowohl bei Nachfrage- als auch Angebotsschocks relativ langsam an. Gemessen an der Größe reagiert Großbritannien am stärksten.

Wie man schon bei den Impulsantwortfunktionen für die gesamte EFTA-Ländergruppe gesehen hat, ist die Stärke der Reaktion bei Nachfrageschocks eher geringer als in den anderen Ländergruppen, was insbesondere an der geringeren Reagibilität Norwegens liegt. Die Schweiz sticht sowohl bei den Nachfrage- als auch den Angebotsschock durch eine stärkere Reaktion hervor. Bei den Angebotsschocks ähnelt die Schweiz deshalb z.B. eher Spanien. Die Anpassungszeit ist jedoch bei beiden Ländern und beiden Schocks relativ lang. Zusammenfassend kann man sagen, daß Norwegen insgesamt eher als die Schweiz den EWU-Ländern ähnelt.

Die vier gezeigten mittel- und osteuropäischen Länder gehören alle zu der Gruppe der Transformationsländer, für die man einen relativ zügigen EU-Beitritt für wahrscheinlich hält. Unsere empirischen Untersuchungen zeigen, daß die Stärke der Reaktion bei den Nachfrageschocks sich nicht wesentlich von der in den EWU-Ländern unterscheidet, aber die Anpassungsgeschwindigkeit ist wesentlich geringer. Dies ist insbesondere für Polen und Tschechien der Fall. Bei den Angebotsschocks ist die Stärke der Reaktion höher als in den EWU Ländern. Dies überrascht wegen der andauernden Strukturanpassungen in den Transformationsländern nicht. Auch bei der Betrachtung der einzelnen Länder bestätigt sich der in beiden vorherigen Abbildungen gewonnene Eindruck, daß die Anpassungsgeschwindigkeit in den mittel- und osteuropäischen Ländern niedriger als in den EWU-Ländern ist. Dies bedeutet, daß die Kosten eines EWU-Beitritts für diese Länder höher als für die anderen Ländergruppen wären.

Die den Impulsantwortfunktionen zugrundeliegenden Angebots- und Nachfrageschocks werden für die Ländergruppen in Abbildung 6.7 gezeigt. Normalerweise ist es bei den strukturellen Vektorautoregressionen schwierig, jede einzelne Veränderung in den Schocks zu interpretieren. Man kann jedoch für die EWU-Länder recht deutlich eine positive Nachfragestörung in 1994 und 1995 als Folge der Rezession in 1993 ablesen. Das Ausmaß der Schocks ist in allen Ländern ähnlich groß, und negative wie positive Schocks sind in den vier Ländergruppen etwa gleich verteilt. Nur in den mittel- und osteuropäischen Ländern scheinen die negativen Schocks zu überwiegen. Die Darstellung der Nachfrage- und Angebotsschocks für einzelne Länder im Anhang unterstreicht diesen Eindruck. Des weiteren wird deutlich, daß zwischen den Staaten in der Gruppe der mittel- und osteuropäischen Länder größere Unterschiede als zwischen einzelnen Staaten der anderen Ländergruppen liegen.

Abbildung 6.5: Impulsantwortfunktionen nach einen Angebotsschock

Antwort des Outputs | Antwort der Preise

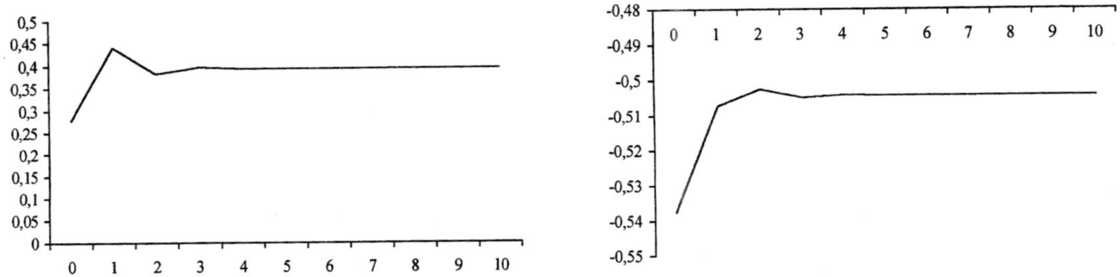

(a) EWU-Länder

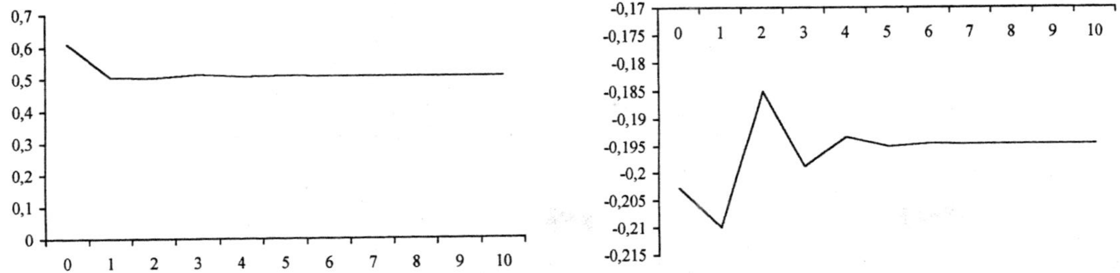

(b) Pre-Ins

Fortsetzung auf folgender Seite

Abbildung 6.5: Impulsantwortfunktionen nach einen Angebotsschock (Fortsetzung)

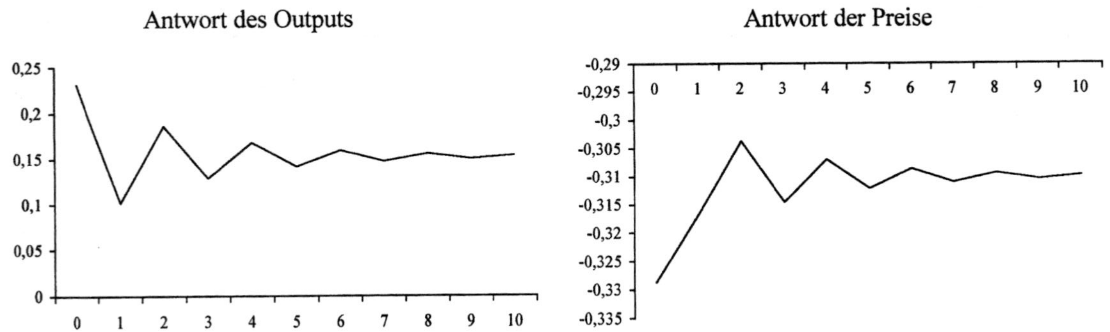

(c) EFTA-Länder

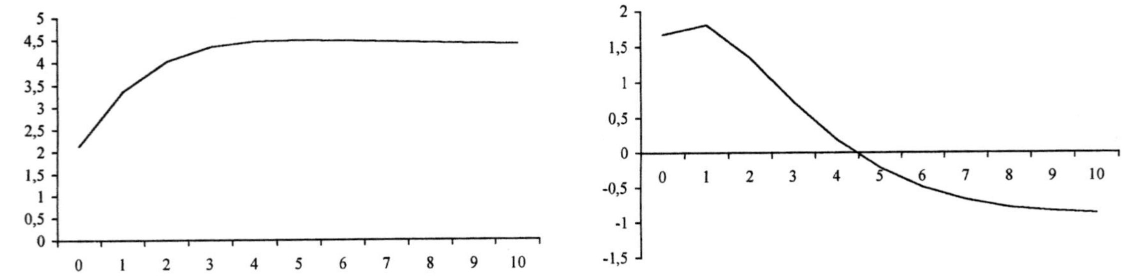

(d) Mittel- und osteuropäische Länder

Abbildung 6.6: Impulsantwortfunktionen für den Output nach einem Nachfrage- und einem Angebotsschock

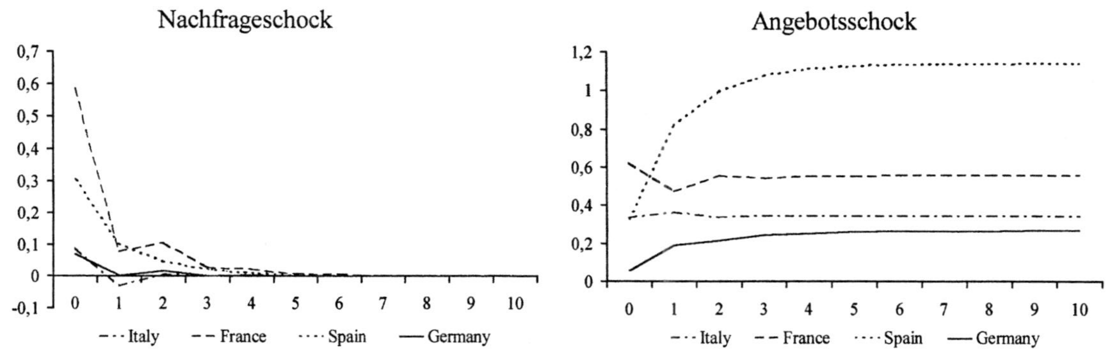

(a) EWU-Länder

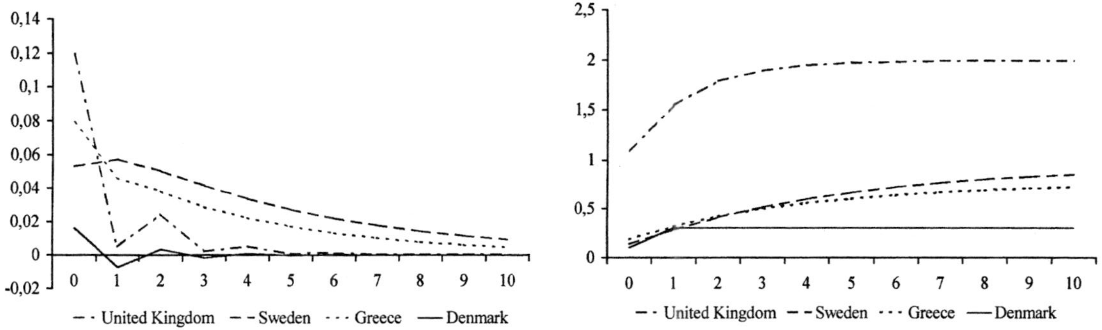

(b) Pre-Ins

Fortsetzung auf folgender Seite

Abbildung 6.6: Impulsantwortfunktionen für den Output nach einem Nachfrage- und einem Angebotsschock (Fortsetzung)

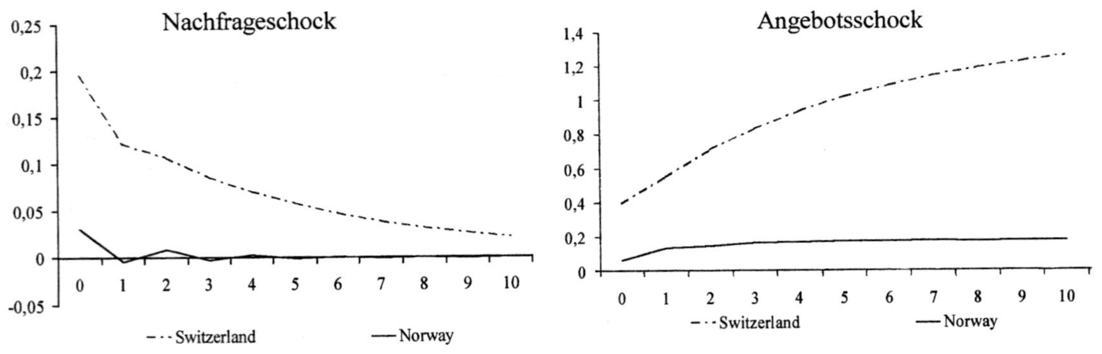

(c) EFTA-Länder

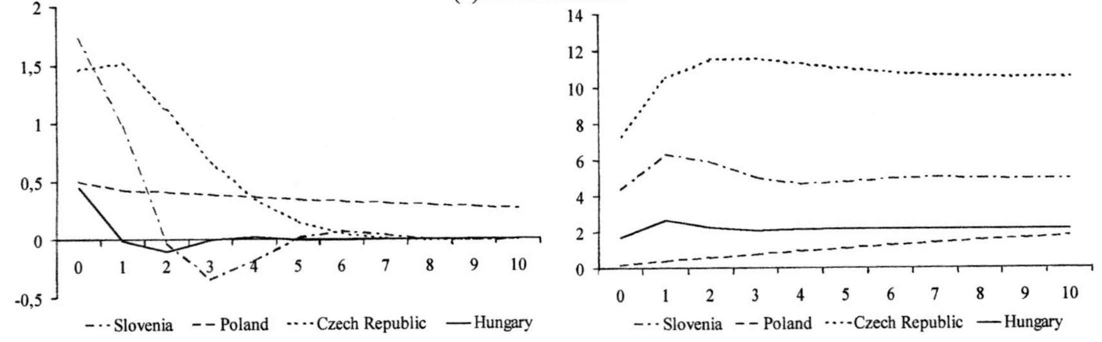

(d) Mittel- und osteuropäische Länder

Abbildung 6.7: Nachfrage- und Angebotsschocks in verschiedenen Ländergruppen

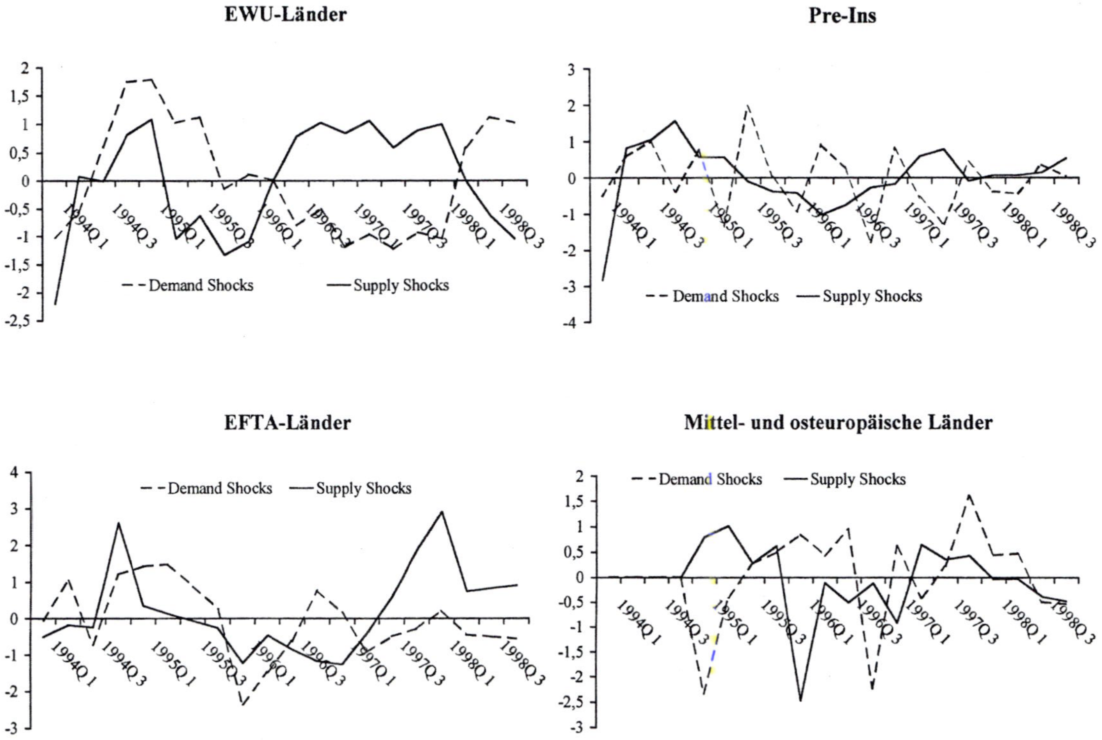

Während die visuelle Analyse der Schocks bereits recht deutlich die Gemeinsamkeiten und Unterschiede in den jeweiligen Ländern herausbringt, wird hier auf eine etwas formalere Darstellungsweise mit Hilfe von Korrelationskoeffizienten zurückgegriffen. Zunächst werden die Korrelationen zwischen Nachfrage- und Angebotsschocks in den verschiedenen Ländern betrachtet. Als Maßstab werden dafür die beiden größten Länder in der Europäischen Währungsunion, Deutschland und Frankreich gewählt. In Tabelle 6.4 werden die Korrelationskoeffizienten zwischen Schocks in Deutschland und in Frankreich im Verhältnis zu den Schocks in den jeweils anderen EWU-Ländern, den vier Pre-Ins, den zwei EFTA-Ländern sowie den acht mittel- und osteuropäischen Ländern gegenübergestellt. Die Ergebnisse dieser Analyse fallen recht unterschiedlich aus. Obwohl sich die Korrelationen selbst innerhalb der Ländergruppen von Land zu Land erheblich unterscheiden, kann man doch die Aussage treffen, daß im Durchschnitt die kleinste Korrelation zwischen Deutschland bzw. Frankreich und den mittel- und osteuropäischen Ländern besteht. Dies läßt darauf schließen, daß die Wahrscheinlichkeit asymmetrischer Schocks für diese Gruppe von Ländern höher ist als für alle anderen Ländergruppen.

Tabelle 6.4: Korrelationskoeffizienten der Nachfrage- und Angebotsschocks zwischen einzelnen Ländern und wichtigen EWU Ländern

Länder	Nachfrageschock		Angebotsschock	
	Deuschland	Frankreich	Deuschland	Frankreich
EWU Länder				
Deutschland	1,0000	0,4675	1,0000	0,1234
Frankreich	0,4675	1,0000	0,1234	1,0000
Italien	-0,2013	0,1078	-0,4711	0,5518
Österreich	-0,3317	0,0682	0,1453	0,1521
Belgien	0,5228	0,7367	0,4546	0,2271
Finnland	0,1749	0,3789	0,5142	0,2091
Irland	0,3607	0,1917	-0,3892	0,3164
Niederlande	0,0475	0,0473	0,5738	-0,1525
Spanien	0,3480	0,4689	0,6712	0,4844
Pre-Ins				
Dänemark	0,0657	0,3915	0,0845	0,2501
Griechenland	0,2417	0,4115	0,0628	0,4505
Schweden	0,6117	0,7047	0,2140	0,2039
Großbritannien	0,3799	0,2452	-0,4114	0,4185
EFTA Länder				
Norwegen	-0,3346	-0,2931	-0,2769	0,3916
Schweiz	0,0789	0,0512	-0,0702	0,2518

Fortsetzung auf folgender Seite

Tabelle 6.4: Korrelationskoeffizienten der Nachfrage- und Angebotsschocks zwischen einzelnen Ländern und wichtigen EWU Ländern (Fortsetzung)

Länder	Nachfrageschock		Angebotsschock	
	Deuschland	Frankreich	Deuschland	Frankreich
Mittel- und osteuropäische Länder				
Bulgarien	-0,0032	-0,0034	-0,5584	-0,0062
Tschechien	-0,1665	-0,2841	0,0772	-0,1862
Estland	-0,2797	-0,4365	0,3344	-0,0263
Ungarn	0,3000	0,2223	0,3596	0,0983
Lettland	-0,0425	-0,0234	0,1299	0,0989
Polen	0,3757	0,4247	-0,3715	-0,1006
Slowenien	0,5045	0,6392	-0,4031	0,0245
Slowakei	-0,2984	0,1257	-0,3496	0,3039

Quelle: Eigene Berechnungen auf Basis der in Anhang A 1 dieses Kapitels gegebenen Datenquellen.

Wie bereits gesagt wurde, können aber nicht nur asymmetrische Schocks sondern auch unterschiedliche Anpassungsmechanismen Kosten bei der monetären Integration verursachen. Wenn die Mitgliedsländer der Europäischen Währungsunion von symmetrischen Schocks getroffen und diese aber unterschiedlich in den Ländern verarbeitet werden, dann kann dies auch zu makroökonomischen Kosten führen. Für die Art der hier gezeigten Analyse bedeutet dies, daß man auch die Impulsantwortfunktionen der EWU-Länder mit den potentiellen Beitrittskandidaten vergleichen muß. Tabelle 6.5 legt die Korrelationskoeffizienten von Output- und Preisreaktionen für die Ländergruppen als Aggregate dar. Wieder werden als Maßstab die beiden größten EWU-Länder Deutschland und Frankreich gewählt.[123]

[123] Um die Verarbeitung der Schocks in den Ländergruppen miteinander vergleichen zu können, hätte man alternativ auch den Grad der Anpassung zum Gleichgewicht nach z.B. einem Jahr für dic Ländergruppen berechnen können. Hierzu setzt man die Anpassung nach einem Jahr ins Verhältnis zur gesamten Anpassungsdauer, um danach eine Aussage darüber zu treffen, wieviel Prozent der Anpassung bereits nach einem Jahr erfolgt sind. Dieses Verfahren wendet BAYOUMI (1992) in einer Studie zu den EU-Ländern und verschiedenen OECD-Ländern an.

Tabelle 6.5: Korrelationskoeffizienten der Impulsantwortfunktionen

Impulsantwort	Deutschland	Frankreich
- des Outputs auf einen Nachfrageschock		
Pre-Ins	0,8617	0,8092
EFTA-Länder	0,7509	0,6733
Mittel- und osteuropäische Länder	0,5359	0,5619
- der Preise auf einen Nachfrageschock		
Pre-Ins	0,7281	0,7386
EFTA Länder	0,5038	0,5026
Mittel- und osteuropäische Länder	-0,3813	-0,3964
- des Outputs auf einen Angebotsschock		
Pre-Ins	0,4582	0,7270
EFTA Länder	0,2835	0,9017
Mittel- und osteuropäische Länder	-0,4213	-0,3285
- der Preise auf einen Angebotsschock		
Pre-Ins	0,8223	0,6637
EFTA Länder	0,6645	0,2543
Mittel- und osteuropäische Länder	-0,5363	-0,2344

Quelle: Eigene Berechnungen auf Basis der in Anhang A 1 dieses Kapitels gegebenen Datenquellen.

Die Koeffizienten zeigen, daß die Korrelation zwischen den Pre-Ins und den EFTA-Ländern auf der einen Seite sowie Frankreich und Deutschland auf der anderen Seite relativ hoch ist. Mit der Ausnahme von drei Fällen, sind die Korrelationskoeffizienten größer als 0,5. Die Hälfte der Korrelationskoeffizienten zeigen sogar an, daß die Korrelation von Preis- und Output-Impulsantwortfunktionen nach einem Nachfrage- oder Angebotsschock 0,7 übersteigt. Dies impliziert eine hohe Ähnlichkeit der Anpassungsmechanismen dieser Länder mit denjenigen von Frankreich und Deutschland.

Für die mittel- und osteuropäischen Länder weist die Analyse der Korrelationskoeffizienten ein anderes Ergebnis auf. Für diese Ländergruppe sind die Korrelationskoeffizienten zwischen ihren Impulsantwortfunktionen und denjenigen von Deutschland und Frankreich wesentlich niedriger. Lediglich im Fall der Outputreaktion nach einem Nachfrageschock sind die Korrelationskoeffizienten mit gut 0,5 noch relativ groß. Dies liegt jedoch auch an der Restriktion, daß Nachfrageschocks keine langfristigen Effekte zeigen und somit alle Impulsantwortfunktionen für den Output nach einem Nachfrageschock allmählich gegen null konvergieren. Aus diesem Grund kann man eigentlich einen relativ hohen Korrelationskoeffizienten für diesen Fall erwarten. Im Hinblick auf die anderen drei Arten von Impulsantwortfunktionen, für die keine Restriktionen angenommen wurden, ergeben sich sogar negative Korrelationskoeffizienten. Dies bedeutet, daß die mittel- und osteuropäischen Länder den gleichen Schock ganz anders als Deutschland oder Frankreich verarbeiten. Selbst nach einem symmetrischen

Schock sieht sich diese Ländergruppe viel größeren Anpassungsproblemen gegenüber als die Kernländer der Währungsunion. Die unterschiedliche Annäherung an das neue Gleichgewicht macht daher eventuell den Einsatz des Wechselkursinstruments notwendig. Anders ausgedrückt: Die monetäre Integration würde im Falle asymmetrischer Schocks relativ hohe Kosten für diese Länder verursachen.

Die hier beschriebenen Ergebnisse können als ein Hinweis darauf gelten, daß es zur Zeit noch erhebliche Unterschiede zwischen den mittel- und osteuropäischen Ländern und den Ländern der Währungsunion gibt. Unter der Annahme, daß die hier vorgefundenen funktionalen Zusammenhänge sich mittelfristig nicht rapide ändern werden, sollte demnach ein EWU-Beitritt nicht unmittelbar dem EU-Beitritt folgen. Im Grunde spiegelt dieses Ergebnis schon das Ergebnis der vorangegangenen Abschnitte wider.

Wie schon in Abschnitt 6.4.1 dargelegt wurde, sind die Ergebnisse allerdings mit Vorsicht zu interpretieren. Zum einen dämpft die Länge der Datenreihe und ihre Qualität den Erklärungsgehalt der Resultate. Zum anderen unterliegen die strukturellen Zusammenhänge immer noch dem Einfluß des Transformationsprozesses. Dies bedeutet, daß die Verhaltensgleichungen andauernden Veränderungen unterliegen. Von daher muß die hier vorliegende Untersuchung als ein erster Versuch gesehen werden, die Angebots- und Nachfrageschocks sowie die Reaktionen der Volkswirtschaften darauf in den mittel- und osteuropäischen Ländern zu erforschen.

6.5 Schlußfolgerungen

Das vorangegangene Kapitel hatte zum Ziel, Angebots- und Nachfrageschocks sowie ihre Verarbeitung in der Europäischen Währungsunion und in verschiedenen Ländern außerhalb der EWU zu untersuchen und miteinander zu vergleichen. Grundlage dafür bildete die Erkenntnis, daß asymmetrische Schocks die Ursache dafür sein können, daß auf den Wechselkurs oder aber die Geldpolitik als Stabilisierungsinstrumente zurückgegriffen werden muß. Um die Schocks in den genannten Ländern analysieren zu können, wurde das Verfahren der strukturellen Vektorautoregression verwendet. Dieses Verfahren macht es möglich, daß nicht nur Nachfrage- und Angebotsschocks voneinander unterschieden sondern auch die Anpassungen an das neue Gleichgewicht analysiert werden können.

Das Ergebnis dieser Betrachtung war, daß unter der Annahme, daß sich die Wirtschaftsstrukturen nicht rapide ändern, ein EWU-Beitritt nicht unmittelbar dem EU-Beitritt der mittel- und osteuropäischen Länder folgen sollte. Dies beruht auf der Feststellung, daß zum einen die Schocks größer aber auch längere Zeit zur Verarbeitung in dieser Ländergruppe brauchen, als die z.B. in den anderen Ländergruppen der Fall war.

Leider gibt es kaum andere Untersuchungen, die es möglich machen, die hier dargestellten Ergebnisse mit denen anderer Autoren zu vergleichen. Verschiedene tschechische Autoren haben z.B. die Transmissionsmechanismen der Geldpolitik in Tschechien untersucht. Nach JANACKOVA 1998[124] ist deren Ergebnis wie folgt: „There can be significant differences, however, in the time lags, as well as in the strength of impact of monetary policy on both prices and output." Diese Untersuchung stützt die hier vorliegenden Ergebnisse. BOONE/MAUREL (1999) untersuchen die Konjunkturzyklen der fünf Beitrittsländer, mit denen seit 1998 verhandelt wird. Sie folgern für diese Länder, daß ihr Konjunkturzyklus sehr stark demjenigen von Deutschland ähnelt.[125] Es sei hier jedoch kritisch angemerkt, daß die vorliegende Ländergruppe wohl kaum mehr als einen vollen Konjunkturzyklus in dem von den Autoren gewählten Beobachtungszeitraum von 1991 bis 1997 erfahren haben dürften, so daß sich die Frage stellt, ob dies als ein Beleg dafür gilt, daß die Ergebnisse unserer Untersuchung eventuell zu pessimistisch sind. Mit der VAR-Analyse dieses Kapitels eher verwandt ist die Untersuchung von DE - GRAUWE/AKSOY (1999). Da die beiden Autoren Daten von 1992 bis 1995 verwenden, also mit vierteljährlichen Daten 16 Datenpunkte analysieren, die noch nicht einmal für alle fünf Beitrittsländer, mit denen seit 1998 verhandelt wird, vorhanden sind, ist die Durchführung einer VAR für die Autoren unmöglich. Sie beschränken sich deshalb auf die Ermittlung von Angebotsschocks mit Hilfe von Paneldaten. Ihr Ergebnis ist dem hier dargestellten insofern relativ ähnlich, als DE-GRAUWE/AKSOY (1999) feststellen, daß die Reaktion der industriellen Produktion auf Angebotsschocks in diesen Ländern nicht nur untereinander sondern auch im Vergleich zur EU sehr unterschiedlich ist. Einschränkend kann man sagen, daß diese Art der Analyse nicht in der Lage ist, die Verarbeitungszeit von Schocks zu berücksichtigen, wie es bei der VAR durch die Impulsantwortfunktionen möglich ist. Allerdings scheinen diese Ergebnisse darauf hinzudeuten, daß die Angebotsschocks in den fünf osteuropäischen Ländern tatsächlich größer sind, was man durch den Transformationsprozeß von der ökonomischen Intuition her auch vermuten konnte.

Abschließend sei angemerkt, daß auch die Aussagekraft der hier vorliegenden Untersuchung unter einer relativ kurzen Zeitreihe leidet. Deshalb erscheint es sinnvoll, die gleiche Analyse nach längerer Zeit zu wiederholen.

---

[124] Leider müssen wir uns hier auf JANACKOVA (1998) verlassen, da die bei ihr zitierten Autoren CIHAK/JANACEK, GUBA/STILLER/ARLT sowie IZAK nur auf tschechisch publiziert haben.

[125] „This paper provides strong evidence on the existing symmetry between the Central European countries' business cycle and that of Germany." (BOONE/MAUREL, 1999, S. 13)

6.6 Anhang zu Kapitel 6

A 1. Beschreibung der Daten und Stabilitätstest

Die Berechnungen verwenden Daten von 1992 (1. Quartal) bis 1998 (4. Quartal). Die Daten stammen entweder aus den „International Financial Statistics" des IWF (IFS CD-Rom 6/99), von WEFA (WHARTON ECONOMETRIC FORECAST ASSOCIATES) oder für Slowenien von der EUROPEAN BANK FOR RECONSTRUCTION AND DEVELOPMENT (EBRD, 1999). Tabelle 6.6 zeigt darüber hinaus an, wie bestimmte Daten errechnet wurden. So bedeutet IFS „99b", daß die Quelle der Datenreihe „99b" in den International Financial Statistics entspricht. WEFA wurde in der Regel nur dann als Datenquelle verwendet, wenn die Zeitreihen nicht in den IFS verzeichnet oder aber bei WEFA länger waren. Die EUROPEAN BANK FOR RECONSTRUCTION AND DEVELOPMENT (Transition Report 1998) wurde als Datenquelle nur ein einziges Mal für Slowenien herangezogen.

Der BIP Deflator wurde wie folgt berechnet:

$$\text{BIP Deflator} = (\text{nominales BIP} / \text{reales BIP}) \cdot 100. \qquad (6.22)$$

Wann immer diese Formel verwendet wurde, taucht in der Tabelle 6.6 die Beschreibung „mit Hilfe von Gleichung (6.22) berechnet" auf.

In einigen Fällen gab es leider keine vierteljährlichen Daten. Dann haben wir auf eine Methode zurückgegriffen, wie sie zuerst von GANDOLFO (1981, S. 115-117) angewendet wurde. Mit Hilfe dieser Vorgehensweise kann man Jahresdaten (A_t) in Quartalsdaten (Q) umwandeln. QI_t steht dabei für das erste Quartal des Jahres t usw. Für die Gandolfo-Methode werden folgende vier Formeln verwendet:

$$\begin{aligned} QI_t &= 0{,}054688\ A_{t-1} + 0{,}234375\ A_t - 0{,}039063\ A_{t+1}, \\ QII_t &= 0{,}007813\ A_{t-1} + 0{,}265625\ A_t - 0{,}023438\ A_{t+1}, \\ QIII_t &= -0{,}023438\ A_{t-1} + 0{,}265625\ A_t + 0{,}007813\ A_{t+1}, \\ QIV_t &= -0{,}039063\ A_{t-1} + 0{,}234375\ A_t + 0.054688\ A_{t+1}. \end{aligned} \qquad (6.23)$$

Entsprechende Eintragungen in Tabelle 6.6 sind mit der Bemerkung „unter Anwendung von Gandolfo" versehen.

Tabelle 6.6: Datenquellen

	GDP	Real GDP	GDP Deflator
Belgien	Jährliche Daten stammen von WEFA, Quartalsdaten wurden unter Anwendung von Gandolfo berechnet	Jährliche Daten stammen von WEFA, Quartalsdaten wurden unter Anwendung von Gandolfo berechnet	mit Hilfe von Gleichung (6.22) berechnet
Bulgarien	WEFA	Jährliche Daten stammen von WEFA, Quartalsdaten wurden unter Anwendung von Gandolfo berechnet	mit Hilfe von Gleichung (6.22) berechnet
Dänemark	IFS "99b"	IFS "99b.p"	mit Hilfe von Gleichung (6.22) berechnet
Deutschland	IFS "99b.c"	IFS "99b.r"	mit Hilfe von Gleichung (6.22) berechnet
Estland	IFS "99b"	IFS "99b.p"	mit Hilfe von Gleichung (6.22) berechnet
Finnland	IFS "99b"	IFS "99b.p"	mit Hilfe von Gleichung (6.22) berechnet
Frankreich	IFS "99b.c"	IFS "99b.r"	mit Hilfe von Gleichung (6.22) berechnet
Griechenland	Jährliche Daten stammen von WEFA, Quartalsdaten wurden unter Anwendung von Gandolfo berechnet	Jährliche Daten stammen von IWF "World Economic Outlook" (jährliche Änderungsrate), Quartalsdaten wurden unter Anwendung von Gandolfo berechnet	mit Hilfe von Gleichung (6.22) berechnet
Großbritannien	IFS "99b.c"	IFS "99b.r"	mit Hilfe von Gleichung (6.22) berechnet
Irland	Jährliche Daten stammen von WEFA, Quartalsdaten wurden unter Anwendung von Gandolfo berechnet	annual data from WEFA, quarterly data calculated by using Gandolfo	mit Hilfe von Gleichung (6.22) berechnet
Island	Jährliche Daten stammen von WEFA, Quartalsdaten wurden unter Anwendung von Gandolfo berechnet	Jährliche Daten stammen von IWF "World Economic Outlook" (jährliche Änderungsrate), Quartalsdaten wurden unter Anwendung von Gandolfo berechnet.	mit Hilfe von Gleichung (6.22) berechnet
Italien	IFS "99b.c"	IFS "99b.r"	mit Hilfe von Gleichung (6.22) berechnet
Lettland	IFS "99b"	IFS "99b.p"	mit Hilfe von Gleichung (6.22) berechnet

Fortsetzung auf folgender Seite

Tabelle 6.6: Datenquellen (Fortsetzung)

	GDP	**Real GDP**	**GDP Deflator**
Litauen	IFS "99b"	IFS "99b.p"	mit Hilfe von Gleichung (6.22) berechnet
Niederlande	IFS "99b.c"	IFS "99b.r"	mit Hilfe von Gleichung (6.22) berechnet
Norwegen	IFS "99b"	IFS "99b.p"	mit Hilfe von Gleichung (6.22) berechnet
Österreich	IFS "99b"	IFS "99b.p"	mit Hilfe von Gleichung (6.22) berechnet
Polen	WEFA	Jährliche Daten stammen von WEFA, Quartalsdaten wurden unter Anwendung von Gandolfo berechnet	mit Hilfe von Gleichung (6.22) berechnet
Portugal	IFS "99b"	IFS "99b.p"	mit Hilfe von Gleichung (6.22) berechnet
Schweden	IFS "99b"	IFS "99b.p"	mit Hilfe von Gleichung (6.22) berechnet
Schweiz	IFS "99b"	IFS "99b.p"	mit Hilfe von Gleichung (6.22) berechnet
Slowakei	WEFA	WEFA	mit Hilfe von Gleichung (6.22) berechnet
Slowenien	Jährliche Daten stammen von EBRD, Quartalsdaten wurden unter Anwendung von Gandolfo berechnet	WEFA	mit Hilfe von Gleichung (6.22) berechnet
Spanien	IFS "99b.c"	IFS "99b.r"	mit Hilfe von Gleichung (6.22) berechnet
Tschechien	IFS "99b"	IFS "99b.p"	mit Hilfe von Gleichung (6.22) berechnet
Ungarn	Jährliche Daten stammen von WEFA, Quartalsdaten wurden unter Anwendung von Gandolfo berechnet	Jährliche Daten stammen von WEFA, Quartalsdaten wurden unter Anwendung von Gandolfo berechnet	mit Hilfe von Gleichung (6.22) berechnet

Da die aus den genannten Quellen stammenden Daten nicht stationär sind, wird die erste Differenz gebildet, so daß mit Wachstumsraten der Variablen in der VAR gerechnet wird:

Output-Wachstum = (Reales BIP - Reales BIP(-4))/Reales BIP(-4)

Inflationsrate = (BIP Deflator - BIP Deflator(-4))/ BIP Deflator(-4)

Nachdem man mit Hilfe dieser Daten die strukturelle VAR berechnen kann, werden anschließend die Stabilitätseigenschaften jedes einzelnen Systems überprüft. Hierzu werden die Eigenwerte der Systemmatrizen berechnet und überprüft, ob diese innerhalb des Einheitskreises liegen. Ist dies der Fall, so signalisiert dies die Stabilität des Systems und man kann die BLANCHARD/QUAH-Vorgehensweise anwenden. Wie die Berechnung der Eigenwerte zeigt, sind die Systeme außer für Island und Litauen stabil.

Tabelle 6.7: Eigenwerte der Systemmatrizen

Länder	**Eigenwerte**
Österreich	-0,334, -0,175
Belgien	-0,476, 0,201
Bulgarien	-0,373, 0,080
Tschechien	0,517 +/- 0,212i
Dänemark	-0,468, 0,022
Estland	-0,714, 0,284
Finnland	-0,806, 0,904
Frankreich	-0,342, 0,473
Deutschland	-0,468, 0,518
Griechenland	-0,186, 0,769
Ungarn	-0,008 +/- 0,466i
Island	-0,360, 2,626
Irland	-0,424 +/- 0,218i
Italien	-0,178 +/- 0,154i
Lettland	-0,534, 0,516
Litauen	-0,424, 1,271
Niederlande	-0,509, 0,739
Norwegen	-0,603, 0,483
Polen	-0,095, 0,947
Portugal	0,573, 0,772
Slowenien	0,283 +/- 0,505i
Slowakei	0,308 +/- 0,377i
Spanien	-0,092, 0,430
Schweden	0,275, 0,805
Schweiz	-0,191, 0,818
Großbritannien	-0,296 +/- 0,363i

A 2. Impulsantwortfunktionen der Preise für einzelne Länder

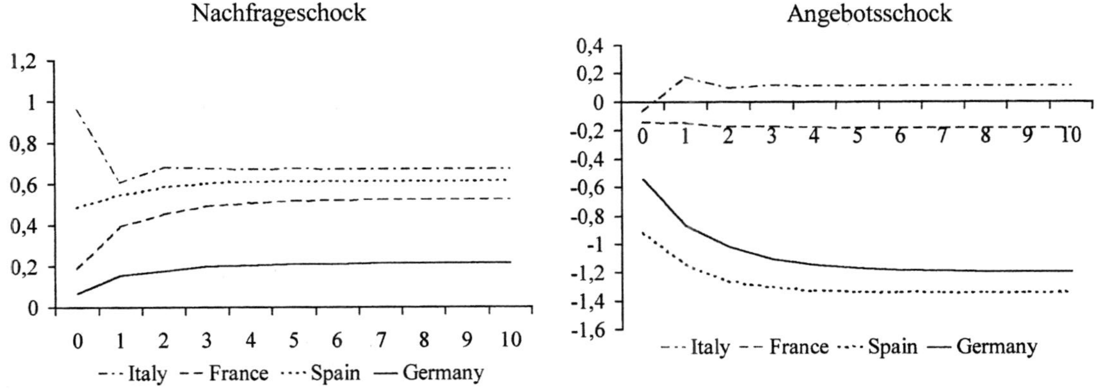

(a) EWU-Länder

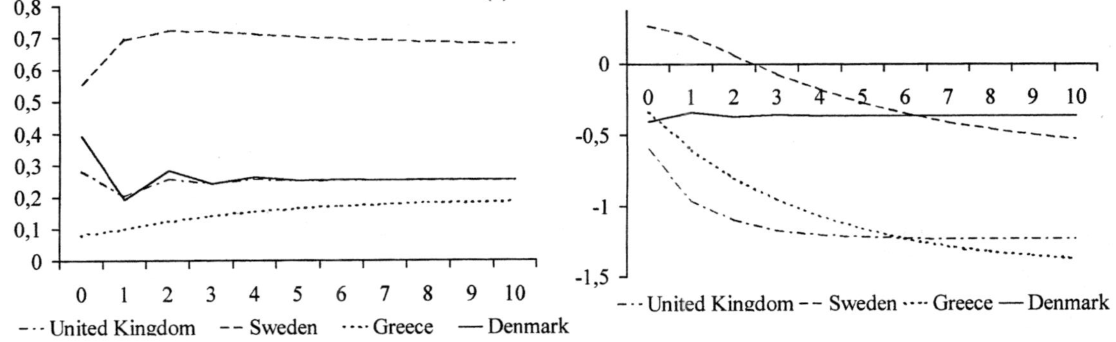

(b) Pre-Ins

Fortsetzung auf folgender Seite

A 2. Impulsantwortfunktionen der Preise für einzelne Länder (Fortsetzung)

Nachfrageschock

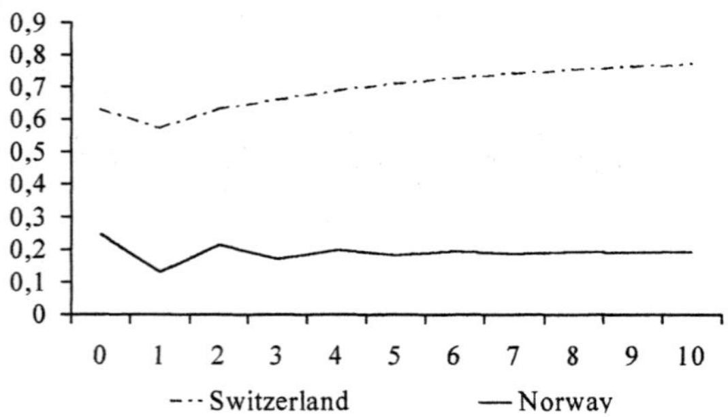

Angebotsschock

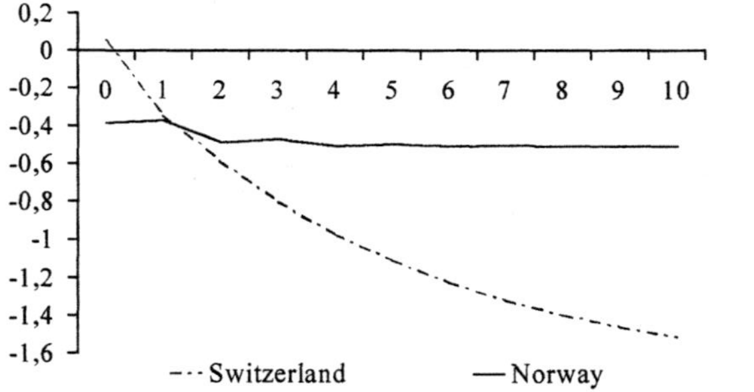

(c) EFTA-Länder

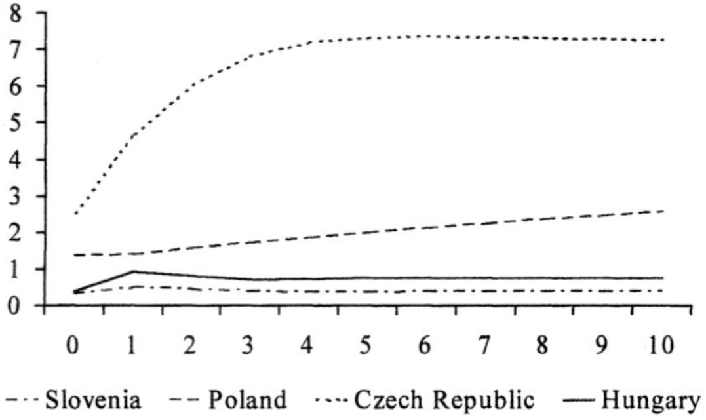

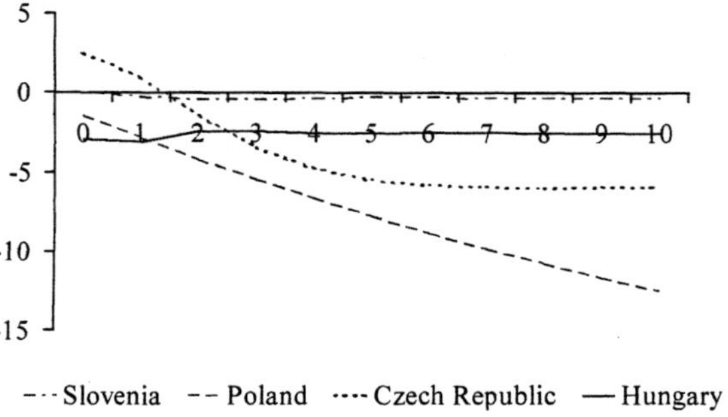

(d) Mittel- und osteuropäische Länder

A 3. Nachfrage- und Angebotsschocks in den einzelnen Länder

Nachfrageschock

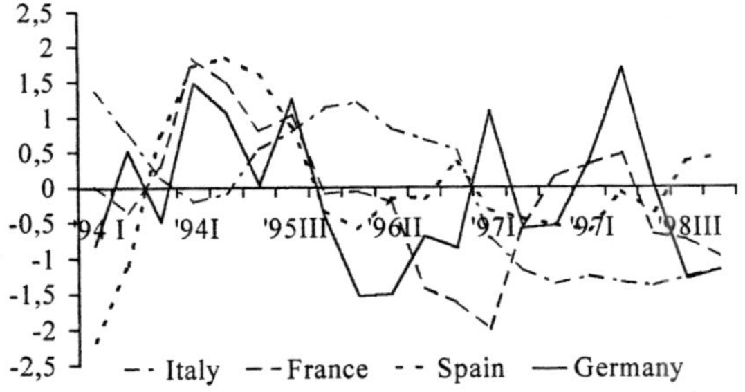

Angebotsschock

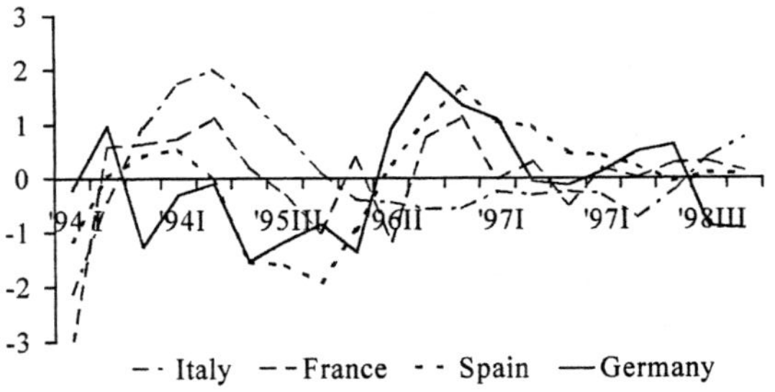

(a) EWU-Länder

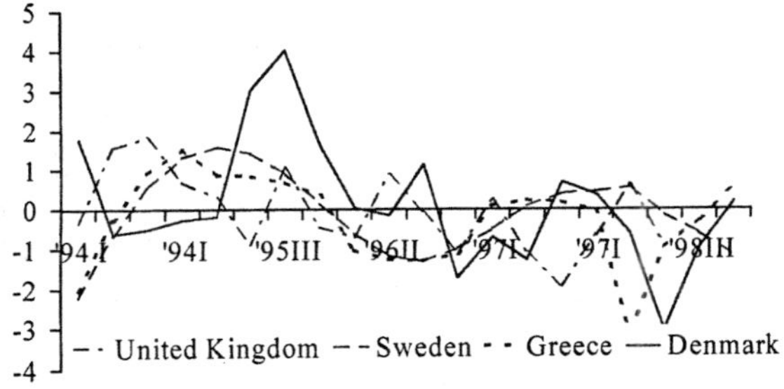

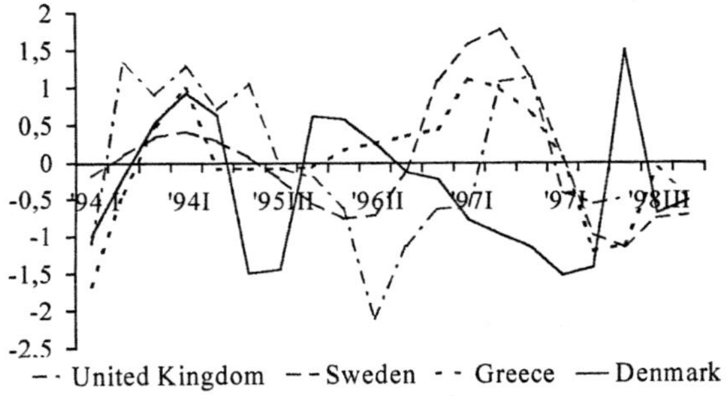

(b) Pre-Ins

Fortsetzung auf folgender Seite

A 3. Nachfrage- und Angebotsschocks in den einzelnen Länder (Fortsetzung)

Nachfrageschock | Angebotsschock

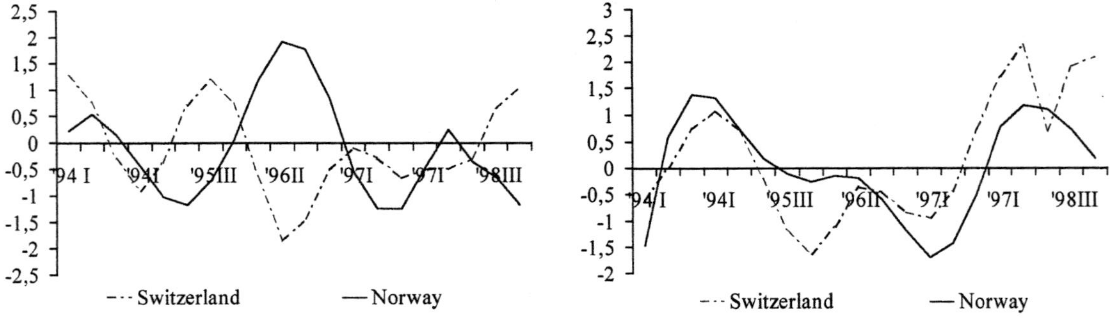

(c) EFTA-Länder

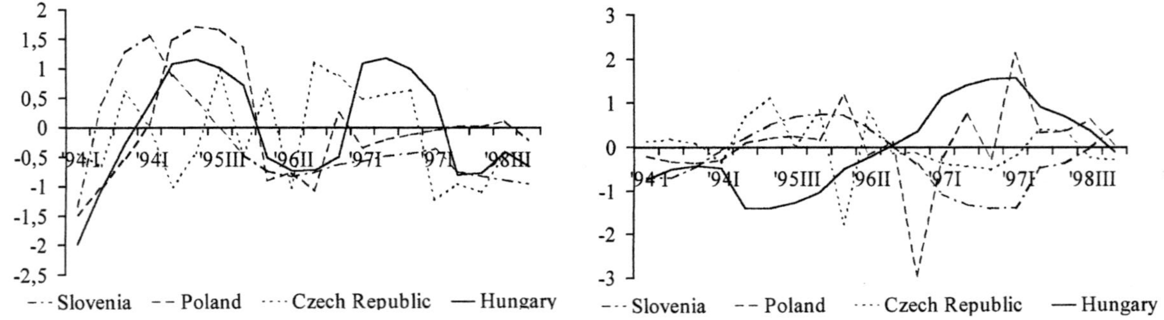

(d) Mittel- und osteuropäische

7 *Ein OCA-Index für Osteuropa*

7.1 Einleitung

In Kapitel 6 wurde aufgezeigt, daß sich die Schocks in den mittel- und osteuropäischen Ländern von denjenigen in den EWU-Ländern unterscheiden, und gleiche Schocks in den jeweiligen Volkswirtschaften unterschiedlich verarbeitet werden. Deshalb kann festgehalten werden, daß die mittel- und osteuropäischen Länder bei einer engen Anbindung an den Euro oder aber bei einer Mitgliedschaft in der EWU andere Mittel als das Wechselkursinstrument haben müssen, um die negativen Effekte auszugleichen. Zu diesen gehören die bereits erwähnten Kriterien wie Faktormobilität, Lohn- und Preisflexibilität, die Diversifikation der Produktionsstruktur und andere. Genau diese anderen Mechanismen blieben aber in der reinen Betrachtung der Schocks unbeachtet. Ein weiteres Problem der VAR liegt darin, daß sie auf historischen Daten aufbaut, so daß eventuell der Fortschritt, den die Länder bisher bei der Restrukturierung ihrer Volkswirtschaft unternommen haben, zu wenig berücksichtigt wird. Da ein EWU-Beitritt für diese Länder wohl erst ab 2003 überhaupt in Frage kommt, ist es also interessant zu fragen, wie insbesondere die mittel- und osteuropäischen Länder sich bis dahin entwickeln werden.

Im folgenden soll der Fokus auf alternative Mechanismen zum Ausgleich der Schocks sowie auf den Konvergenzprozeß der mittel- und osteuropäischen Länder gelegt werden. Hierzu verwenden wir ein Modell von BAYOUMI/EICHENGREEN aus dem Jahr 1997 und wenden es auf die mittel- und osteuropäischen Länder an. In diesem Modell kombinieren die beiden Autoren verschiedene Kriterien der Theorie optimaler Währungsräume (**O**ptimum **C**urrency **A**rea Theory), um die Attraktivität einer Währungsunion auszuwerten. Zunächst werden wir deshalb den Ansatz von BAYOUMI/EICHENGREEN (1997) schildern, um ihn dann für die Evaluierung von mittel- und osteuropäischen Ländern zu verfeinern.

7.2 Die Darstellung der Schätzmethode

Der Eintritt in eine Währungsunion bedeutet, daß der bilaterale nominale Wechselkurs unwiderruflich festgelegt wird und damit aufhört, als Stabilisierungsinstrument zu fungieren. Man kann jedoch davon ausgehen, daß wenn der Wechselkurs in der Vergangenheit wenig geschwankt hat, er als „Schockdämpfer" auch nicht gebraucht wird. Dies kann daran liegen, daß entweder die Schocks in der Vergangenheit symmetrisch waren, oder aber andere Anpassungsmechanismen für den notwendigen Ausgleich sorgten. Aus diesem Grund versuchen BAYOUMI/EICHENGREEN (1997) die Variabilität des bilateralen Wechselkurses mit Hilfe von Kriterien der Theorie optimaler Währungsräume zu erklären. Zu diesem Zweck entwickeln sie einen „OCA Index" der vier verschiedene Kriterien der Theorie optimaler Währungsräume zusammenfaßt. Diese Kriterien sind erstens die Asymmetrie der Konjunkturzyklen zwischen zwei Partnerländern, zweitens die relative Diversifikation der Produktions- bzw. Handelsstruktur eingeteilt nach den drei Sektoren Landwirtschaft, Industrie und Dienstleistung, drittens die Offenheit der Volkswirtschaft gegenüber dem Partnerland sowie viertens die Größe der Länder im Vergleich zu einander. Mit diesem Index ist es dann möglich, eine relative Aussage darüber zu treffen, wie bedeutend die Aufgabe des Wechselkursinstrumentes für ein Land im Vergleich zu anderen Ländern ist.

BAYOUMI/EICHENGREEN (1997) kommen für die EU-Länder zu dem Ergebnis, daß ihr Ansatz die Theorie optimaler Währungsräume in dem Sinne stützt, daß die Asymmetrie in den Konjunkturzyklen sowie die relative Größe eines Landes die Variabilität des bilateralen Wechselkurses erhöhen. Dagegen ist ein stabiler nominaler Wechselkurs ein Ergebnis von einem hohen Maß an Offenheit und einer diversifizierten Produktionsstruktur.

Die Autoren beachten in ihren Ausführungen nicht den Einfluß der Faktormobilität auf den Wechselkurs. Man würde erwarten, daß ein hoher Grad an Faktormobilität die Variabilität des nominalen Wechselkurses senkt. Für die EU-Länder stellen die beiden Autoren jedoch fest, daß die Faktormobilität in der Vergangenheit kaum eine Rolle bei der Abdämpfung asymmetrischer Schocks gespielt hat (BAYOUMI/EICHENGREEN, 1997, S. 763).

In den OCA-Index kann derzeit auch die Arbeitsmarktflexibilität nicht integriert werden. Zum einen gibt es für diesen Indikator kaum Daten für mittel- und osteuropäische Länder. Eine Ausnahme bilden hier zwar die Indizes des IMD und des World Economic Forums, jedoch umfassen diese nicht alle relevanten Länder (vgl. Abschnitt 3.4.1, S. 52f.). Zum anderen scheint es mit dem Blick auf die künftige Bildung einer Währungsunion interessanter, die potentielle Arbeitskräftemobilität, die gerade in mittel- und osteuropäischen Ländern relativ groß sein dürfte, und nicht die tatsächliche Arbeitskräftemobilität, die durch die Einwanderungsbeschränkungen in der EU relativ niedrig ist, einzubeziehen. Dies ist aber methodisch gesehen ein derzeit noch aussichtsloses Unterfangen.

Für die Konstruktion eines OCA-Indexes für mittel- und osteuropäische Länder wird im ersten Schritt ein einfaches Regressionsmodell entwickelt, das zeigen soll, daß die Variabilität des nominalen Wechselkurses von Näherungsvariablen für bestimmte Kriterien der Theorie optimaler Währungsräume beeinflußt wird. Dieser Vorgehensweise liegt die Vorstellung der Abbildung 5.1 zugrunde, daß diese Kriterien alle direkt die Variabilität des Wechselkurses beeinflussen. Folglich stellt die Variabilität des Wechselkurses zwischen zwei Ländern die abhängige Variable dar. Sie wird mit Hilfe der Standardabweichung (SA) der Veränderung im natürlichen Logarithmus des vierteljährlichen nominalen Wechselkurses gemessen:

$$SA(e_{id}) = SA(\log e_{id} - \log e_{id}(-1)) \cdot 100 \qquad \text{mit } d = \text{Deutschland}. \qquad (7.1)$$

Die Variable e_{id} repräsentiert dabei den vierteljährlichen nominalen Wechselkurs der Währung i gegenüber der Währung d. Weiterhin erleichtert es das Schätzverfahren erheblich, wenn ein festes Partnerland gewählt wird, da dann nicht bilaterale OCA Indizes für alle Länder in der Untersuchung berechnet werden müssen. Für unsere Zwecke ist es sinnvoll, Deutschland als festes Partnerland auszusuchen, da dies das dominante Land im früheren EWS war. Ohne Zweifel kann man dagegen einwenden, daß ein Ansatz, der den Euro und nicht die D-Mark als zentrale Partnerwährung verwendet, eher unserem Forschungsziel entsprechen würde, jedoch sind Daten für den Euro noch nicht in genügend langer Zeitreihe vorhanden. Ein anderes Gegenargument gegen die hier gewählte Vorgehensweise ist, daß man eher den realen als den nominalen Wechselkurs als abhängige Variable verwenden sollte. Der Einsatz des nominalen statt des realen Wechselkurses hat jedoch den Vorteil einer einfachen Interpretation. Die Variabilität des nominalen Wechselkurses ist in einer Währungsunion gleich null – dies ist insbesondere zu Beginn einer Währungsunion nicht unbedingt der Fall für den realen Wechselkurs. Dieser kann auch in einer Währungsunion schwanken.

Die abhängige Variable SA_{id} wird von den folgenden drei Kriterien der Theorie optimaler Währungsräume bestimmt. Erstens wird eine Näherungsvariable für asymmetrische Schocks konstruiert. Ein asymmetrischer Schock wird dafür als die Standardabweichung der Differenz der Logarithmen des realen Outputs (industrielle Produktion, IP) während eines Jahres zwischen Land i und Deutschland d definiert:

$$SA(IP_{id}) = SA\left(\log\frac{IP_i}{IP_i(-4)} - \log\frac{IP_d}{IP_d(-4)}\right) \cdot 100 \qquad (7.2)$$

Im Gegensatz zur Standardabweichung des Wechselkurses, bei der die vierteljährliche Änderung verwendet wurde, werden hier die jährlichen Änderungen gewählt, um den saisonalen Trend des Outputs auszusparen. Je symmetrischer die Schocks zwischen zwei Ländern sind, um so geringer sollte nicht nur der Wert der Näherungsvariablen sondern auch die Variabilität des nominalen Wechselkurses sein.

Als zweite Variable wird die Größe des Landes in die Schätzgleichung einbezogen. Relativ kleine Volkswirtschaften sind in der Regel offener als große.[126] In offeneren Volkswirtschaften wird die Einsparung von Transaktionskosten stärker ins Gewicht fallen, weil die Unternehmen und Haushalte einen höheren Anteil ihrer Faktoren und Güter im Ausland beziehen. Außerdem unterliegen die Wirtschaftssubjekte in offeneren Ländern eher Entscheidungsfehlern, da sie auf vielen Auslandsmärkten mit unterschiedlichen Währungen konfrontiert werden. Folglich werden die Wohlfahrtsgewinne aus der Beseitigung dieser Risiken in relativ kleinen offenen Volkswirtschaften größer als in großen, relativ geschlossenen Volkswirtschaften sein. Die Größe der Länder ist wieder relativ zu Deutschland definiert:

$$GR_{id} = \frac{RBIP_i}{RBIP_d} \cdot 100 \qquad (7.3)$$

GR_{id} ist das reale Bruttoinlandsproduktes (RBIP) gemessen in US-Dollar des Landes i im Verhältnis zum deutschen realen Bruttoinlandsprodukt. Je kleiner die Variable GR ist, um so eher neigt die Volkswirtschaft dazu, offen zu sein, und um so größer sind die Wohlfahrtsgewinne, die dem Land durch einen Eintritt in eine Währungsunion zugute kommen. Folglich wird der nominale Wechselkurs gegenüber Deutschland weniger schwanken, wenn das Land klein ist.

Als dritte unabhängige Größe wird eine Näherungsvariable für die Diversifikation der Produktionsstruktur in die Regressionsgleichung aufgenommen. Dabei werden zwei Länder, die miteinander relativ viel intraindustriellen Handel betreiben, als ähnlich diversifiziert erachtet. Dies bedeutet, daß ein Schock, der die Volkswirtschaften trifft, ähnliche Wirkungen entfalten wird und somit eine geringere Notwendigkeit für den Einsatz des Wechselkursinstruments besteht. Je höher also der Anteil an intraindustriellem Handel ist, um so geringer ist die Variabilität des Wechselkurses.

Der am häufigsten verwendete Maßstab zur Bewertung des intraindustriellen Handels ist der sog. Grubel-Lloyd-Index:

$$GL_{id} = 1 - \frac{\sum_{c=1}^{n} \left| (X_c / X) - (M_c / M) \right|}{\sum_{c=1}^{n} \left[(X_c / X) + (M_c / M) \right]}. \qquad (7.4)$$

---

126 Im Anhang A 1 dieses Kapitels wird eine Regression für die Länder in unserer Stichprobe durchgeführt, um zu verifizieren, ob große Länder (gemessen an ihrem BIP) offener sind als kleine Länder. Die Regression zeigt, daß es hier tatsächlich einen negativen Zusammenhang gibt. Dieser Zusammenhang gilt sogar, wenn man nur mittel- und osteuropäische Länder beachtet (vgl. Anhang A 1 des Kapitels 3 auf S. 73).

X_c/X (oder M_c/M) ist der prozentuale Anteil der Exporte (oder Importe) in Produktkategorie c am Gesamtexport nach Deutschland. $|(X_c/X)-(M_c/M)|$ gibt den absoluten Unterschied zwischen Export- und Importanteil in dieser Produktkategorie an. $[(X_c/X)+(M_c/M)]$ bezeichnet die Summe aller Export und Importanteile in der Produktkategorie. Das Summenzeichen Σ bedeutet, daß über alle n Warengruppen aufsummiert wird. Der Index wäre gleich eins, wenn die Exporte gleich den Importen in allen Kategorien wären (totaler intraindustrieller Handel). Der Index ist gleich null, wenn in jeder Kategorie entweder nur ex- oder nur importiert, aber nicht gleichzeitig ex- und importiert wird.

Da bei den bisher vorgestellten Variablen immer die relative Position eines Landes im Vergleich zu Deutschland gewählt wurde, wird auch ein relativer Grubel-Lloyd-Index in der Regression verwendet, denn wieder ist lediglich die relative Position des Landes von Interesse. Dies kann man am besten anhand eines Beispiels verdeutlichen: 7 % des gesamten Handels zwischen Island und Deutschland ist intraindustrieller Handel, aber 79 % des gesamten Handels zwischen Frankreich und Deutschland ist intraindustrieller Handel. Insgesamt ist der Anteil des intraindustriellen Handels am deutschen Gesamthandel 78 % (GL_{wd}). Das bedeutet, daß im Vergleich zu allen anderen Handelspartnern in der Untersuchung Island 9 % des intraindustriellen Handels von Deutschland ausmacht. Frankreich wickelt jedoch mehr intraindustriellen Handel mit Deutschland ab, als dies Deutschland mit allen anderen Handelspartnern tut. Das wiederum bedeutet, daß sich Deutschland und Frankreich in der Ausstattung der Produktionsfaktoren und in ihrer Enwicklungsstufe sehr ähnlich sind. Vor dem Hintergrund dieser Überlegungen werden wir deshalb einen relativen Grubel-Lloyd-Index (RGL) wie folgt errechnen:

$$RGL_{id} = \frac{GL_{id}}{GL_{wg}} \cdot 100. \tag{7.5}$$

Je ähnlicher die Länder sind, um so größer ist der Wert des relativen Grubel-Lloyd-Index und um so geringer ist die Variation des nominalen Wechselkurses.

Fügt man alle Bausteine zusammen, ergibt sich folgende Schätzgleichung:

$$SA(e_{id}) = \alpha + \beta_1 \cdot SA(IP_{id}) + \beta_2 \cdot GR_{id} + \beta_3 \cdot RGL_{id} + u_{id}. \tag{7.6}$$

Man kann erwarten, daß $\beta_1>0$, da unterschiedliche Konjunkturzyklen in Deutschland und im Partnerland eine höhere Variabilität des nominalen bilateralen Wechselkurses bewirken. Desgleichen beeinflußt die Größe des Landes die Variabilität des Wechselkurses positiv ($\beta_2>0$). Je größer der Anteil des intraindustriellen Handels zwischen Deutschland und dem Partnerland ist, um so kleiner ist die Variabilität des Wechselkurses ($\beta_3<0$). Die Konstante hat keine sinnvolle ökonomische Interpretation.

7.3 Empirische Ergebnisse

Auch bei diesem Ansatz gelten die gleichen Einschränkungen, wie sie für alle empirischen Untersuchungen mittel- und osteuropäischer Länder gelten. Die Daten unterliegen in dieser Ländergruppe einem Strukturbruch durch den Transformationsprozeß. Dies schränkt das Auffinden stabiler Zusammenhänge zwischen den makroökonomischen Variablen ein. Außerdem sind die vorhandenen Zeitreihen noch relativ kurz, und die Datenqualität erfüllt in einigen Fällen noch nicht die gleichen Standards wie in Westeuropa. Vor dem Hintergrund dieser Argumente muß man empirische Ergebnisse über mittel- und osteuropäische Länder vorsichtig interpretieren.

Um den OCA-Index zu berechnen, wird zunächst die Gleichung (7.6) für 31 Länder geschätzt. Diese Länder umfassen 14 EU-Länder: Österreich, Belgien, Dänemark, Finnland, Frankreich, Deutschland, Griechenland, Irland, Italien, die Niederlande, Portugal, Spanien, Schweden und Großbritannien. Hinzu kommen drei EFTA-Länder: Schweiz, Norwegen und Island sowie die folgenden mittel- und osteuropäischen Länder: Tschechien, Slowenien, Estland, Ungarn, Polen, Slowenien, Lettland, Litauen, Rumänien und Slowakei. Des weiteren werden die drei EU-Beitrittskandidaten aus dem Mittelmeerraum (Türkei, Zypern und Malta) in die Untersuchung aufgenommen. Da dieser Ansatz von dem Vergleich der relativen Positionen zehrt, sind auch die USA und Kanada in die Stichprobe integriert worden. Einzig Luxemburg und Bulgarien fehlen in den jeweiligen Ländergruppen, da es hier keine entsprechenden Daten gibt. Die Daten für den nominalen Wechselkurs stammen aus den International Financial Statistics (IFS) des IWF (CD-Rom, 03/99) und decken den Zeitraum von 1992, erstes Quartal, bis 1997, viertes Quartal, ab.[127] Die Daten für die industrielle Produktion stammen ebenfalls aus den International Financial Statistics des IWF (CD-Rom, 03/99).[128] Um die relative Größe der Länder zu berechnen, wurden die Daten für das reale BIP wiederum den International Financial Statistics des IWF (CD-Rom, 03/99) für das Basisjahr 1997 entnommen. Da die relative Größe eines Landes nicht wesentlich während der Periode von 1992 bis 1997 schwankt, haben wir nur das reale BIP eines Jahres verwendet. Gegen diese Vorgehensweise kann man einwenden, daß man dann auch das nominale BIP hätte verwenden können, da es für die relative Größe eines Landes nicht ausschlaggebend ist, ob man jeweils das reale oder das nominale BIP gebraucht. Da wir aber später die Entwicklung des OCA-Indexes auch prognostizieren werden, muß auf das reale BIP zurückgegriffen werden, da die tendenziell höheren Inflationsraten in den Transformationsländern die relative

---

[127] Für einige mittel- und osteuropäischen Länder (Tschechien, Estland, Lettland und die Slowakei) gab es für das Jahr 1992 keine oder nur bruchstückhafte Daten. Dies beeinflußt allerdings nur die Verfügbarkeit der Daten für die anschließende Berechnung der Standardabweichungen.

[128] Für drei Länder (Estland, Lettland und Malta) gab es keine Daten für die industrielle Produktion. Statt dessen wurde das reale BIP verwendet.

Größe der Länder überschätzt. Der relative Grubel-Lloyd-Index wird mit Hilfe von Export- und Importdaten für Deutschland, die auf Grundlage der Standard International Trade Classification (SITC) bis zur zweiten Ziffer zerlegt waren, für das Jahr 1997 errechnet. Als Datenquelle diente hier das STATISTISCHE BUNDESAMT (1998).

Da die Standardabweichungen für die bilateralen nominalen Wechselkurse für verschiedene Beobachtungspunkte schwanken, liegt Heteroskedastie und damit das Problem verzerrter Standardfehler vor. Um dieses zu lösen, wurde das Verfahren von White verwendet, um unverzerrte Standardfehler und Kovarianzen zu erhalten. Da die Konstante in der Regressionsgleichung (7.6) keine sinnvolle Interpretation hat und außerdem ihre Ergebnisse nicht signifikant waren, wird diese vernachlässigt. Für die Periode von 1992, erstes Quartal, bis 1997, viertes Quartal, ergab die Regressionsgleichung (7.6) folgendes Ergebnis:

$$\begin{aligned} SA(e_{id}) = {} & 0{,}993794 \cdot SA(IP_{id}) + 0{,}006115 \cdot GR_{id} + 0{,}016456 \cdot RGL_{id} \\ & (0{,}115313) \qquad\qquad (0{,}001920) \qquad\qquad (0{,}007037) \end{aligned} \tag{7.7}$$

$R^2=0{,}729530$ S.E.$=2{,}090724$[129]

Alle drei Koeffizienten haben das erwartete Vorzeichen. Die Koeffizienten β_1 und β_2 sind auf dem ein-prozentigen Signifikanzniveau von null verschieden. Der Koeffizient β_3 ist nur auf dem fünf-prozentigen Signifikanzniveau von null verschieden. Da die geschätzten Vorzeichen den erwarteten entsprechen und die Koeffizienten signifikant sind, kann man schließen, daß die Theorie optimaler Währungsräume mit dieser Regression für unsere Stichprobe bestätigt wird. Auffällig ist auch, daß die Schwankungen der industriellen Produktion wie bei BAYOUMI/EICHENGREEN (1997, S. 764) mit dem größten Gewicht in die Gleichung eingehen. Dieses Ergebnis unterstreicht noch einmal die Bedeutung asymmetrischer Schocks bei der Beurteilung optimaler Währungsräume.

Da man aus einer einzigen Regressionsgleichung nicht bedenkenlos ableiten kann, daß eine ganze Theorie nicht widerlegt ist, wäre es ratsam, die Gleichung auch auf ihre Stabilität im Zeitablauf zu prüfen. Dies ist jedoch wegen der Kürze der Zeitreihe nicht möglich. Statt dessen haben wir versucht, die Regressionsgleichung (7.6) für verschiedene Ländergruppen wie die Gruppe der EU-Länder, der westlichen Industrieländer (EU- plus EFTA-Länder plus Kanada und die USA) sowie die mittel- und osteuropäischen Länder gesondert zu schätzen. Da die Vorzeichen jeweils immer den erwarteten entsprachen, auch wenn sich die Größenordnung der Koeffizienten unterschieden, sehen wir die Theorie optimaler Währungsräume trotz der kurzen Zeitreihe als nicht widerlegt an. Deshalb verwenden wir für unsere weiteren Berechnungen die Gleichung (7.7).

---

129 S.E.: Standardfehler

Der nächste Schritt besteht in der Berechnung der OCA-Indices. Wie bereits gesagt, ist hier Deutschland jeweils das Partnerland. Da die Regression (7.7) alle Länder umfaßt hat, unterscheidet sich der tatsächliche Wert von $SA(e_{id})$ vom berechneten OCA Index, der nur zwei Länder (Deutschland und das Land i) berücksichtigt. Damit ist der OCA Index nichts anderes als der Schätzwert der obigen Regressionsgleichung. Je kleiner dabei der Wert des OCA-Index' ist, um so größer ist die Eignung des Landes, in die EWU einzutreten. Dabei kann der Index prinzipiell Werte zwischen null und unendlich annehmen, wobei diese Extremwerte unwahrscheinlich sind.[130] In der Tabelle 7.1 sind die Ergebnisse von 1992 bis 1997 zusammengefaßt.

Im Gegensatz zur Analyse der Schocks im vorangegangenen Kapitel bietet der OCA-Index die Gelegenheit, auch die Entwicklung der mittel- und osteuropäischen Länder hin zu den Standardas in der EWU zu beurteilen. Hierzu müssen allerdings die unabhängigen Variablen prognostiziert werden. Dabei sind wir uns der Tatsache bewußt, daß Prognosen immer zum Teil auch auf Werturteilen basieren. Wir haben uns deshalb für einen relativ kurzen Prognosezeitraum von 1998 bis 2003 entschieden, da dieser im ersten Jahr noch von tatsächlichem Datenmaterial abgedeckt wird. Um die Daten für die industrielle Produktion vorherzusagen, wurden sie einfach mit Hilfe der exponentiellen Glättung extrapoliert. Für die Variable „relative Größe des Landes" wurde auf die WEFA Prognosen für das Jahr 2003 zurückgegriffen. Der Grubel-Lloyd-Index wurde als konstant angenommen, weil eine sinnvolle Prognose des intraindustriellen Handels über den Zeitraum von sechs Jahren kaum möglich ist. Aus theoretischer Sicht gibt es Vertreter, die in einer verstärkten ökonomischen Integration eine Tendenz zu mehr Spezialisierung sehen (KRUGMAN, 1991), was wiederum mit einer Reduktion des intraindustriellen Handels einhergehen würde. Es gibt aber auch die gegenläufige Meinung, daß ökonomische Integration zu einer Angleichung der Produktionsstrukturen führt (EU-KOMMISSION, 1990) und damit zu einem Anstieg des intraindustriellen Handels führt. Wegen dieser widerstreitenden Argumente wurde der Grubel-Lloyd-Index als konstant angenommen.

Die Ergebnisse für die gegenwärtigen und die prognostizierten OCA-Indizes werden in der Tabelle 7.1 gezeigt. Die Abbildung 7.1 stellt die Ergebnisse graphisch dar. In der statischen Betrachtung zeigt die Darstellung, welche Länder innerhalb des historischen und des prognostizierten Zeitpunkts sich relativ ähnlich sind.

---

130 Für die hier vorliegende Gruppe von Ländern kann der Wert maximal 18,4 betragen, nämlich dann wenn man ein Land annimmt, daß die Schwankungen in der Produktion von Litauen, die Größe der USA und den Diversifikationsgrad von Zypern aufweist.

Tabelle 7.1: OCA-Indizes gegenüber Deutschland

	1992 – 1997	1998 – 2003
Belgien	1,7099743	2,0853554
Dänemark	2,5161803	1,9950644
Estland	4,0611206	3,6927425
Finnland	2,2049334	1,9961497
Frankreich	1,6285764	2,2784749
Griechenland	3,0447986	2,9919641
Großbritannien	3,1125368	2,4216926
Irland	2,6580304	2,5590566
Island	8,2021326	4,4311752
Italien	2,2624840	2,4347793
Kanada	3,5869357	3,1274520
Lettland	6,0735828	2,5991559
Malta	4,8770716	5,4348501
Niederlande	1,4522605	1,6479915
Norwegen	4,3050762	3,9759344
Österreich	1,3056918	1,0212248
Polen	3,6608312	3,0094556
Portugal	2,6430217	2,6362515
Rumänien	9,4134148	8,5133451
Schweden	2,4574572	2,3571877
Schweiz	1,6581313	1,6690365
Slowakei	3,1589316	3,1260931
Slowenien	2,7303741	3,2996052
Spanien	1,9969281	1,8196151
Tschechien	3,7614910	2,7329599
Türkei	8,8593692	6,9211909
Ungarn	3,6500983	2,8991457
USA	4,7499121	5,1615817
Zypern	2,8359388	2,9749044
Litauen[a)]	16,0061291	12,8478040

a) Litauen wird in der Abbildung 7.1 nicht berücksichtigt.

Quelle: Eigene Berechnungen.

In der dynamischen Betrachtung kann man ablesen, wie sich die Länder aneinander annähern. Dabei sind Länder, die links von der Diagonalen liegen, solche, deren OCA-Index im Laufe der Zeit gegenüber Deutschland zunimmt. Insofern entwickeln sich diese Länder eher weg von einer Währungsunion. Länder, die rechts der Diagonalen liegen, sind dagegen konvergierende Länder, die sich im Zeitablauf an Deutschland annähern.

Abbildung 7.1: Die Entwicklung des OCA-Indexes gegenüber Deutschland im Zeitablauf

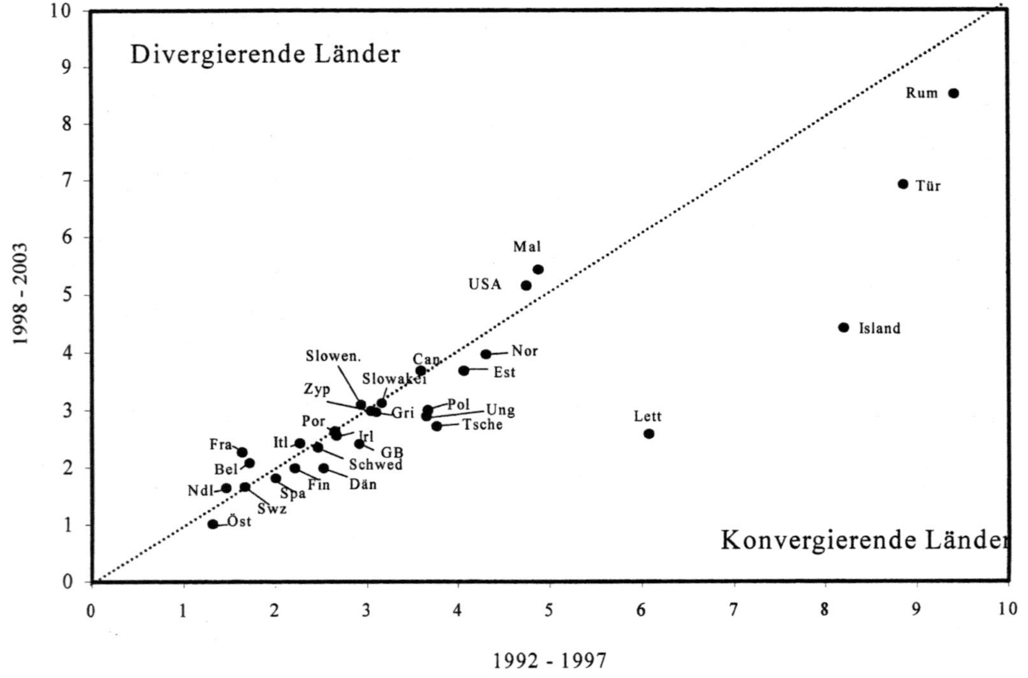

Quelle: Eigene Berechnungen.

Zu den EWU-Ländern, die sich zwischen 1992 und 1997 am stärksten an Deutschland angenähert haben, gehören Österreich, die Niederlande, Belgien, Frankreich und Spanien. Zu dieser Gruppe zählt auch das EFTA-Land Schweiz. Bei all diesen Ländern liegt der OCA-Index in der Periode von 1992 bis 1997 unter 2,09 und ist damit kleiner als der Standardfehler der Regression. Folglich ist der OCA Index bei dieser Gruppe von Ländern nicht signifikant von null verschieden. Man kann dies auch so interpretieren, daß sich der nominale Wechselkurs dieser Länder zwischen 1992 und 1997 so verhalten hat, als wären diese Länder bereits Mitglied der EWU. Dieses Ergebnis verwundert nicht so sehr für Österreich, die Niederlande und Belgien, denn deren Währungen waren schon immer eng an die Deutsche Mark gebunden. Daß sich jedoch Spanien in dieser Gruppe befindet, erstaunt schon eher. Dies kann mit dem starken Konvergenzprozeß dieses Landes erklärt werden. Auch bei BAYOUMI/EICHENGREEN (1997) nähert sich Spanien während 1987 bis 1995 relativ stark an Deutschland an. Frankreich dagegen ist bei unseren Ergebnissen im ersten Zeitraum noch Teil der zu Deutschland ähnlichen Gruppe von Ländern, doch sein OCA-Index verschlechtert sich im zweiten Zeitraum. Eine Erklärung für dieses Ergebnis könnte sein, daß der französische relative Grubel-Lloyd-Index der größte unter den europäischen Ländern ist, aber die Asymmetrie der Konjunkturzyklen im Vergleich zu Deutschland hier steigt, da Frankreich früher als Deutschland die Rezession zu Beginn der neunziger Jahre überwand und dem Land auch für die nahe Zukunft ein höheres Wirtschaftswachstum vorhergesagt wird. In der Schweiz dagegen sind die Konjunkturzyklen und der Diversifikationsgrad in der Produktion im Vergleich zu Deutschland sehr ähnlich. In Übereinstimmung mit den Ergebnissen von BAYOUMI/EICHENGREEN (1997) gehört die Schweiz deshalb zur ersten Gruppe von Ländern, obwohl es kein Mitglied der EU ist.

Etwas weiter entfernt von dieser ersten Gruppe mit einem OCA-Index kleiner als der Standardfehler liegen Finnland, Italien, Schweden, Dänemark, Portugal, Irland und Großbritannien. Bemerkenswert ist daran, daß es zwischen den Pre-Ins und den EWU-Ländern allenfalls geringe Unterschiede gibt. Für Dänemark und Großbritannien kann dies dadurch begründet werden, daß die Entscheidung, nicht in die Währungsunion einzutreten, mehr eine politische denn eine ökonomische Entscheidung war. Schweden weist jedoch einen besseren OCA-Index als die aktuellen EWU-Mitglieder Portugal und Irland auf. Ein Grund hierfür könnte die Tatsache sein, daß die Variabilität des Outputs in Portugal und Irland im Vergleich zu Schweden größer und zudem die schwedische Produktionsstruktur der deutschen ähnlicher ist. BAYOUMI/EICHENGREEN (1997, S. 767) stellen außerdem fest, daß es zwischen dem OCA-Index und dem Einhalten des Defizitkriteriums des Maastricht-Vertrages eine auffallend geringe Korrelation gibt. Dieses Ergebnis weist darauf hin, daß die Mitgliedschaft in der EWU nicht immer vom OCA-Index gestützt sein muß.

Gemessen am OCA-Index scheint der vierte Pre-In Griechenland genauso gut oder schlecht wie Zypern, Slowenien, die Slowakei, Polen und Tschechien auf die

EWU vorbereitet zu sein. An dieser Beurteilung ändert sich nichts, wenn man bedenkt, welche Fortschritte Griechenland bei der Reduktion des Haushaltsdefizits gemacht hat, denn wie gesagt, ist die Korrelation zwischen dem OCA-Index und dem Defizitkriterium auffallend gering. Das Ergebnis wird noch untermauert, wenn man sich die Produktionsdiversifikation und die Handelsstrukturen von Griechenland im Vergleich zu denen der mittel- und osteuropäischen Bewerbern ansieht. Aus der Sicht der Theorie optimaler Währungsräume impliziert dies, daß der Eintritt dieser Länder in die EU und in die EWU gar nicht in so weiter Zukunft liegt. Daß sich mit der Ausnahme von Slowenien alle mittel- und osteuropäischen Länder zwischen 1998 und 2003 an die deutschen Maßstäbe annähern, verstärkt dieses Ergebnis. Im November 1998 bestätigte die EU-Kommission zum Beispiel Lettlands auffallenden Konvergenzprozeß. Dagegen tadelt die EU-Kommission das Zurückfallen Sloweniens (EU-KOMMISSION, 1998).

Für die anderen Bewerberländer Rumänien, Türkei und Malta spricht der OCA-Index auch mittelfristig gegen eine Mitgliedschaft in der EWU. Das gleiche gilt für Norwegen und Island. In allen Fällen ist dies auf die Asymmetrie in den Konjunkturzyklen sowie einen niedrigen relativen Grubel-Lloyd-Index zurückzuführen.

Die Aufnahme der USA in die Stichprobe zeigt, daß obwohl die Standardabweichungen beim Output nicht außergewöhnlich groß ist, der Einfluß der relativen Größe erheblich ist. Da die USA auch noch stärker als Deutschland wächst, gehört das Land zur Gruppe der divergierenden Länder.

7.4 Schlußfolgerungen und Vergleich der Ergebnisse mit denen aus der Vektorautoregression

Das vorliegende Kapitel hat untersucht, inwieweit eine Analyse, die nicht nur auf die Asymmetrien von Schocks und auf historische Zusammenhänge abstellt, die Ergebnisse des Kapitels 6 relativiert. Zu diesem Zweck wurde ein OCA-Index konstruiert, der neben Unterschieden in den Konjunkturzyklen auch die Größe der Länder sowie ihren Diversifikationsgrad berücksichtigt. Obwohl die Analyse sich nur auf wenige Kriterien beschränkt, konnte die Theorie optimaler Währungsräume für die hier verwendete Stichprobe von Ländern bestätigt werden. Die Schlußfolgerung dieses Kapitels ist demzufolge, daß einige Länder der ersten Gruppe von EU-Beitrittskandidaten im Grunde für die EWU ähnlich vorbereitet sind wie Griechenland. Zumindest würde dies für das Jahr 2003 zutreffen. Das Argument, daß die mittel- und osteuropäischen Länder bisher noch nicht die Konvergenzkriterien, und hier insbesondere das Zins- und das Inflationskriterium, erfüllen, widerspricht dieser Aussage aus drei Gründen nicht: Zum ersten konstatieren BAYOUMI/EICHENGREEN (1997), daß es eine auffällig geringe Korrelation zwischen den Konvergenzkriterien und dem OCA-Index gibt. Mit anderen Worten sind die Konvergenzkriterien eher politisch gesetzte, als ökonomisch fundierte Kriterien. Dies bringt uns auf den Punkt zurück, daß letztlich sowohl die Gründung einer Währungsunion als auch die Aufnahme in eine Währungsunion entscheidend vom politischen Willen auf beiden Seiten abhängt. Zum zweiten beeinflußt die Aufnahme in die EU auch die Fähigkeit an der Währungsunion teilzunehmen: Der gemeinsame Markt wird die Handelsbeziehungen stärken, und dies wiederum beeinflußt den OCA-Index positiv (FRANKEL/ROSE, 1997, S. 753-760).[131] Zum dritten hängt das Zinskriterium über die Fischer-Gleichung direkt mit dem Inflationskriterium zusammen: bei einer niedrigeren Inflationsrate werden auch die Zinsen sinken. Beachtet man dabei die bisherigen Fortschritte bei der Reduktion der Inflation in den mittel- und osteuropäischen Ländern (vgl. Abbildung 2.3 auf S. 25), so kann man vermuten, daß diese Länder bei gegebener monetärer Disziplin auf dem besten Wege sind, die Konvergenzkriterien zu erfüllen. Für das Zinskriterium gilt außerdem, daß die Zinsen sich in den mittel- und osteuropäischen Ländern automatisch reduzieren, wenn die Aufnahme in den Euroraum feststeht, weil die Risikoprämie für diese Länder sinkt.

Zum Abschluß dieses Kapitels sollen die beiden empirischen Ansätze dieser Arbeit und ihre Ergebnisse miteinander verglichen werden. Dazu werden zunächst die Ergebnisse des Kapitels 6 noch einmal kurz dargestellt. Die wichtigsten Charakteristika der beiden Untersuchungen werden in der Tabelle 7.2 zusammengefaßt.

In Kapitel 6 wurde mit Hilfe einer Vektorautoregression untersucht, wie sich die Angebots- und Nachfrageschocks in den EU- und EWU-Beitrittsländern im Vergleich zu den heutigen Mitgliedsländern der Währungsunion verhalten. Die strukturelle Vektorautoregression stellt hierbei das geeignete Analyseinstrument dar, um zum einen die beiden Arten von Schocks zu unterscheiden und zum anderen die Verarbeitung von Schocks in den jeweiligen Ländern zu untersuchen. Für das Ausmaß der Schocks konnte festgehalten werden, daß es in allen Ländern ähnlich groß war, und negative wie positive Schocks in den vier untersuchten Ländergruppen (vgl. Tabelle 7.2) etwa gleich verteilt waren. Allerdings schienen die negativen Schocks in den mittel- und osteuropäischen Ländern zu überwiegen. Insbesondere bei den Angebotsschocks wiesen diese Länder größere und länger andauernde Ausschläge auf, während die negativen Nachfrageschocks eher kurz und heftig waren (vgl. Abbildung 6.7 auf S. 171). Außerdem waren die Unterschiede zwischen den einzelnen Ländern innerhalb der Gruppe der mittel- und osteuropäischen Länder beachtlich.

---

131 FRANKEL/ROSE (1997) nennen wegen der Tatsache, daß starke Handelsbeziehungen ein Optimalitätskriterium für eine Währungsunion sind und diese durch eine gemeinsame Währung gestärkt werden, ihren Beitrag auch: „Is EMU more justifiable ex post than ex ante?“

Tabelle 7.2: Übersicht über die beiden empirischen Untersuchungen dieser Arbeit

	Strukturelle Vektorautoregression	**OCA-Index**
Untersuchungsgegenstand	Analyse der Schocks bzgl ihrer Art und ihrer Verarbeitung in den Ländern	Verschiedene Kriterien der OCA-Theorie wie die Asymmetrie der Konjunkturzyklen, der Größe der Länder und der Ähnlichkeit in den Produktionsstrukturen
Methode	Strukturelle Vektorautoregression mit Hilfe der BLANCHARD/QUAH-Dekomposition.	OLS-Schätzung mit der Varianz des Wechselkurses als abhängige und drei OCA-Kriterien als unabhängige Variable. Index ergibt sich aus den Schätzwerten der Regressionsgleichung
Länder in der Stichprobe	Ursprünglich 26 Länder, wobei bei dreien das Verfahren wegen Instabilität nicht anwendbar ist.	31 Länder
	• EWU-Länder, • Pre-Ins • EFTA-Länder und • mittel- und osteuropäische Länder	• EWU-Länder, • Pre-Ins, • EFTA-Länder, • mittel- und osteuropäische Länder sowie • Mittelmeerkandidaten
Zeitraum	1992 – 1998 (historische Daten)	1992 – 1998 (historische Daten) sowie 1998 – 2000 (Prognose)
Schlußfolgerung	Noch erhebliche Unterschiede zwischen mittel- und osteuropäischen Ländern sowohl was die Art und Größe als auch die Verarbeitung der Schocks angeht. EWU-Beitritt sollte nicht unmittelbar dem EU-Beitritt folgen	Obwohl z.Z. die mittel- und osteuropäischen Länder sich noch von den EWU-Ländern unterscheiden, so verringern sich die Unterschiede doch in den nächsten drei Jahren. Wenn Griechenland bedenkenlos in die EWU aufgenommen wird, so gibt es auf der Grundlage des OCA-Indexes kaum Argumente, die ein Beitritt in die EWU noch lange zurückstellen könnten.

Quelle: Eigene Darstellung.

Bei der Verarbeitung der Schocks ergab sich, daß Nachfrageschocks zwar in etwa einen ähnlichen Ausschlag von Preisen und Output wie in EWU-Ländern verursachen, aber die Anpassungsgeschwindigkeit an das neue Gleichgewicht im Vergleich zu den EWU-Ländern geringer war. Bei den Angebotsschocks war die Stärke der Reaktion größer als in den EWU-Ländern und die Anpassungszeit wieder länger. Abschließend kann man festhalten, daß die Vektorautoregression zu einer pessimistischeren Einschätzung der Eignung der mittel- und osteuropäischen Länder für die EWU als der OCA-Index kam.

Im folgenden wird untersucht, ob die Ergebnisse zumindest für die Länder, die in beiden Stichproben enthalten waren, für den gleichen Zeitraum der Betrachtung kompatibel sind. Zu diesem Zweck haben wir die Korrelationen der Nachfrage- und Angebotsschocks mit Deutschland (vgl. Tabelle 6.4) jeweils ins Verhältnis zum OCA-Index (vgl. Tabelle 7.1) gesetzt.

Abbildung 7.2: Verhältnis der Nachfrage- und Angebotsschocks im Vergleich zum OCA-Index

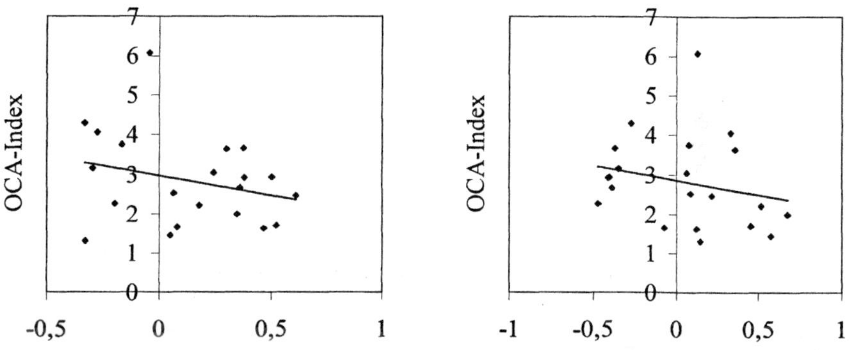

Nachfrageschock: Korrelation mit Deutschland

Je ähnlicher die Nachfrageschocks zu Deutschland sind, um so geringer ist der OCA-Index.
Korrelationskoeffizient = -0.269506

Angebotsschock: Korrelation mit Deutschland

Je ähnlicher die Angebotsschocks zu Deutschland sind, um so geringer ist der OCA-Index.
Korrelationskoeffizient = -0.231999

Quelle: Eigene Darstellung.

Das Ergebnis dieser Betrachtung ist, daß der erwartete negative Zusammenhang zwischen der Größe der Korrelationskoeffizienten und dem OCA-Index bestätigt wird. Dies bedeutet, daß ein hoher Korrelationskoeffizient, d.h. eine hohe Ähnlichkeit der Schocks mit „deutschen" Schocks, mit einem relativ niedrigen OCA-Index einhergeht. Allerdings ist dieser negative Zusammenhang relativ schwach, wie man an der Größe der Korrelationskoeffizienten sehen kann. Ein Grund hierfür ist, daß bei der Vektorautoregression die Schwankungen der Inflations- und der Wachstumsrate „ungebremst" in die Untersuchung eingehen, während beim OCA-Index die Schwankungen der industriellen Produktion durch zwei weitere unabhängige Variablen, der relativen Größe und der Produktdiversifikation, abgefedert werden. Die Schwankungen in der Produktion gehen bei beiden empirischen Untersuchungen ein. Die Schwankungen der Inflationsrate bleiben jedoch beim OCA-Index unberücksichtigt. Bedenkt man, daß insbesondere die

Schwankungen der Inflationsrate in den Transformationsländern im Vergleich zu den westlichen Industrieländern relativ groß waren, kann man festhalten, daß dadurch die Ergebnisse der VAR erheblich beeinflußt wurden. Eliminiert man die Ausreißer der Regression[132], so senkt dies automatisch die Korrelationskoeffizienten auf -0.49253 bei der Ähnlichkeit der Nachfrageschocks zum OCA-Index und auf -0.458121 bei der Ähnlichkeit der Angebotsschocks zum OCA-Index.

Die sich im Vergleich zur strukturellen Vektorautoregression optimistischere Einschätzung des OCA-Indexes hat mehrere Ursachen. Erstens bezieht der OCA-Index auch die zukünftige Entwicklung der Länder mit ein, so daß der andauernde Konvergenzprozeß die Beurteilung positiv beeinflußt. Zweitens sind die mittel- und osteuropäischen Länder alle relativ kleine Länder, was ebenfalls für eine Aufnahme in die Währungsunion spricht. Drittens waren die Schwankungen in den Wachstums- und Inflationsraten insbesondere bei den Transformationsländern erheblich. Dies unterstützt die eher negative Einschätzung der strukturellen Vektorautoregression, während beim OCA-Index die Schwankung der Preise keine Rolle und die Schwankung der Wachstumsraten nur eine durch die beiden anderen Variablen abgefederten Einfluß hatten.

Aus den genannten Gründen sollte es deshalb nicht verwundern, wenn die beiden Untersuchungen zwar den gewünschten Zusammenhang aufweisen, dieser aber dennoch recht schwach ist. Von der Methode her stellen die beiden Untersuchungen auf unterschiedliche Sichtweisen der OCA-Theorie ab, so daß die Ergebnisse nicht als widersprüchlich gelten können.

---

132 Als Ausreißer gelten dabei diejenigen Länder, deren Residuum einen größeren Wert als der Standardfehler der Regression aufweist. Bei der Regression „Nachfrageschock vs. OCA-Index" sind dies Lettland, Niederlande und Österreich. Bei der Regression „Angebotsschock vs. OCA-Index" sind dies Estland, Lettland und Österreich.

7.5 Anhang zu Kapitel 7

A 1. Regression: Größe versus Offenheit

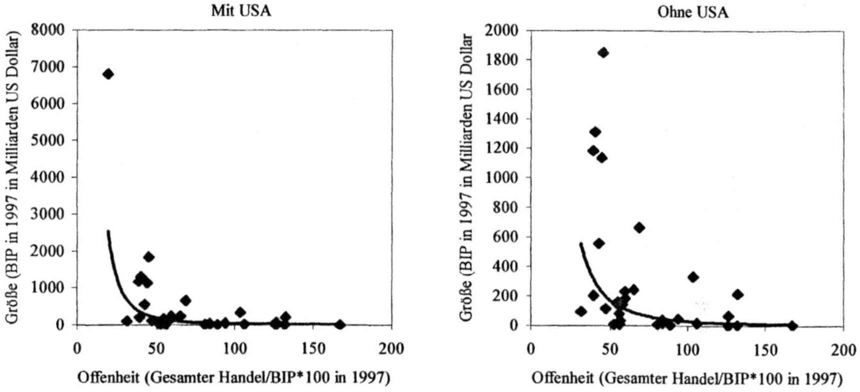

Da die USA offensichtlich in der linken Grafik ein Ausreißer sind, wurden sie bei der Konstruktion der rechten Grafik ausgeschlossen. Wie man sieht, zeigen die Länder der Stichprobe einen negativen Zusammenhang zwischen Größe und Offenheit.

8 *Abschließende Bemerkungen*

Während es zu den Auswirkungen der Osterweiterung der EU auf den Binnenmarkt relativ umfangreiche Literatur[133] gibt, spielen ihre Folgen für die Währungsunion eher eine untergeordnete Rolle. Deshalb war es das zentrale Anliegen dieser Arbeit, einen eigenständigen Beitrag sowohl für den Übergang zur als auch für den Beitritt in die EWU mit Hinblick auf die EU-Osterweiterung zu liefern. Dabei beschränkte sich die Betrachtung auf die zehn mittel- und osteuropäischen Beitrittskandidaten.

Für die Frage des Übergangs der potentiellen EU-Mitglieder zum Euro wertete die Arbeit die institutionellen Rahmenbedingungen aus und zeigte - in Ergänzung zur bestehenden Literatur - die verschiedenen Austauschbeziehungen zwischen den Konvergenzkriterien und den Charakteristika der Transformationsländer auf. Vom Zinskriterium abstrahierend,[134] lassen sich die folgenden Trade-Offs identifizieren:

1. *Trade-Off zwischen der Einhaltung der fiskalischen Konvergenzkriterien und dem Ausbleiben notwendiger Investitionen in die Infrastruktur.* Die Einhaltung der fiskalischen Konvergenzkriterien kann den höheren Anforderungen der Transformationsländer an den Strukturwandel widersprechen, wenn z.B. schuldenfinanzierte Investitionen in die Infrastruktur (Straßen, Leitungsnetze, Telekommunikation etc.) unterlassen werden, um das Defizit- und das Schuldenstandskriterium zu erfüllen. Die Finanzierung dieser Investitionen durch Fremdkapital ist jedoch im Sinne der intertemporalen Verteilungsgerechtigkeit angemessen. Außerdem kann bei einem höheren realen Wachstum in den Transformationsländern auch deren Defizitquote höher als die vorgegeben drei Prozent des BIP liegen, ohne daß aus ökonomischer Sicht die Tragfähigkeit der Zinsbelastung angezweifelt werden muß. Es steht deshalb zu befürchten, daß das Ziel der Erfüllung der fiskalischen Konvergenzkriterien diesen Investitionen, die alternativ nicht ausschließlich steuerfinanziert werden können, entgegensteht und diese letztlich ausbleiben könnten.
2. *Trade-Off zwischen der Einhaltung des Konvergenzkriteriums der Preisstabilität und der höheren Inflationsneigung in den Transformationsländern.* Wie gezeigt wurde, liegt die Inflationsrate in den Transformationsländern durch das Nachfrage-, das Qualitäts- und das Balassa-Samuelson-Argument höher als in den Industrieländern, stellt aber nach dem Konzept der „underlying inflation" (vgl. Fußnote 11) noch keinen Grund für geldpolitische Eingriffe dar. Da das Inflationskriterium jedoch am harmonisierten Verbraucherpreisindex gemessen wird, wird der tendenziell nach oben verzerrten CPI-Inflationsrate der Transformationsländer ungenügend Rechnung getragen. Die mittel- und osteuropäischen Länder könnten folglich in ihrem Bestreben, die Konvergenzkriterien

---

133 Für einen Literaturüberblick vgl. z.B. BALDWIN/FRANCOIS/PORTES, 1997.

134 Im Durchschnitt gilt, daß die langfristigen Zinsen um so niedriger sind, je niedriger die Inflationsrate ist. Insofern überlappt sich das Inflationskriterium mit dem Zinskriterium.

einzuhalten, versucht sein, im Vorfeld zur EWU eine im Vergleich zur „underlying inflation“ zu restriktive Geldpolitik zu betreiben. Folglich sehen sich die mittel- und osteuropäischen Länder einem *zweiten Trade-Off* gegenüber: Entweder betreiben sie eine zu restriktive Geldpolitik, um das Konvergenzkriterium der Preisstabilität einzuhalten, oder aber die Geldpolitik akkommodiert den Anstieg der Geldnachfrage durch das höhere Wachstum, und der Nachweis stabiler Preise auf Grundlage des Konvergenzkriteriums droht zu scheitern.

3. *Trade-Off zwischen der Einhaltung des Konvergenzkriteriums der Wechselkursstabilität und dem realen Aufwertungstrend des Wechselkurses.* In der Arbeit wurde gezeigt, daß vor und nach dem EU-Beitritt die mittel- und osteuropäischen Länder immer noch mit hohen und volatilen Kapitalzuflüssen rechnen müssen, die eine Verteidigung des fixen Wechselkurses auf Dauer sehr kostspielig macht. Zusätzlich unterliegen die Länder einer höheren Inflationsneigung durch den Strukturwandel. Daraus kann man ableiten, daß Wechselkurssysteme, die keine ausreichende Flexibilität zum Ausgleich der realen Aufwertung bieten, von den Marktteilnehmern getestet werden und daß hiervon nur glaubhafte Currency Board Regime ausgenommen sind. Die EU fordert aber zum Nachweis der Wechselkursstabilität die Mitgliedschaft im WKM II. Für diejenigen Länder, die kurz vor dem EWU-Eintritt stehen, bedeutet der Schritt zur Aufgabe des alten Regimes im Zweifel eine Abwägung zwischen schnellem Euro-Beitritt (mit vorheriger Bindung an den Euro im Rahmen des WKM II) und der vor dem Hintergrund volatiler Kapitalströme und höherer Inflationsneigung empfohlenen Wechselkursflexibilität.

4. *Trade-Off zwischen dem Konvergenzkriterium der Wechselkursstabilität und Preisstabilität.* Dieser vierte Trade-Off ergibt sich aus der Synthese des zweiten und dritten Argumentes, soll aber zur Vollständigkeit gesondert dargestellt werden. Für die Beitrittskandidaten wird es schwierig, das Kriterium der Preisstabilität bei gleichzeitiger Mitgliedschaft im WKM II einzuhalten, da sie durch eine höhere Inflationsneigung gekennzeichnet sind, die zu einer realen Aufwertung bei fixen Wechselkursen führt. Folglich müssen sich die Länder entweder für eine niedrige Inflationsrate bei relativ flexiblem Wechselkurs oder aber für fixe Wechselkurse bei gleichzeitig höherer Inflation entscheiden.

Es sei darauf hingewiesen, daß diese vier Austauschbeziehungen insbesondere dadurch entstehen, daß die Konvergenzkriterien nicht auf entwickelte Industrieländer sondern auf Transformationsländer angewendet werden. Daraus kann man die wirtschaftspolitische Schlußfolgerung ziehen, daß unter der Voraussetzung, daß die EU nicht widersprüchliche Signale an die mittel- und osteuropäischen Länder senden will, sie die Auslegung der Kriterien überdenken muß. Berücksichtigt man, daß Ökonomen seit der Entstehung der Maastricht-Kriterien bemängeln, daß sie rein nominalen Charakter haben, es jedoch bei einer Währungsunion auf die reale Konvergenz ankäme, so bietet sich jetzt die Chance, den Amsterdamer Vertrag hinsichtlich des Beitritts in die EWU zu präzisieren.

Für den Übergang der Beitrittskandidaten zur EWU spielt die Rolle des Wechselkurssystems eine besondere Bedeutung. Während jedoch vor dem Eintritt in die EWU die Mitgliedschaft im WKM II vorgeschrieben ist, obliegt die Wahl des Wechselkursregimes vor dem Eintritt in die EU jedem einzelnen Mitgliedsland. Es war ein Anliegen dieser Arbeit, auf der Grundlage einer umfassenden Analyse der derzeitigen Regime eine konkrete wechselkurspolitische Empfehlungen für den Übergang zum WKM II zu geben. Dazu wurde versucht, die Wahl des Wechselkursregimes mit Hilfe der vorherrschenden makroökonomischen Strukturen zu erklären. Im Gegensatz zu bestehenden Arbeiten wurden alle zehn mittel- und osteuropäischen Länder untersucht. Neben strukturellen Indikatoren kamen auch Indikatoren für eine schwache Außenposition als Motiv für die Wahl eines bestimmten Regimes zur Anwendung. Auf Grundlage dieser Analyse kann man folgern, daß die mittel- und osteuropäischen Länder auch zukünftig Nettokapitalimporteure sein werden und daß insbesondere die kurzfristigen Zuflüsse steigen werden, je weiter die Privatisierung von Unternehmen fortschreitet. Wie gezeigt wurde, unterliegen die Länder zusätzlich einer höheren Inflationsneigung durch den Strukturwandel. Für Ungarn und Slowenien bedeutet diese Feststellung, daß sie möglichst frühzeitig ein System mit mehr Flexibilität anstatt eines Mischsystems wählen sollten, denn das derzeitige System kann einer trendhaften realen Aufwertung und dem eventuell folgenden Test des Regimes durch die Marktteilnehmer kaum standhalten. Estland sollte dagegen am Currency Board festhalten, da es sich in der Vergangenheit als ein glaubwürdiges System erwiesen hat. Für die Länder, mit denen erst seit 2000 verhandelt wird, gilt, daß sie einen wesentlich höheren wirtschaftlichen Aufholbedarf haben. Deshalb ist für sie die Wahl des geeigneten Wechselkursregimes weniger dringlich, zumal sie – insbesondere unter dem Eindruck volatiler Kapitalströme in der Vergangenheit – ohnehin keine Mischsysteme gewählt haben. Die Erfahrung in vielen Transformationsländern zeigt, daß z.B. Preisstabilität nicht einzig eine Funktion des Wechselkurses ist, sondern daß der Wechselkurs nur *eine* Komponente in einer in sich konsistenten Wirtschaftspolitik ist. Daraus kann man schließen, daß es für diese Länder wichtiger ist, bei gegebenem Wechselkursregime eine in sich konsistente Wirtschaftspolitik als eine Änderung des Regimes anzustreben.

Die Analyse verschiedenen Wechselkursregime in den mittel- und osteuropäischen Ländern unterstützt die These, daß die Wahl des Wechselkursregimes eine strategische Entscheidung auf der Basis makroökonomischer Strukturen und politischer Ziele ist. Man kann deshalb vermuten, daß das WKM II nicht für alle Länder eine optimale Regelung darstellt - eine Annahme, die in der vorliegenden Arbeit mit Hilfe eines spieltheoretischen Modells untermauert wurde. Im Gegensatz zu anderen Arbeiten wurde dabei besonderer Wert auf eine umfassende und eingängige Darstellung des Modells sowie auf den Bezug zur Osterweiterung der EWU gelegt. Die Ausführungen machen deutlich, daß mit der Einführung des WKM II nicht das Problem der optimalen Koordination der Geld- und Währungspolitik gelöst ist. Dies liegt darin begründet, weil sowohl symmetrische als auch asymmetrische Nachfrageschocks nicht mehr durch die Geldpolitik stabilisiert werden können, weil im WKM II die Geldpolitik nur zur Stabilisierung des Wechselkurses aber nicht des Outputs eingesetzt werden kann. Ferner konnte im Rahmen des Modells gezeigt werden, daß ein Inflationsziel sowohl einem Wechselkursanker als auch einem Geldmengenziel überlegen ist. Aus praktischer Sicht stellt sich jedoch die Frage, ob denn ein Inflationsziel überhaupt in Transformationsländern implementierbar ist. Es wurde festgestellt, daß die meisten mittel- und osteuropäischen Ländern nicht die Voraussetzungen erfüllen, um ein Inflationsziel zu implementieren, weil sie keine entwickelten Finanzmärkte haben und ein stabiler Transmissionsmechanismus für die Geldpolitik fehlt.

Die Arbeit widmete sich überdies dem Problem, ob ein Beitritt in die Währungsunion für die mittel- und osteuropäischen Länder vorteilhaft ist. Dafür wurde die Theorie optimaler Währungsräume mit Hilfe zwei verschiedener ökonometrischer Ansätze umgesetzt. Für den ersten empirischen Teil ist der Ausgangspunkt die Überlegung, daß asymmetrische Schocks die Ursache dafür sein können, daß auf den Wechselkurs oder aber die Geldpolitik als Stabilisierungsinstrumente zurückgegriffen werden muß. Um die Schocks in der EU und in den mittel- und osteuropäischen Ländern analysieren zu können, wurde das Verfahren der strukturellen Vektorautoregression verwendet. Dieses Verfahren machte es möglich, daß nicht nur Nachfrage- und Angebotsschocks voneinander unterschieden sondern auch die Anpassungen an das neue Gleichgewicht analysiert werden können. Mit Hilfe dieses Ansatzes war es erstmals möglich, empirisch nachzuweisen, daß zum einen die Schocks größer sind, daß aber auch deren Verarbeitung eine längere Zeit in den mittel- und osteuropäischen Ländern brauchte, als dies z.B. bei den Pre-Ins oder den EFTA-Ländern der Fall war. Daraus kann gefolgert werden, daß unter der Annahme, daß sich die Wirtschaftsstrukturen nicht rapide ändern, ein EWU-Beitritt nicht unmittelbar dem EU-Beitritt der mittel- und osteuropäischen Länder folgen sollte.

Diese eher pessimistisch anmutende Schlußfolgerung konnte jedoch mit Hilfe der zweiten empirischen Untersuchung zum Teil abgeschwächt werden. Diese stellte im Gegensatz zur Vektorautoregression nicht nur auf die Asymmetrien von Schocks und auf historische Zusammenhänge ab, sondern bezog auch andere Ausgleichsmechanismen sowie zukünftige Entwicklungen ein. Auf der Grundlage einer Regressionsgleichung wurde ein Index gebildet, der in der Lage war, eine Aussage über die relative Vorteilhaftigkeit eines Beitritts in die EWU für alle Beitrittskandidaten zu treffen. Mit Hilfe einer Extrapolation der vorhandenen Daten wurde dann versucht, auch eine Prognose für das Jahr 2003 abzuleiten. Obwohl die Analyse sich nur auf wenige Kriterien beschränkt, war die Schlußfolgerung dieses Kapitels, daß einzelne Länder der ersten Gruppe von EU-Beitrittskandidaten für den potentiellen Beitritt zur EWU im Jahr 2003 im Grunde für die EWU ähnlich gut vorbereitet sind, wie Griechenland im Jahr 2000.

9 Literaturverzeichnis

ALBEROLA-ILA, E.; TYRVÄINEN, T.: *Is there scope for inflation differentials in EMU? An empirical evaluation of the Balassa-Samuelson model in EMU countries.* Madrid 1998. (= Banco de Espana Working Paper 9823)

ALESINA, A.; ROSENTHAL, H.: *Partisan politics, divided government, and the economy.* Cambridge, MA 1995. (= Political economy of institutions and decisions series)

ARIYOSHI, A. et. al.: *Capital controls: Country experiences with their use and liberalization.* Washington, DC 2000. (= IMF Occasional Paper No. 190)

ARTIS, M.: *One market, one money: An evaluation of the potential benefits and costs of forming an economic and monetary union.* In: *Open Economies Review*, 2. Jg. (1991), S. 315-321.

BACCHETTA, P.; VAN WINCOOP, E.: *Does exchange rate stability increase trade and capital flows?* Cambridge, MA 1998. (= NBER Working Paper 6704)

BACKÉ, P.: *Interlinkages between European Monetary Union and a furture EU enlargement to central and eastern Europe.* In: *Review of Economies in Transition*, Jg. 1997, S. 27-45.

BALASSA, B.: *The purchasing power parity doctrine: A reappraisal.* In: *Journal of Political Economy*, 72. Jg. (1964), S. 584-596.

BALDWIN, R.E.: *The growth effects of 1989.* In: *Economic Policy*, 11. Jg. (1989), S. 248-281.

BALDWIN, R.E.; FRANCOIS, J.F.; PORTES, R.: *The costs and benefits of eastern enlargement: The impact on the EU and central Europe.* In: *Economic Policy*, Jg. 1997, H. 24, S. 127-176.

BALTENSPERGER, E.: *Die Europäische Währungsunion und ihre Bedeutung aus der Perspektive der Schweiz.* In: *Aussenwirtschaft*, 51. Jg. (1996), H. 2, S. 197-221.

BANK OF LITHUANIA: *Monetary policy programme for 1997-1999.* Vilnius 1997.

BANK OF LITHUANIA: *Statement of the Bank of Lithuania.* Vilnius Oktober 1999. (= http://www.ltbank.lt/Eng/News/LBp.htm)

BARRO, R.J.; GORDON, D.B.: *A positive theory of monetary policy in a natural rate model.* In: *Journal of Political Economy*, 91. Jg. (1983), H. 4, S. 589-610.

BARRO, R.J.; GORDON, D.B.: *Rules, discretion and reputation in a model of monetary policy.* In: *Journal of Monetary Economics*, 12. Jg. (1983), S. 101-120.

BAYOUMI, T.: *The effect of the ERM on participating economies.* In: *IMF Staff Papers*, 39. Jg. (1992), S. 330-356.

BAYOUMI, T.: *A formal model of optimum curreny areas.* In: *IMF Staff Papers*, 41. Jg. (1994), H. 4, S. 537-554.

BAYOUMI, T.; EICHENGREEN, B.: *Shocking aspects of European monetary unification.* Cambridge, Mass. 1992. (= NBER Working Paper 3949)

BAYOUMI, T.; EICHENGREEN, B.: *Ever closer to heaven? An optimum-currency-area index for European countries.* In: *European Economic Review*, 41. Jg. (1997), S. 761-770.

BEATTIE, A.: *Significant symbol of nationhood.* In: Financial Times, US-Ausgabe vom 11.01.2000, http://www.ft.com.

BEGG, D.; HALPERN, L.; WYPLOSZ, C.: *Monetary and exchange rate policies, EMU and central and eastern Europe.* London, New York 1999. (= Forum report of the Economic Policy Initiative No. 5)

BERG, A.; PATILLO, C.: *Are currency crises predictable? A test.* Washington, DC 1998. (= IMF Working Paper WP/98/154)

BERGSTRAND, J.: *Structural determinants of real exchange rates and national price levels: Some empirical evidence.* In: *The American Economic Review*, 81. Jg. (1992), H. 1, S. 325-334.

BERTOLA, G.: *Factor flexibility, uncertainty and exchange rate regimes.* Aus: DE CECCO, M.; GIOVANNINI, A. (Hrsg.): *A European central bank? Perspectives on monetary unification after ten years of the EMS.* Cambridge, MA 1989. S. 93-108.

BLANCHARD, O.J.; QUAH, D.: *The dynamic effects of aggregate demand and supply disturbances.* In: *The American Economic Review*, 79. Jg. (1989), S. 655-673.

BLECKER, R.A.: *Taming global finance: A better architecture for growth and equity.* Washington, DC 1999.

BOFINGER, P.; FRENKEL, M.: *Zeitinkonsistenz und Geldpolitik.* In: *WiSt (Wirtschaftswissenschaftliches Studium)*, Jg. 1991, H. 4, S. 171-175.

BOFINGER, P.; WOLLMERSHÄUSER, T.: *Options for the exchange rate policies of the EU accession countries (and other emerging market economies).* Würzburg Januar 2000. (= W.E.P. Würzburg Economic Papers Nr. 13)

BOONE, L.; MAUREL, M.: *Economic convergence of the CEECs with the EU.* London 1998. (= CEPR Discussion Papers 2018)

BOONE, L.; MAUREL, M.: *An OCA perspective of the EU enlargement to the CEECs.* London 1998. (= CEPR Discussion Papers No. 2119)

BURDA, M.: *The consequences of EU enlargement for central and eastern European Labour Markets.* London 1998. (= CEPR Discussion Paper 1881).

CALMFORS, L.; DRIFFILL, J.: *Bargaining structure, corporatism, and macroeconomic performance.* In: *Economic Policy*, 6. Jg. (1988), S. 13-61.

CANZONERI, M.; HENDERSON, D.: *Is sovereign policymaking bad?* In: *Carnegie-Rochester Series on Public Policy*, 28. Jg. (1988), S. 93-140.

CANZONERI, M.; HENDERSON, D.: *Monetary policy in interdependent economies: A game-theoretic approach.* Cambridge, Mass. 1991.

CANZONERI, M.; NOLAN, C.A.; YATES, A.: *Mechanisms for achieving monetary stability: Inflation targeting versus the ERM.* London Juni 1996. (= CEPR Discussion Paper No. 1418).

CAVES, R.E.; FRANKEL, J.; JONES, R.W.: *World trade and payments: Sixth edition.* New York 1993.

CHARI, V.V.; KEHOE, P.; PRESCOTT, E.C.: *Time consistency and policy.* Aus: BARRO, R.J. (Hrsg.): *Modern business cycle theory.* Cambridge, MA 1989. S. 265-305.

COHEN, B.: *Beyond EMU: The problem of sustainability.* In: *Economics and Politics*, 5. Jg. (1993), S. 187-202.

CÔTÉ, A.: *Exchange rate volatility and trade.* Ottawa 1994. (= Bank of Canada Working Paper 94-5)

COTTARELL, C.; DOYLE, P.: *Disinflation in transition, 1993-1997.* Washington, DC 1999. (= IMF Occasional Paper No. 179)

COTTARELLI, C.; GRIFFITHS, M.; MOGHADAM, R.: *The nonmonetary determinants of inflation.* Washington, DC 1998. (= IMF Working Paper WP/98/23)

DE GRAUWE, P.: *The economics of monetary integration. Third edition.* Oxford 1997.

DE GRAUWE, P.; AKSOY, Y.: *Are central European countries part of the European optimal currency area?* Aus: DE GRAUWE, P.; LAVRAC, V. (Hrsg.): *Inclusion of central european countries in the european monetary union.* Dordrecht 1999. S. 13-36.

DEUTSCHE BUNDESBANK: *Die Geldpolitik der deutschen Bundesbank.* Frankfurt, M. Oktober 1995.

DEUTSCHE BUNDESBANK: *Die technische Ausgestaltung des neuen Europäischen Währungssystems.* In: *Deutsche Bundesbank/Monatsbericht*, Jg. 1998, H. 10, S. 19-25.

DEWATRIPONT, M.: *Flexible integration: Towards a more effective and democratic Europe.* London (CEPR) 1995. (= Monitoring European Integration.)

DORNBUSCH, R.; FISCHER, S.; STARTZ, R.: *Macroeconomics: Seventh edition.* Boston, MA. 1998.

EUROPEAN BANK FOR RECONSTRUCTION AND DEVELOPMENT (EBRD): *Transition Report 1999: Ten years of transtion.* London 1999.

ECONOMIST: *Ready money.* In: The Economist, Nr. 40 vom 09.10.1999.

EDWARDS, S.: *The determinants of the choice between fixed and flexible exchange rate regimes.* Cambridge, MA 1996. (= NBER Working Paper No. 5756)

ENDERS, W.: *Applied econometrics time series.* New York (John Wiley and Sons) 1995.

EU-KOMMISSION: *Ein Markt - eine Währung: Potentielle Nutzen und Kosten der Errichtung einer Wirtschafts- und Währungsunion.* Bonn, Heidelberg, Brüssel 1990. (= früherer Name des Herausgebers: Kommission der EG)

EU-KOMMISSION: *Berichte der Kommission über die Fortschritte jedes Bewerberlandes auf dem Weg zum Beitritt.* Brüssel 1998.

EU-KOMMISSION: *Berichte der Kommission über die Fortschritte jedes Bewerberlandes auf dem Weg zum Beitritt.* Brüssel 1999a.

EU-KOMMISSION: *EU-Kommission stellt ehrgeizige Erweiterungsstrategie vor: Aufnahme von Beitrittsverhandlungen mit sechs weiteren Bewerberländern vorgeschlagen.* Brüssel 1999b. (= IP/99/751)

EU-KOMMISSION: *Die Erweiterungsverhandlungen nach dem Europäischen Rat von Helsinki.* Brüssel 2000a. (= Memo/00/06)

EU-KOMMISSION: *Bericht der Kommission - Konvergenzbericht 2000.* Brüssel 2000b. (= Kom(2000) 277 endgültig)

EU-KOMMISSION: *Mitteilung der Kommission an das eurpäische Parlament, den Rat und die europäische Zentralbank.* Brüssel 2000c. (= KOM(2000) 346 endgültig)

EUROPÄISCHE ZENTRALBANK (EZB): *Abkommen zwischen der EZB und den Notenbanken der nicht dem Euro-Währungsgebiet angehörenden Mitgliedsstaaten über die Funktionsweise eines Wechselkursmechanismus in der dritten Stufe der Wirtschafts- und Währungsunion.* Frankfurt/M. 1998.

EUROPÄISCHE ZENTRALBANK (EZB): *Monatsbericht Oktober.* Frankfurt/M. 1999.

EUROPÄISCHE ZENTRALBANK (EZB): *Monatsbericht Februar.* Frankfurt/M. 2000.

EUROPÄISCHER RAT: *Entschließung des Europäischen Rates über die Einführung eines Wechselkursmechanismus in der dritten Stufe der Wirtschafts- und Währungsunion.* Amsterdam 16. Juni 1997.

EUROPÄISCHES PARLAMENT: *EMU and enlargement.* Luxembourg 1999. (= EMU Briefing Paper 38).

FISCHER, S.; SAHAY, R.; VÉGH, C.: *Stabilization and growth in transition economies.* In: *Journal of Economic Perspectives*, 10. Jg. (1996), H. 2, S. 45-66.

FISCHER, S.; SAHAY, R.; VÉGH, C.: *From transition to market: Evidence and growth prospects.* Washington, DC 1998. (= IMF Working Paper WP/98/52).

FLEMING, J.M.: *On exchange rate unification.* In: *The Economic Journal*, 81. Jg. (1971), S. 467-488.

FLOOD, R.P.; ISARD, P.: *Monetary policy strategies.* In: *IMF Staff Papers*, 36. Jg. (1989), H. 3, S. 612-632.

FRANKEL, J.: *No single currency regime is right for all countries or at all times.* Princeton, N.J. 1999. (= Essays in International Finance No. 215)

FRANKEL, J.A.; ROSE, A.K.: *Is EMU more justifiable ex post than ex ante?* In: *European Economic Review*, 41. Jg. (1997), S. 753-760.

FRENKEL, M.; MENKHOFF, L.: *Stabile Weltfinanzen? Die Debatte um eine neue internationale Finanzarchitektur.* Berlin, Heidelberg, New York 2000.

FRIEDMAN, M.: *The case of flexible exchange rates.* Aus: FRIEDMAN, M. (Hrsg.): *Essays in positive economics.* Chicago 1953. S. 157-203.

GIAVAZZI, F.; PAGANO, M.: *The advantage of tying one's hands: EMS discipline and central bank credibility* In: *European Economic Review*, 32. Jg. (1988), S. 1083-1121.

GRUBEL, H.G.: *International economics: Revised edition.* Homewood, IL 1981.

GUDMUNDSSON, M.: *The implications of EMU for EFTA-countries.* In: *Economic and Financial Review*, 5. Jg. (1998), H. 1, S. 35-48.

GUJARATI, D.: *Basic econometrics.* New York u.a. 1995.

GULDE, A.M.: *The role of the currency board in Bugaria's stabilization.* In: *Finance and Development*, 36. Jg. (1999), H. 3, S. 36-39.

GULDE, A.M., KÄHKÖNEN, J.; KELLER, P.: *Pros and cons of currency board arrangements in the lead up to EU accession and participation in the euro zone.* Washington, DC 2000. (= IMF Policy Discussion Paper PDP/00/1)

HABERLER, G.: *The international monetary system: Some recent developments and discussions.* Aus: HARAF, W.S.; WILLET, T.D. (Hrsg.): *Approaches to greater flexibility of exchange rates.* Princeton 1970. S. 115-123.

HAMADA, K.: *Alternative exchange rate systems and the interdependence of monetary policies.* Aus: Aliber, R.Z. (Hrsg.): *National monetary policies and the international financial system.* Chicago 1974.

HAMADA, K.: *The political economy of international monetary interdependence.* Cambridge, MA 1985.

HAMADA, K.; KAWAI, M.: *International economic policy coordination: Theory and policy implications.* Aus: FRATIANNI, M., SALVATORE, D.; HAGEN, J. v. (Hrsg.): *Macroeconomic policy in open economies.* Westport, CT 1997. S. 87-147.

HEALEY, N. (Hrsg.): *The economics of the new Europe.* London, New York 1995.

ILLING, G.: *Theorie der Geldpolitik: Eine spieltheoretische Einführung.* Berlin, Heidelberg, New York 1997.

INTERNATIONAL INSTITUTE FOR MANAGEMENT DEVELOPMENT (IMD): *World Competitiveness Yearbook 1999.* Lausanne 1999.

INTERNATIONAL MONETARY FUND (IMF): *Theoretical aspects of the design of Fund-supported adjustment programs.* Washington, DC 1987. (= IMF Occasional Paper No. 55).

INTERNATIONAL MONETARY FUND (IMF): *Annual report on exchange arrangements and exchange restrictions (AREAER).* Washington, DC, diverse Jahrgänge.

INTERNATIONAL MONETARY FUND (IMF): *World economic outlook (WEO).* Washington, DC, diverse Jahrgänge.

INTERNATIONAL MONETARY FUND (IMF): *International financial statistics (IFS).* Washington, DC, diverse Jahrgänge.

JANACKOVA, S.: *Convergence for European Union accession.* In: *Eastern European Review*, 36. Jg. (1998), H. 3, S. 80-95.

KAMINSKY, G.L.; LIZONDO, S.; REINHART, C.M.: *Leading indicators of currency crises.* In: *IMF Staff Papers*, 45. Jg. (1998), H. 1, S. 1-48.

KENEN, P.B.: *The theory of optimum currency areas: An eclectic view.* Aus: MUNDELL, R. und A. SWOBODA (Hrsg.): *Monetary problems of the international economy.* Chicago 1969. S. 41-60.

KOCENDA, E.: *Detecting structural breaks: Exchange rates in transition economies.* Prag Juni 1999. (= CERGE-EI Working Paper 149)

KOPITS, G.: *Implications of EMU for exchange rate policy in central and eastern Europe.* Washington, DC 1999. (= IMF Working Paper WP/99/9)

KRUGMAN, P.: *Geography and trade.* Cambridge, MA 1991.

KRUGMAN, P.: *The eternal triangle: A note on global architecture.* Cambridge, MA 13.10.1998. (= http://web.mit.edu/krugman/www/triangle.html)

KRUGMAN, P; OBSTFELD, M.: *International economics, theorie and policy: Fourth edition.* Reading, MA u.a. 1997.

LANE, P.R.: *Inflation in open economies.* In: *Journal of International Economics*, 42. Jg. (1997), H. 3/4, S. 327-346.

LOUGHANI, P.; SHEETS, N.: *Central bank independence, inflation, and growth in transition economies.* In: *Journal of Money, Credit, and Banking*, 29. Jg. (1997), H. 3, S. 381-399.

MAJCEN, B.: *Measurement of costs and benefits of accession to the EU for selected CEECs: Country report on Slovenia.* Wien 1999. (= WIIW Research Report No. 256)

MASSON, P.: *Monetary and exchange rate policy of transition economies of central and eastern Europe after the launch of EMU.* Washington, DC 1999. (= IMF Policy Discussion Paper PDP/99/5)

MCCALLUM, B.T.: *Two fallacies concerning central bank independence.* In: *The American Economic Review*, 85. Jg. (1995), S. 207-211.

MCKINNON, R.: *Optimum currency areas.* In: *The American Economic Review*, 53. Jg. (1963), S. 717-725.

MELITZ, J.: *Brussels on a single money.* In: *Open Economies Review*, 2. Jg. (1991), S. 323-336.

MONETARY POLICY COUNCIL [OF THE NATIONAL BANK OF POLAND]: *Medium-term strategy of monetary policy (1999-2003).* Warschau, September 1998.

MORALES, R.A.: *Czech koruna and Polish zloty currency options: information content and EU-accession implications.* Washington, DC 2000. (= IMF Working Paper WP/00/91)

MORTENSEN, J.; RICHTER; S.: *Measurement of costs and benefits of accession to European Union for selected countries in central and eastern Europe.* Wien 2000. (= WIIW Research Report No. 256)

MUNDELL, Robert: *A Theory of Optimum Currency Areas.* In: *The American Economic Review*, 51. Jg. (1961), S. 657-667.

NABLI, M.: *Integration, vulnerabilities to crisis, and EU accession in five central and eastern European countries.* Washington, DC 1999. (= World Bank Technical Paper 439)

NEUMANN, M.J.M.: *Eine Währungsbrücke vom Kern zum Rand.* In: Frankfurter Allgemeine Zeitung, Nr. 209 vom 07.09.1996.

OBSTFELD, M.: *Intertemporal dependence, impatience, and dynamics.* In: *Journal of Monetary Economics*, 26. Jg. (1990), S. 45-75.

OBSTFELD, M.; ROGOFF, K.: *The mirage of fixed exchange rates.* In: *Journal of Economic Perspectives*, 9. Jg. (1995), H. 4, S. 73-96.

OBSTFELD, M.; ROGOFF, K.: *Foundations of international macroeconomics.* Cambridge, MA. 1996.

OECD: *Environmental trends in transition economies.* Paris 1999. (= Policy Brief)

OECD: *Economic survey of the Czech Republic.* Paris Februar 2000a. (= Policy Brief)

OECD: *Regional economic assessment of the Baltic states, 2000: insights from a decade of transition.* Paris Februar 2000b. (= Policy Brief)

OECD: *Economic Survey of Poland, 1999-2000.* Paris Januar 2000c. (= Policy Brief)

ORAZEM, P.; VODOPIVEC, M.; WU, R.: *Worker Displacement in Transition: Experience from Slovenia.* Washington, DC 1995. (= World Bank Working Papers on Transition Economies. 1449)

ORLOWSKI, L.: *Exchange-rate policies in central Europe and monetary union.* In: *Comparative Economic Studies*, 40. Jg. (1998), H. 3 (Fall), S. 58-78.

PADOA-SCHIOPPA, T.: *ECB Press Release: Helsinki Seminar on the Accession Process.* Helsinki 1999. (= http://euroweb/website/kez/st991112.htm.)

PÄTZOLD, J.: *Stabilisierungspolitik. 6. Auflage.* Bern, Stuttgar, Wien 1998.

PERSSON, T.; TABELLINI, G.: *Designing institutions for monetary stability.* In: *Carnegie-Rochester Series on Public Policy*, 39. Jg. (1993), S. 53-84.

PERSSON, T.; TABELLINI, G.: *Double-edged incentives: Institutions and policy coordination.* Aus: GROSSMAN, G.; ROGOFF, K. (Hrsg.): *Handbook of international economics.* Amsterdam (Elsevier) 1995. S. 1973-2030.

PERSSON, T.; TABELLINI, G.: *Monetary cohabitation in Europe.* Cambridge, Mass. 1996. (= NBER Working Paper 5532)

RICCI, L.: *A model of optimum currency areas.* Washington, DC 1997. (= IMF Working Paper WP/97/76)

RINGOLD, C.; ALLISON, D.: *Labor markets in transition in central and eastern Europe: 1989-1995.* Washington, DC 1997. (= World Bank - Technical Papers No. 352)

RODRIK, D.: *How far will international integration go?* In: *Journal of International Perspectives*, 14. Jg. (2000), H. 1, S. 177-186.

ROSE, K.; SAUERNHEIMER, K.: *Theorie der Außenwirtschaft. 13. Auflage.* München 1999.

SAMUELSON, P.: *Theoretical notes on trade problems.* In: *Review of Economics and Statistics*, 46. Jg. (1964), S. 145-154.

SARRAZIN, T.: *Der Euro: Chance oder Abenteuer?* Bonn 1997.

SIMON-MIHÁLY, A.; KOVÁCS, A.: *Components of the real exchange rate in Hungary.* Warschau 1998. (= National Bank of Hungary Working Paper. 1998/3)

SIMS, C.: *Macroeconomics and reality.* In: *Econometrica*, 48. Jg. (1980), S. 1-49.

SMITH, M.: *Brussels plots course of EU entry.* In: Financial Times, Nr. (US edition) vom 09.03.2000.

STATISTISCHES BUNDESAMT: *Außenhandelsstatistik von 1997, Spezialhandel, Tabelle 0339.* Wiesbaden 1998.

STRASEK, S.: *The exchange-rate regime in the transition period.* In: *Eastern European Review*, 36. Jg. (1998), H. 3, S. 68-79.

TAVLAS, G.: *The new theory of optimum currency areas.* In: *The World Economy*, 16. Jg. (1993), H. 6, S. 663-685.

TEMPRONO-ARROYO, H.; FELDMAN, R.A.: *Selected transition and mediterranean countries: An institutional primer on EMU and EU accession.* In: *Economics of Transition*, 7. Jg. (1999), H. 3, S. 741-806.

TOWER, E.; WILLETT, T.D.: *The theory of optimum currency areas and exchange rate flexibility.* Priceton 1976. (= Special Papers in International Economics. 11)

VAN EDEN, H. : *EMU and enlargement: A review of policy issues.* Luxembourg (European Parliament) 1999.

VAUBEL, R.: *Real exchange rate changes in the European Community: The empirical evidence and its implications fro European currency unification.* In: *Weltwirtschaftliches Archiv*, 112. Jg. (1976), S. 429-470.

VAUBEL, R.: *Real exchange rate changes in the European Community: A new approach to the determination of optimum currency areas.* In: *Journal of International Economics*, 8. Jg. (1978), S. 319-339.

VERTRAG VON AMSTERDAM: *Bundestagsdrucksache 13/9339 vom 7. Dezember 1997 (Vertrag von Amsterdam vom 2. Oktober 1997).* Bonn 1997.

WALSH, C. E.: *Optimal contracts for central bankers.* In: *The American Economic Review*, 85. Jg. (1995), S. 150-167.

WEBER, R.; TAUBE, G.: *On the fast track to EU accession: Macroeconomic effects and policy challenges for Estonia.* Washington, DC 1999. (= IMF Working Paper WP/99/156)

WELFENS, P.J.J.: *Probleme einer EU-Osterweiterung: Struktureller, integrationsseitiger und wirtschaftspolitischer Anpassungsdruck.* In: *Aussenwirtschaft*, 53. Jg. (1998), H. 1, S. 7-28.

WILLMS, M.: *Die Europäische Währungsunion im Lichte der Theorie optimaler Währungsräume.* In: *Kredit und Kapital*, Jg. 1998, H. 14, S. 41-58.

WORLD BANK: *World development report 1999/2000: Entering the 21st century.* Washington 1999.

WORLD ECONOMIC FORUM: *The global competitiveness report 1999.* Geneva 1999.

WYNNE, M.: *Core inflation: A review of some conceptual issues.* Aus: BANK FOR INTERNATIONAL SETTLEMENTS (Hrsg.): *Measures of underlying inflation and their role in the conduct of monetary policy.* Basel 1999. S. 1-21.

WYPLOSZ, C.: *EMU: Why and how it might happen.* In: *Journal of Economic Perspectives*, 11. Jg. (1997), H. 4, S. 3-21.

Studien zu Internationalen Wirtschaftsbeziehungen

Herausgegeben von Prof. Dr. Michael Frenkel

Band 1 Christiane Nickel: Insider und Outsider bei der Osterweiterung der Europäischen Währungsunion. 2002.